Editorial

Liebe Leserin, lieber Leser

Untergegangene Imperien wecken bis heute oft eine Sehnsucht nach alter Größe. Mehr als ein Viertel aller Briten wünscht sich laut einer Umfrage das Empire zurück, das größte Kolonialreich der Geschichte. Chinas Machthaber mögen dem Namen nach Kommunisten sein. Doch sie berufen sich auch auf die Zeit des chinesischen Kaiserreichs – noch im frühen 19. Jahrhundert die unbestrittene Vormacht Ostasiens und wirtschaftlich das mit weitem Vorsprung stärkste Land der Erde.

Und nicht zufällig mischt sich die Türkei politisch oder militärisch in Nordafrika, im Nahen Osten und auf dem Balkan ein – jenen Gebieten also, die einst zum Osmanischen Reich gehörten. „Wir müssen überall dorthin gehen, wo unsere Ahnen waren", sagte der türkische Präsident Recep Tayyip Erdoğan 2012 in einer Rede. Bekanntermaßen ist er ein Verehrer des Sultans Süleyman, genannt „der Prächtige", der die Osmanen im 16. Jahrhundert auf den Höhepunkt ihrer Macht führte (siehe Seite 6).

Die großen Reiche der Neuzeit sind längst zerfallen und leben teils doch, verklärt und idealisiert, als eine Art Mythos fort. Von diesen Imperien – ihren faszinierenden, aber auch ihren finsteren Seiten – handelt das vorliegende Heft. Es ist der letzte Band der dreiteiligen Reihe von GEO*EPOCHE* KOLLEKTION über die Großreiche der Weltgeschichte.

Er widmet sich etwa Spaniens König Philipp II., der vom Schreibtisch aus ein Herrschaftsgebiet regiert, das den Erdball umspannt. Und Maria Theresia, die als Notlösung auf den habsburgischen Thron gelangt – und dann alle Erwartungen übertrifft. Das Heft führt zudem nach Indien, das von den muslimischen Mogulkaisern und anschließend von den Briten unterworfen wird; nach Persien, das nach Jahrhunderten der Krise zu neuem Glanz findet. Es erzählt vom Duell an der Donau zwischen Habsburgern und Osmanen, vom Aufstieg Russlands von einem rückständigen Reich zur Großmacht und den Eroberungen Napoleon Bonapartes.

Seit der Antike prägten von Monarchen beherrschte Imperien für mehrere Millennien die Welt. Erst im 20. Jahrhundert ging diese Ära zu Ende, entstanden immer mehr demokratische Nationalstaaten, in denen jedes Volk seine Geschicke selbst bestimmen sollte. Eine neue Welt ohne Kaiser, Zaren oder Sultane, in der die Menschen nicht bloße Untertanen sind, sondern mündige Bürger.

Wir wünschen Ihnen viel Vergnügen beim Lesen,

Markus Wolff und Jens Schröder
Chefredakteure

Keine Ausgabe mehr verpassen und GEO*EPOCHE* KOLLEKTION regelmäßig lesen.
Hier geht's zum Abo: www.geo-epoche.de/kollektion

Süleyman, der Prächtige
Er ist der mächtigste Sultan des Osmanischen Reiches. Doch trägt seine Regentschaft im 16. Jahrhundert bereits den Keim des Niedergangs in sich.
Seite 6

Der Bürokrat auf dem Thron
Mit eiserner Disziplin und einer neuartigen Verwaltung regiert König Philipp II. von Spanien um 1550 sein Riesenreich – persönlich. Vom Arbeitszimmer aus.
Seite 22

Das Imperium der Moguln
Der muslimische Großmogul Akbar ist ein gnadenloser Heerführer, aber weiser Regent, der im 16. Jahrhundert ein gewaltiges Territorium im Norden Indiens erobert. Für das Land beginnt damit eine lange Ära der Fremdherrschaft. Seite 40

Eine Stadt wie im Paradies
1598 bestimmt Schah Abbas I. das zentral gelegene Isfahan zur neuen Hauptstadt Persiens (unten) – und lässt es prachtvoll ausbauen. Seite 52

Moderne um jeden Preis

Zar Peter I. verwandelt das mittelalterliche Russland um 1720 in einen modernen Staat nach westlichem Vorbild (unten Sankt Petersburg) – allerdings mit barbarischer Brutalität, selbst gegen den eigenen Sohn. **Seite 70**

Maria Theresia

Weil Kaiser Karl VI. keinen Sohn zeugt, wird 1740 erstmals eine Frau Oberhaupt der mächtigen Habsburger-Dynastie. **Seite 100**

Im Zentrum der Welt

In London – hier die 1894 eröffnete Tower Bridge – schlägt das Herz des Britischen Empires, des größten Kolonialreichs der Geschichte. **Seite 136**

INHALT

N° 24
DIE GROSSEN REICHE DER WELTGESCHICHTE
BAND 3

Die mit diesem Symbol versehenen Beiträge finden Sie auch links bebildert.

• **OSMANEN: ALLAHS SCHATTEN, 1494–1566**
Sultan Süleyman führt das Osmanenreich zu größter Blüte 6

• **SPANIEN: BÜROKRAT UND WELTENLENKER, UM 1550**
Die Besitzungen König Philipps II. umspannen den gesamten Erdball 22

• **INDIEN: DER TRAUM VOM GROSSREICH, 1567**
Großmogul Akbar I. erschafft ein schillerndes Imperium 40

• **PERSIEN: ISFAHAN. KAPITALE DER SAFAWIDEN, UM 1600**
Die Hauptstadt spiegelt den Glanz der neuen Herrscherdynastie 52

• **ZARENREICH: IMPERATOR OHNE GNADE, 1672–1725**
Peter der Große regiert Russland mit harter Hand 70

OSMANEN VS. HABSBURG: DUELL AN DER DONAU, UM 1700
Immer wieder prallen die rivalisierenden Großmächte aufeinander 86

• **HABSBURGER: DIE ERSTE UND DIE EINZIGE, 1740**
Maria Theresia macht das Imperium der Dynastie stärker als zuvor 100

EAST INDIA COMPANY: IMPERIUM DER HÄNDLER, UM 1800
Eine Londoner Aktiengesellschaft beherrscht weite Teile Indiens 112

NAPOLEON: DER SCHLACHTENLENKER, 1796–1815
Die Feldzüge des Franzosen verändern Europa für immer 122

• **BRITISCHES EMPIRE: LONDON, 1851**
Die Kapitale an der Themse ist die größte Stadt der Erde 136

KAISERLICHES CHINA: DER LETZTE KAMPF, 1912
Kriege und Korruption führen zum Niedergang des Kaisertums 154

Zeittafel 168
Bildnachweise, Impressum 172/173
Vorschau »Der Glaube an den einen Gott – Die großen
monotheistischen Religionen« 174

Titelbilder: Erzherzogin Maria Theresia von Österreich; der Osmanenherrscher Sultan Süleyman der Prächtige; der muslimische Großmogul Akbar, Kaiser im Norden Indiens; der russische Zar Peter der Große (im Uhrzeigersinn)

Alle **Fakten**, Daten und Karten in dieser Ausgabe sind vom GEO*EPOCHE*-Verifikationsteam auf ihre Richtigkeit überprüft worden.
Redaktionsschluss: 21. Juli 2021

Sie erreichen die GEO*EPOCHE*-Redaktion online auf Facebook, Twitter und Instagram oder unter *www.geo.de/epoche*

Besuchen Sie auch gern unser Digital-Angebot GEO EPOCHE *plus* unter *www.geo-epoche.de*

Osmanen *1494–1566*

Der Sultan – hier das Porträt des gut 60-Jährigen vom Hofmaler Nigari – lässt seine zahllosen Dokumente mit der *tuğra* (rechts), seinem imperialen Signum, besiegeln

ALLAHS SCHATTEN

DER MÄCHTIGSTE SULTAN DES OSMANISCHEN REICHES

Kaum ein türkischer Herrscher ist so klug und energisch – und lebt so lange. Fast ein halbes Jahrhundert regiert Süleyman, genannt »der Prächtige«. Er erweitert das osmanische Imperium bis nach Belgrad und Bagdad, kodifiziert Gesetze, beglaubigt mit seiner Prunkunterschrift zahllose Dokumente, häuft immense Reichtümer an, fördert Künstler. Doch seine Regentschaft endet im Sohnesmord. Und trägt den Keim des Niedergangs in sich

—— Text: CAY RADEMACHER

Osmanen *1494–1566*

Ich, der Sultan der Sultane, Herr der Herren,

Spender der Kronen an die Monarchen auf dem ganzen Erdenrund,

Allahs Schatten auf Erden ...

AUS EINEM BRIEF SÜLEYMANS AN DEN KÖNIG VON FRANKREICH

Allahs Schatten auf Erden ist hager und blickt mit dunklen, müden Augen auf die Welt. Schmal ist der Kopf, fast zu fragil für die Last des gewaltigen Turbans, der das Haupt überwölkt. Blau schimmernder Satin umhüllt den gebeugten Leib. Nigari, ein ehemaliger Galeerenkapitän, der zum Hofmaler aufgestiegen ist, porträtiert um 1560 seinen Herrn, den Sultan Süleyman, dem die ungläubigen Chronisten im Abendland den Beinamen „der Prächtige" verliehen haben.

Vier Jahrzehnte dominiert er da schon das größte Reich des Zeitalters. Mit der prachtvollsten Hauptstadt, der gewaltigsten Armee, der fürchterlichsten Flotte, den größten Moscheen. Gebietet er über einen Harem und ein Heer stummer Mörder und Kadis, Gouverneure und Steuereintreiber, die sein Wort von Belgrad bis Bagdad durchsetzen und von der Donau bis zum Nil. Unvorstellbar sind die Berge an Gold, Silber und Geschmeide in seinem Schatzhaus, neben dem Reliquiar im Palast, wo er Haare vom Barte des Propheten aufbewahrt.

Und doch: Fast scheint es, als hätte Nigari, der womöglich bei seinen Reisen auf dem Meer gelernt hat, genauer hinzusehen als andere Höflinge und Chronisten, mehr festgehalten als das prachtvolle Äußere seines Sultans. Als hätte er in dessen nachdenkliche Augen, in den schmalen Mund, in die scharfen Wangen Sorgen und Schmerz hineingelegt.

Denn Allahs Schatten auf Erden hat für seine Macht einen fürchterlichen Preis bezahlt.

Und vielleicht steht dieses Schicksal schon geschrieben im Koran: Denn als der Junge vermutlich am 6. November 1494 in Trabzon (dem ehemaligen Trapezunt) an der Schwarzmeerküste geboren wird, schlägt sein Vater, einem Brauch zufolge, die Heilige Schrift der Muslime an einer willkürlich ausgewählten Stelle auf, um den Namen des Knaben zu ermitteln: Im Text ist von König Salomo die Rede, dem weisen königlichen Gesetzesschöpfer. Süleyman ist dessen türkische Schreibweise.

Vielleicht steckt ihm das Schicksal auch im Blut. Denn seine Mutter ist Krimtatarin und vermutlich Nachfahrin des legendären Feldherrn Dschingis Khan. Und sein Vater ist der Sultanssohn Selim, ein Enkel von Mehmed II., dem Eroberer Konstantinopels.

Kein Wunder also, dass aus dem Knaben später ein Gesetzesschöpfer und ein Eroberer wird.

Süleyman lernt lesen, schreiben, rechnen, er kennt die Geschichten aus „Tausendundeiner Nacht". Fromm ist er – in Istanbul werden acht Ausgaben des Korans die Jahrhunderte überdauern, die er mit eigener Hand abgeschrieben hat. Fanatisch aber ist er nicht, Juden und Christen gegenüber wird er stets jene Duldsamkeit zeigen, die sich aus kompletter Gleichgültigkeit nährt.

Er kann musizieren, reiten, er schießt den Bogen und spricht Osmanisch, Arabisch und Persisch. Wie es Tradition ist im Hause der Osmanen, lernt er auch ein Handwerk: das des Goldschmieds. Zeit seines Lebens wird er Geschmeide, Perlen und Edelmetalle lieben.

Ein musterhafter Jüngling edlen Geblüts. Doch als er 17 Jahre alt ist, wird Süleyman in einem Sturm aus Blut und Mord ins Herz des Imperiums getragen.

Denn in der osmanischen Herrscherfamilie gilt das Gesetz des Brudermordes: Jeder Sohn hat gleichen Anspruch auf das Erbe des Vaters – da es für den Thron aber nur einen Erben geben kann, entbrennt beim Ende des alten Monarchen stets ein Kampf auf Leben und Tod.

Mehmed II. hat diesen Brauch in einem Dekret festgeschrieben: „Es ist gerechtfertigt, dass, wer auch immer von meinen ehrenwerten Söhnen oder Enkeln die höchste Macht erringt, seine Brüder opfern kann, um den Frieden der Welt zu erhalten. Er soll die entsprechenden Maßnahmen ergreifen."

Sein Enkel Selim – ein Mann brutalster Effizienz – wartet nicht einmal auf den Tod des Vaters. Er geht, als der Sultan altert, mit Truppen gegen seine beiden Brüder vor. Er gewinnt die entscheidenden Schlachten in diesem inner-

Hofmaler haben das »Süleyman-name«, die offizielle Biografie des Sultans, mit Miniaturen illustriert. Hier erobert er (auf dem Rappen) 1522 Rhodos – auch dank seiner Mineure, die sich unter Festungsmauern hindurchgraben

DIE ÄRA SÜLEYMANS BEGINNT MIT KRIEG

osmanischen Krieg, meuchelt seine Brüder, ermordet auch all deren Kinder. Und er beseitigt, selbst wenn das nicht gänzlich sicher bewiesen werden kann, wohl alle eigenen Söhne – bis auf Süleyman, seinen Favoriten.

Der einzige männliche Überlebende dieser erbarmungslosen Auslese wird anschließend als Gouverneur einer Provinz installiert, auf dass er dort Regierungserfahrung sammle.

Süleymans Glück ist es wohl, dass er so den Augen des Vaters entkommt. „Den Gestrengen" werden die Zeitgenossen Selim nennen, den Herrscher, der jähzornig und misstrauisch ist, der auf bloßen Verdacht hin Hunderte Untertanen als vermeintliche Rebellen exekutieren lässt.

Selim überzieht Syrien und Ägypten mit Krieg, bringt mit den eroberten Ländern immensen Wohlstand ins Osmanische Reich. Als erster Sultan erklärt er sich zum „Hüter der heiligen Stätten", denn auch Mekka und Medina fallen an ihn. So ist er als Mensch zwar gefürchtet, der Würde des Sultans verleiht er jedoch ein ungeheures, geistliche wie weltliche Macht umschließendes Prestige.

Es ist pure Spekulation, sich auszumalen, was so ein gewissenloser Vater, was die Massaker an Brüdern, Onkeln und Cousins in der Seele des jungen Süleyman an Verwüstungen hinterlassen. Detaillierte Berichte über sein Wesen zu jener Zeit haben, sofern sie je existierten, nicht überdauert.

Sicher indes ist, dass er sich einen Mann zum einzigen brüderlichen Vertrauten wählt, der in allem ganz anders ist als die Abkömmlinge seiner Familie: einen griechischen Sklaven. Ibrahim nennt man ihn, wahrscheinlich ist er der Spross eines christlichen Fischers vom Ionischen Meer, wenige Monate älter als Süleyman. Muslimische Piraten raubten den Jungen, auf dunklen Wegen gelangte er an den Hof des Herrschersohns: hochgewachsen, schlank, gutaussehend, sprachbegabt, ein Musiker. Süleyman und Ibrahim werden Freunde, der Sklave erringt Einfluss als Berater seines Herrn.

Eines Herrn, dem die Macht über das Riesenreich in die Hände fällt, als er 25 Jahre alt ist.

Am 30. September 1520, wenige Tage nach dem überraschenden Tod seines Vaters, erreicht Süleyman den Palast zu Istanbul. „Er ist groß und dünn, von feinem Körperbau", beschreibt der Botschafter Venedigs den neuen Sultan. „Seine Nase ist etwas zu lang, seine Züge sind fein. Er hat den Schatten eines Oberlippenbartes und einen kurzen Bart. Sein Äußeres ist angenehm, obwohl er etwas blass ist." Die Venezianer werden später Albrecht Dürer so viele Details liefern, dass der Meister ein Porträt des Herrschers anfertigt, ohne ihn je gesehen zu haben.

Süleyman erbt das Ansehen des Amtes. Er erbt ein Riesenreich mit gefüllten Kassen und einer disziplinierten Armee. Aber er erbt auch Angst und Unsicherheit, die die acht Jahre Terrorregime seines Vaters hinterlassen haben.

Der Sultan ändert das in wenigen Wochen. Fast scheint es, als habe Süleyman, der doch nicht mit dem raschen Ableben seines etwa 50 Jahre alten Vaters rechnen konnte, einen minutiös durchdachten Plan mit in den Palast gebracht: Er entlässt Hunderte Gefangene seines Vaters, entschädigt Kaufleute, deren Waren willkürlich konfisziert worden sind, erlaubt Handel mit fremden Mächten, den Selim verboten hatte.

Einen Admiral, einen besonders grausamen Handlanger des Vaters, der den Beinamen „der Blutdürstige" führt, lässt er hinrichten. Seinem Vertrauten Ibrahim überträgt er hohe Posten – 1523 wird er den dann 30-jährigen griechischen Fischersohn zum Großwesir erheben, zum höchsten politischen Würdenträger des Reiches nach dem Sultan, vergleichbar dem Amt des Premierministers in abendländischen Staaten.

Alle Maßnahmen, so lobt ein Chronist, „sind wie der himmlische Tau auf einer sommerlichen Ebene". Ein glücklicher Beginn. Aber ein unheilschwangerer für die Nachbarn.

Für das Abendland ist es, als hätte sich die Zeit selbst verdichtet, als geschähe dort in wenigen Monaten mehr als zuvor in Jahrhunderten.

Denn 1520, zu Beginn der Regierung Süleymans, haben gerade Christoph Kolumbus und Vasco da Gama Tore zu neuen Welten aufgestoßen, durch die nun Entdecker, Missionare, Konquistadoren strömen. Gold, Silber und Gewürze fluten zurück. In Spanien ist die Reconquista vollendet, die Rückeroberung der Iberischen Halbinsel von den Arabern.

Die portugiesischen Nachbarn haben die Küsten Afrikas erkundet und sich mit Forts und Handelsniederlassungen in Indien festgekrallt. In Deutschland, bald in halb Europa erschüttern Luthers 95 Thesen das morsche Gebälk einer korrupten katholischen Kirche.

In Italien erfinden Meister wie Michelangelo die Kunst neu, Denker wie Machiavelli die Politik, Geldherren wie die Medici das Bankenwesen.

Kein Monarch profitiert so viel von diesen ungeheuren Energien und wird zugleich von ihnen bedroht wie Kaiser Karl V. Der Habsburger ist das gekrönte Haupt Spaniens und Deutschlands, er bekriegt Frankreich, zieht mit Heeren nach Italien, gebietet über weite Regionen Osteuropas – und ist damit ein höchst unberechenbarer Nachbar Süleymans im Westen.

Im Osten behauptet der Schah von Persien seine Macht. Eine Macht, die politisch und militärisch, aber auch religiös gefährlich ist: Der Schah ist Schiit, propagiert den Islam nach der Lehrmeinung dieser Glaubensrichtung, schürt Aufstände bis nach Anatolien hinein.

Wenn es ihm nötig erscheint, regiert der Sultan schon im ersten Regierungsjahr 1521 brutal. Im Feldlager vermutlich an der Donau lässt er einen Gefangenen von einem Elefanten zu Tode trampeln. Fünf weitere Unglückliche erwartet ein ähnliches Schicksal (rechts unten)

Eine Unverschämtheit in den Augen des Sultans, der Sunnit ist.* Und so entlädt sich die Energie Süleymans, kaum hat er seine Macht konsolidiert, nach außen, gegen die Nachbarn.

Der Sultan sieht sich, wie seine Vorgänger, als oberster *gazi*, als islamischer Kämpfer gegen die Ungläubigen. Deshalb ist es seine religiöse und moralische Pflicht, die christlichen wie die schiitischen (also in seinen Augen häretischen) Reiche zu überfallen: 1521 erobert er von den Ungarn Belgrad und damit den Zugang zum Donauraum. Fünf Jahre darauf verheert er Ungarn, besetzt Buda, ein Schock für das Abendland.

1529 erreichen 120 000 Osmanen und ihre Verbündeten Wien, müssen aber nach wenigen Tagen wieder abziehen, weil sie im schlechten Wetter bis zum Herbst gebraucht haben, um von ihren Lagern bis zur Kapitale der Habsburger vorzudringen: Regen und Kälte gefährden die Leben der Krieger wohl mehr, als es die 20 000 zusammengekratzten Verteidiger Wiens je gekonnt hätten.

Trotz der Schlappe unterwirft Süleyman nach und nach Ungarn, das er schließlich 1541 zur Provinz erklärt. Sechs Jahre später muss der erschöpfte Karl V. einen Friedensvertrag akzeptieren, der jährliche Geldzahlungen der Habsburger vorsieht. Ein „Tribut" sei das, gezahlt vom Kaiser an den Sultan, loben osmanische Chronisten.

In den Jahren, da er nicht Ungarn und die Habsburger mit Feldzügen heimsucht, zermürbt Süleyman andere Gegner: 1522 überfällt er mit Hunderten Schiffen und Zehntausenden Kriegern die Insel Rhodos und vertreibt den Johanniterorden, der dort seit dem Mittelalter herrscht. 1533 attackiert er Persien und ringt dem Schah das bis dahin von den Persern kontrollierte, legendäre Bagdad ab.

Der *chalifa rasul allah*, der „Nachfolger des Gesandten Gottes", ist das geistige Oberhaupt der Muslime. Seit Selims Eroberungen beansprucht der Sultan diesen Titel, doch erst Süleyman gelingt es, Bagdad zu erobern – jene Stadt, in der die Kalifen jahrhundertelang residierten. Auch der Rest Mesopotamiens fällt an ihn.

Der Sultan erhebt Piraten zu Admirälen, die von Algier aus die Christen plündern. Er raubt den Venezianern die von ihnen gehaltenen Ägäischen Inseln. Das ganze östliche Mittelmeer wird zum osmanischen Binnensee, und selbst im Westen bedrohen seine Galeeren Italiens und sogar Spaniens Küsten.

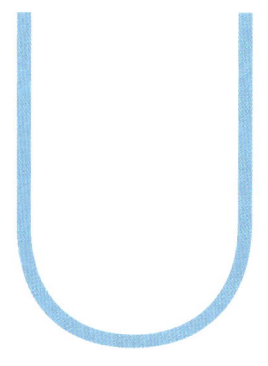

Um 1550 herrscht er von Ungarn im Norden bis zu den Nilkatarakten im Süden. Von Algier im Westen bis nach Mesopotamien folgen die Menschen dem Befehl des Sultans. Fast alle Küsten des Schwarzen Meeres hält er in seinen Händen, mehr als die Hälfte des Mittelmeeres, das Rote Meer dazu.

Donau, Nil, Euphrat und Tigris sind osmanische Flüsse, Istanbul und Athen, Buda und Belgrad, Sarajevo und Sofia, Kairo und Alexandria, Bagdad und Aden, Mekka und Medina sind osmanische Städte.

Eine Reise quer durch das Imperium, von Belgrad bis zur persischen Grenze, dauert etwa ein Vierteljahr. Mehr als 30 Millionen Menschen leben dort – etwa siebenmal so viele wie in England, fünfmal so viele wie in Spanien und immer noch doppelt so viele wie in Frankreich, dem bevölkerungsreichsten Staat des Abendlandes.

Süleymans Imperium ist aber nicht nur viel größer als die Nationen der Ungläubigen – es wird auch viel raffinierter zusammengehalten.

Der Sultan ist höchster Militär. Der mächtigste islamische Kämpfer gegen die Ungläubigen. Er gebietet über die 12 000 Elitekrieger der Janitscharen und bis zu 200 000 disziplinierte Reitersoldaten. Seine christlichen Gegner stützen sich dagegen hauptsächlich auf Landsknechte, auf unzuverlässige Söldnerhaufen, die ihre Schwerter an den Meistbietenden verhökern und Schlachten gegen die Osmanen oft durch ihre Disziplinlosigkeit verlieren.

Die „Hohe Pforte" – *bab-ı ali*, ein alter Ausdruck für den Palast, der vielleicht darauf zurückgeht, dass einst Untertanen Bittschriften auf die Pforte der Residenz legten – ist viel mehr als des Herrschers militärisches Hauptquartier. Mindestens viermal in der Woche tritt hier in Istanbul der Diwan zusammen, das wichtigste Beratergremium des Sultans und zugleich der Staatsgerichtshof.

Den Diwan leitet der Großwesir, Süleymans Stellvertreter. Ihm stehen drei Wesire, zwei Schatzmeister, ein Kanzleichef, zwei oberste Militärrichter, Flotten- und Armeeoberbefehlshaber sowie, bei Bedarf, weitere Würdenträger (wie etwa der Anführer der Janitscharen) zur Seite. Unzählige Schreiber, Archivare, Kontrolleure und Agenten arbeiten ihnen zu.

Fällt in einer entfernten Provinz beispielsweise ein Würdenträger in Ungnade, so kann der Diwan dessen Tod beschließen. Ein Brief mit dem Urteil wird verfasst und an die Untergebenen weitergereicht. Einige Wochen später kommt die Antwort zurück. Nicht etwa ebenfalls ein

---

* Die schiitische Glaubensrichtung geht auf eine Fraktion innerhalb der frühislamischen Gemeinde zurück, die sich bereits wenige Jahre nach dem Tod Mohammeds abspaltete. Ihre Anhänger sehen Ali, den Neffen des Propheten, als einzig rechtmäßigen Nachfolger an und glauben, dass die Nachfahren Alis von Allah dazu bestimmt sind, die Gemeinschaft der Muslime zu führen. Alis Sohn Husain, der in der Schlacht von Kerbela gegen die Truppen des Kalifen kämpfte und dabei umkam, verehren sie als Märtyrer. Für die Sunniten sind viele Vorstellungen der Schiiten Irrglaube. Schah Ismail, der 1501 den Iran eroberte und die Dynastie der Safawiden begründete, machte dort den schiitischen Glauben zur Staatsreligion.

Musiker und Tänzer unterhalten den Sultan in einem seiner Paläste, während Diener mit Speisen und Getränken herbeieilen. Zum Hofstaat zählen etwa 800 Menschen, vom Großwesir über Schreiber, Haremsdamen bis hin zu Wächtern und Sklaven

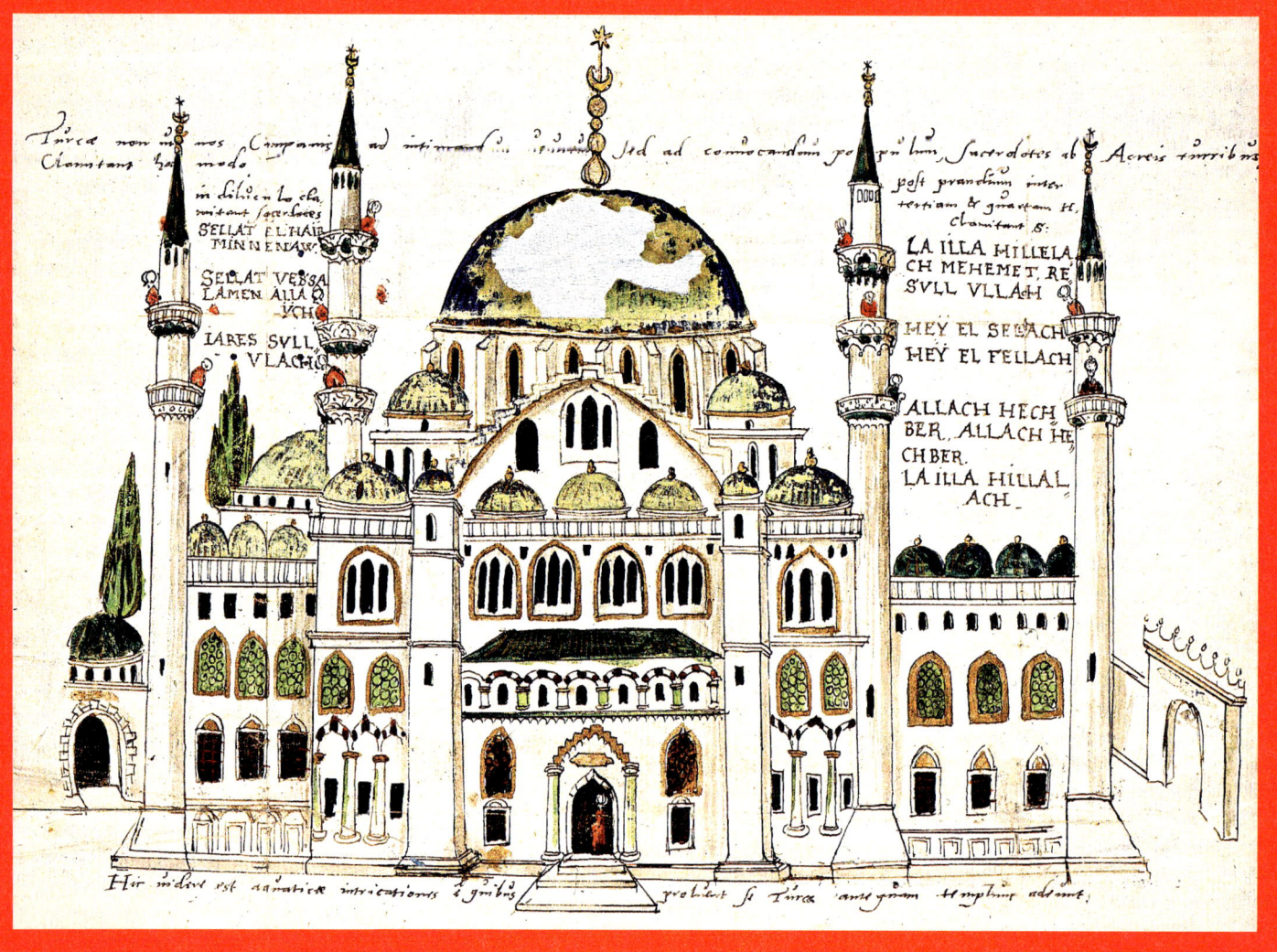

Schreiben. Sondern der abgeschlagene Kopf des Betreffenden.

Fast alle Männer, die im Diwan dessen Macht verkörpern, sind einst als Christen geboren.

Devşirme heißt diese vielleicht raffinierteste aller Methoden der Machterhaltung, die schon die frühen Sultane einführten: Abgesandte der Hohen Pforte reisen regelmäßig durch die Provinzen und erklären ausgewählte Christenjungen ab acht Jahren zu Sklaven des Herrschers.

Die Knaben werden in große Städte, nach Istanbul, Bursa oder Edirne, geschickt und dort zu Muslimen geformt: In jahrelanger Ausbildung lernen sie Osmanisch, sie stählen ihre Körper, üben sich im Schreiben und in den Wissenschaften, studieren den Koran.

Dann werden sie in die Verwaltung geschickt, die besten Kämpfer kommen zu den Janitscharen – und die hellsten Köpfe werden bis in höchste Ämter befördert. So schafft sich der Sultan Kohorten von Neukonvertiten: fanatisch loyal und bestens qualifiziert.

Sie werden mächtig und reich – aber alles verdanken sie Süleyman. Sie kennen keine Loyalität mehr zu ihren alten Familien oder zu irgendeiner Provinz. Sie sind die Augen und die Schwerter Süleymans, sein Gedächtnis und seine Ohren. Obwohl sie formal Sklaven bleiben, erringen die ehemaligen Christen Ehren, die sonst fast niemandem zustehen: Ibrahim etwa wird nicht nur Großwesir und Oberbefehlshaber der in Europa stationierten Truppen, er heiratet auch Hatice Hanim, eine Schwester Süleymans.

Der Sultan ist auch Oberster Richter. In Fragen der Gesetze überzieht ein zweites, von der Verwaltung unabhängiges Netz sein Imperium: das der *kadi*, der Rechtsgelehrten. Sie sind Muslime, die eine oft 15-jährige Ausbildung an einer Rechtsschule durchlaufen haben, ehe sie als Richter in die Provinzen entsandt werden. Die Kadi lösen Streitfälle, interpretieren das Recht – und kontrollieren die anderen Würdenträger. Ob Gouverneure, Kommandeure oder Steuereintreiber: Verstößt jemand von ihnen gegen Gesetze, meldet ein Kadi das direkt dem Sultan.

Das ist eine „Gewaltenteilung", zwei Jahrhunderte bevor im Abendland dieser Begriff auch nur erfunden worden ist – allerdings in orientalischer Form. Nicht unabhängige Instanzen halten sich hier

Der Architekt Sinan entwirft für seinen Herrn die prachtvollsten Moscheen des Osmanischen Reiches. Beim Bau der Süleymaniye in Istanbul mit ihren bis zu 81 Meter hohen Minaretten arbeiten auch griechische und armenische Christen (Aquarell eines europäischen Besuchers, um 1588)

die Waage, sondern zwei getrennte Hierarchien, die sich gegenseitig kontrollieren, die aber im selben Haupt zusammenfließen: dem Sultan.

Der Herrscher bestimmt in seinem Reich prinzipiell über alles – aber wohl kein anderer Mann ist so wie Süleyman gewillt, das Prinzip auch in die Tat umzusetzen. Nichts verdeutlicht dies so sehr wie die Gesetze, die er schafft und kodifiziert. Nicht „den Prächtigen", wie im Abendland, werden ihn islamische Chronisten bis heute nennen, sondern *kanuni* – „den Gesetzesgeber".

Zwar ist das Fundament seines Reiches die Scharia, das seit dem 8. Jahrhundert theoretisch nicht mehr veränderbare islamische Recht. Praktisch jedoch darf es ergänzt werden, durch Dekrete des Sultans. Und so lässt Süleyman zwei Juristen den *kanun-ı osmani* schaffen, das „Gesetzeswerk der Osmanen": eine umfangreiche, in seinen langen Regierungsjahren ständig erweiterte Sammlung aller Dekrete, Vorschriften und Gesetze. Für viele Provinzen gelten zudem regionale Regeln, etwa zur Art der Steuererhebung, zur Landverteilung, zur Rekrutierung von Soldaten.

Süleyman überzieht das Reich mit einer Diktatur des guten Willens, festgehalten in 1001 Vorschriften: Wenn ein Wohlhabender jemandem im Streit einen Zahn ausschlägt, so soll er 200 Asper-Silbermünzen zahlen, ein Armer kommt mit 30 davon. Wer einen Esel stiehlt, muss 200 Asper zahlen, ist er dazu nicht in der Lage, wird ihm die Hand abgehackt. Geldfälscher und Zeugen, die falsche Aussagen vor Gericht tun, verlieren stets die Hand. Wer einem Muslim den Turban vom Kopf stößt, der zahlt einen Asper. Und wer eine Frau gegen deren Willen küsst, der büßt das mit einem Asper für jeden erzwungenen Kuss.

Süleyman entsendet Aufseher und Spitzel bis in die Hinterhöfe seiner ärmsten Untertanen. Er regelt die Menge der Butter in den Kuchen der Bäcker, legt den Preis von Süßigkeiten fest, abhängig vom Anteil an Honig und Mandeln. Die Höhe des Profits beim Verkauf von Trockenfrüchten unterliegt dem Regulierungswahn ebenso wie die Dicke des Zinnbelags auf bronzenen Küchenutensilien in öffentlichen Restaurants.

Für alle Dinge des Lebens gibt es eine Vorschrift, für alle Vorschriften eine Verwaltung, für alle nur ein Oberhaupt: Süleyman.

Ein Albtraum? Keineswegs. Europäische Besucher, die aus ihrer Heimat desinteressierte Könige, korrupte Richter, zähe Gerichtsverfahren kennen, die oft gar der Willkür, den Fehden, dem blanken Faustrecht lokaler Adelsclans ausgeliefert sind, loben gerade die Rechtsprechung im Osmanischen Reich als schnell, unbestechlich und gerecht.

Verglichen mit Deutschland, das sich langsam auf ein Jahrhundert von Religionskriegen und Hexenwahn zuwälzt, oder Spanien, wo Inquisitoren Körper und Seelen brechen, ist Süleymans Imperium ein Hort der Sicherheit und Freiheit. Ein Hort des Reichtums ist es ohnehin.

Im Haushaltsjahr 1527/28 etwa strömen genau 537 929 006 Asper Steuern in die Schatzhäuser des Sultans. Ein gutes Drittel dieser gewaltigen Summe frisst das Militär, der Rest geht an den Hof, an das Riesenheer der Verwaltung oder wird für Bauten und andere Projekte ausgegeben. Ein Asper wiegt 0,723 Gramm Silber. Es gelangen also etwa 389 Tonnen Silber in Süleymans Kasse, Jahr für Jahr.

Istanbul wird zu einem Schatzhaus, allerdings im Gewand einer Armenhütte. 500 000 Einwohner zählt die Stadt um 1550. Täglich strömen neue hinzu: aus Spanien vertriebene Juden, Griechen, Araber, Sudanesen, sogar abenteuersüchtige Abendländer. Vier von zehn Einwohnern sind keine Muslime.

Doch die Metropole am Bosporus hat kein Gesicht. Sie ist ein amorpher Riesenteppich aus eilig errichteten, meist eingeschossigen, hölzernen Häusern und überwuchert die sieben Anhöhen der Stadt. Wirre Gassen und Stiegen sind oft die einzigen Arterien in diesem hypertrophen Gewächs, in dem immer wieder schreckliche Feuer wüten.

Die byzantinischen Paläste von einst, die Prachtstraßen der oströmischen Kaiser: zu Ruinen verfallen, verschwunden unter den Behausungen der Sieger.

Umso märchenhafter glänzen die wenigen steinernen Meisterwerke, die sich aus diesem Chaos erheben: Karawansereien, Brunnen, kuppelgekrönte Badehäuser, Mausoleen, Moscheen (300 sollen es sein) und die Paläste der Mächtigen. Vor allem der Topkapi, die Residenz Süleymans.

Der Topkapi heißt eigentlich *saray-ı cedide-i amire*, „Neuer Herrschaftlicher Palast"; Topkapi (Kanonentor) kommt als Bezeichnung erst im 19. Jahrhundert auf. Es ist eine 700 000 Quadratmeter große, mauerumgürtete Stadt in der Stadt auf der Halbinsel zwischen Marmarameer und Goldenem Horn. Blickt der Sultan nach Westen, sieht er die letzten Ausläufer des Balkangebirges. Schaut er nach Osten, erkennt er den Anstieg zum gewaltigen asiatischen Plateau.

Der Topkapi ist ein Ort, wie geschaffen für den Herrscher der Welt – und doch nicht mehr als ein in Stein gehauenes Nomadenzelt, eine etwas verfeinerte Fortentwicklung jener Behausungen, in denen Süleymans Ahnen in Innerasien über Generationen lebten.

Denn dem Topkapi fehlt das, was abendländische Residenzen auszeichnet: die Fassade. Keine Türme und Freitreppen, keine imposanten Fensterfronten, keine Gesimse, keine endlos langen Fluchten.

In Istanbul verstecken sich hinter den Mauern kleine, oft kuppelüberwölbte Gebäude, die um drei Höfe gruppiert sind. Dazwischen Säulengänge, Brunnen,

DES SULTANS MONUMENTE ZIEREN ISTANBUL

Bäume, exotische Gewächse. Und ehrfürchtige Stille.

Wer das *bab-ı hümayun*, das Herrscher-Tor im Schatten der zur Moschee umgeweihten Hagia Sophia, durchmisst (was jedem Untertanen erlaubt ist), der schweigt ehrfürchtig – und schaudernd wohl auch.

Denn hinter dem Tor, im ersten Hof, wandert er nicht nur an des Sultans Waffenkammer vorbei und an den Werkstätten seiner Juweliere, an der Orangerie und einer Moschee – sondern auch an zwei Steinen, auf denen die abgeschlagenen Häupter verurteilter Mächtiger verwesen, wohl sogar der eines Großwesirs: Kara Ahmed Pascha. Süleymans Henker (der in wunderlicher Ämterhäufung zugleich sein Palastgärtner ist) wäscht nach getaner Arbeit Hand und Schwert in einem filigranen Brunnen daneben.

Das *bab es-selam*, das Tor der Begrüßung, öffnet sich dann nur noch für Würdenträger und Gesandte, es gibt den Zugang zum zweiten Hof frei, dem Nervenzentrum des Reiches. Hier versammelt der Großwesir Ibrahim unter einer prachtvollen Kuppel den Diwan, während draußen im Hof Gazellen äsen und Strauße stolzieren und außer dem Murmeln des Brunnenwassers kein Laut zu vernehmen ist.

Über Krieg und Frieden wird hier in fast ländlicher Stille beraten – und in ewiger Ungewissheit. Denn hoch im Raum ist ein vergittertes Fenster eingelassen. Dahinter kann Süleyman, wenn es ihm beliebt, den Diskussionen des Diwans folgen, ohne selbst gesehen zu werden. Und so wissen die Mächtigen nie, ob ihnen ihr oberster Herr über die Schulter sieht oder nicht.

Das *bab-ı sa'adet*, das Tor der Glückseligkeit, öffnet sich nur noch den engsten der etwa 800 Gefolgsleute, die Süleyman um sich versammelt. Diener, die hier durchschreiten, küssen ehrfürchtig die Schwelle. Dahinter gewährt Süleyman, inmitten von Geschmeide und kostbaren Teppichen, Audienzen im Empfangssaal.

Im *seramlık*, dem ebenfalls im dritten Hof gelegenen Männerhaus, lebt der Sultan, umgeben von Eunuchen und stummen Leibwächtern. Ein Säulengang führt ihn zum Harem, wo seine Gefährtinnen leben – zu jener Zeit noch eine bescheidene Anlage, die erst in späteren Jahrhunderten zu einem wuchernden Komplex wird, unter dem Süleymans Bauwerke nahezu spurlos verschwinden werden.

Im dritten Hof bewahrt der Sultan zudem seinen wirkmächtigsten spirituellen wie politischen Schutz. Ein Raum umschließt den Mantel Mohammeds, das Schwert und Haare vom Barte des Propheten – Reliquien von magischer Präsenz.

Nur ein paar Meter weiter erhebt sich die Pagenschule. Hier werden die versklavten Christenjungen zu ergebenen menschlichen Werkzeugen herangebildet.

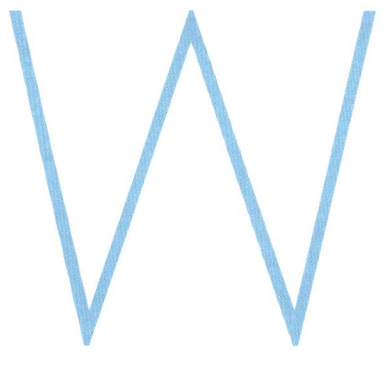

Wenn der Sultan Muße hat, wird im stillen Innersten der Macht aus Allahs Schatten auf Erden für ein paar Stunden *muhibbi* – als „der Liebende" bezeichnet sich der feinsinnige Herrscher in selbst verfassten Gedichten: *O Muhibbi, keiner fühlet / Schweren Kummer meinesgleichen, / Aber nimmer kommt zur Hand / Freund voll Unheil deinesgleichen.*

Und so wird die Ära Süleymans auch ein goldenes Zeitalter osmanischer Poesie und Kunst.

Der Sultan erkennt etwa das außerordentliche Talent des Sattlergehilfen Baki, der dem Herrscher nach einem Feldzug ein Preisgedicht sendet. Süleyman befiehlt den Mann aus dem Nichts zu sich, befördert ihn auf höchste Posten in Lehre und Verwaltung, ja sendet dem „Sultan der Poesie", wie er ihn lobt, seine eigenen Werke zum Urteil zu.

Schnelle Piratengaleeren überfallen für den Sultan die reichen Handelsstädte des Mittelmeers. Auf dieser osmanischen Buchillustration aus dem 17. Jahrhundert kreuzt eine Flotte Süleymans unbehelligt vor Genua, in dessen Hafen europäische Galeonen ankern

Den Kapitän Nigari, der ihn im Alter malen wird, holt er von der Galeere an den Topkapi.

Und er entdeckt Sinan, den größten Architekten der Osmanen. Auch der ist wohl – die Quellen sind nicht eindeutig – ein griechischer Christenjunge, der durch die Pagenschule gegangen ist. Als Ingenieur glänzt er in der Armee, entwirft Brücken, Waffen, Belagerungsgerät. Bei einem seiner vielen Feldzüge wird der Sultan auf den Begabten aufmerksam – und nimmt ihn, da ist Sinan schon etwa 50 Jahre alt, als Architekten zu sich. Fortan wird Sinan manisch bauen (noch einmal etwa 50 Jahre lang), Moscheen vor allem, mit gewaltigen Kuppeln und grashalmschlanken Minaretten.

So schichtet er 1550 bis 1557 in Istanbul das steinerne Gebirge der Süleymaniye-Moschee auf, benannt nach seinem Herrn, mit einer 48 Meter hohen und 26,5 Meter durchmessenden Kuppel. Ein Wunder der Proportion, denn trotz des riesigen Innenraumes wirkt das von Säulen und Fenstern gegliederte Innere harmonisch und vollkommen.

Sein „Gesellenstück" sei dieses Gotteshaus, wird Sinan selbst später behaupten. (Sein „Meisterstück" sei die Selimiye in Edirne, im europäischen Teil der Türkei, mit einer noch größeren Kuppel und vier 71 Meter hohen Minaretten, ein Werk, das er als etwa 80-Jähriger vollendet.)

Sieger an allen Fronten, weiser Gesetzgeber, mächtiger Verwaltungsherr, großer Baumeister, gefeierter Mäzen und Künstler: Nie ist Allahs Schatten auf Erden größer gewesen als zur Zeit des Sultans Süleyman des Prächtigen. Und doch malt ihn Nigari schicksalsgezeichnet und mit sorgenvollem Blick.

Des Sultans Schicksal sei „non bella ma grassiada", wie der venezianische Gesandte schreibt: „nicht schön, aber feist": seine zweite Hauptfrau Hürrem Sultan, im Abendland als Roxelane bekannt, was „die Russin" bedeutet. Eine kleine, temperamentvolle Frau, angeblich die von Tataren geraubte Tochter eines orthodoxen Priesters vom Dnjestr.

Sie erobert um 1530 Süleymans Herz. Der schickt seine bisherige Hauptfrau fort in einen entfernten Palast.

Roxelane zieht mit Dienerinnen und Eunuchen in den Topkapi. Drei Söhne, die das Erwachsenenalter erreichen, gebiert sie ihrem Herrn, dazu eine Tochter. Umsichtig wie nur ein Diplomat, platziert sie ihre Söhne in wichtige Positionen, fördert den Mann ihrer Tochter, den verschlagenen, klugen, immens gierigen Rüstem Pascha. Es ist nur eine Frage der Zeit, bis Roxelanes Ambitionen die eines anderen Mächtigen kreuzen werden: des Großwesirs Ibrahim.

Der ehemalige Fischerjunge hat seit 1523 klug und, wenn nötig, brutal regiert. So schlug er etwa in Syrien und Ägypten Rebellionen nieder, ohne dass sein Herr in die Provinzen kommen musste. Doch über die Jahre steigt ihm wohl der Erfolg zu Kopf.

Ibrahim wagt es, seine Hauptfrau Hatice – immerhin die Schwester des Sultans – dadurch zu brüskieren, dass er eine zweite Hauptfrau erwählt. Und ausgerechnet vor erstaunten Gesandten der feindlichen Habsburger, die einen Frieden aushandeln wollen, brüstet er sich: „Ich kann einen Sultan aus einem Stalljungen machen. Ich kann Ländereien an jeden geben, dem es mir beliebt, ohne dass mein Herr ein Wort dazu sagt. Und wenn er mir Befehle gibt, die mir nicht gefallen, wird nichts ausgeführt."

Man kann nur ahnen, was sich hinter den hohen Mauern des Topkapi abspielt, Augenzeugenberichte gibt es dafür nicht: Ibrahim, der viermal in der Woche dem Diwan vorsitzt und dort Entscheidungen trifft über Kriege und Privilegien, über Geld und Macht, selbstbewusst, erfahren, im Gefühl der Unangreifbarkeit. Doch hinter jenem vergitterten Fenster mag der Sultan manchmal lauschen – und dabei womöglich auch Worte hören ähnlich denen, die die habsburgischen Gesandten vernommen haben.

Und Roxelane im Harem, nur ein paar Dutzend Meter entfernt und doch in einer abgeschlossenen Welt innerhalb

der abgeschlossenen Welt des Palastes: ebenso unsichtbar für die Großen des Diwans wie Süleyman hinter dem Fenster. Vom Seramlık führt ein Geheimgang direkt in Roxelanes Gemächer. Der Sultan kann also im Harem oft auch ihren Worten lauschen.

Wie auch immer: Am Morgen des 15. März 1536 entdecken Diener Ibrahim in dessen Schlafgemach – erwürgt, die Kleider nach heftigem Kampf zerrissen, Blut an den Wänden.

Kein Wort vom Sultan dazu, keine Regung. Gerade das aber ist das von jedem Höfling verstandene Zeichen, dass Süleymans stumme Mörder ihre Arbeit getan haben. Der Körper jenes Mannes, der noch Stunden zuvor der Zweitmächtigste des Reiches gewesen ist, wird still in einem namenlosen Grab verscharrt.

Süleyman wird sich niemals zu dem Tod Ibrahims äußern. Es ist, als habe sein bester Freund nie existiert. Nie wird ein Chronist Einzelheiten jener Mordnacht überliefern und der Intrigen, die ihr vorausgingen. Nie wieder wird er einen so engen Vertrauten haben. Nie wird man wissen, warum Süleyman seinen Großwesir zur Hölle schickte.

Doch Roxelanes Schwiegersohn, dem verschlagenen Rüstem Pascha, wird acht Jahre später die Würde des Großwesirs übertragen.

Fast 17 Jahre vergehen, bis die Gattin ihren nächsten tödlichen Zug unternimmt, im Winter 1552, da ist Süleyman schon 58 Jahre alt.

Vier Söhne hat der Sultan: Mustafa, von seiner ersten Hauptfrau, wohl 37 Jahre alt, brillant, erfahren, strahlend – die Gesandten des Abendlandes fürchten ihn, fürchten vor allem, dass er in der Kriegskunst seinen Vater noch übertreffen könnte. Die Janitscharen verehren ihn aus genau dem gleichen Grund.

Dann die drei Söhne der Roxelane: Selim, den man bei Hofe und im Volk wegen seiner Laster bloß „den Trinker" nennt. Bayezid, eine gänzlich unbedeutende Gestalt. Und der kluge Cihangir, der Liebling seines Vaters – doch durch einen Buckel verunstaltet.

Roxelane weiß, dass Mustafa der perfekte Erbe wäre. Aber sie weiß auch, welches Schicksal dann ihren Söhnen droht: die Schlinge eines stummen Mörders.

Und so erscheint im Winter 1552, während der alternde Sultan wieder einmal einen Feldzug gegen Persien führt, ein Bote des Großwesirs Rüstem Pascha

Im Jahr 1566 rüstet Süleyman ein weiteres Mal gegen Ungarn. Doch in einem Lager nahe der Donau stirbt der gichtkranke 70-Jährige. Um Unruhen zu vermeiden, verheimlicht der Großwesir den Tod des Herrschers. Wochenlang wird dessen Leichnam in einem geschlossenen Wagen auf dem Feldzug mitgeführt

mit einer Geheimbotschaft im Zelt Süleymans: Mustafa wolle sich während dessen Abwesenheit von Istanbul an die Spitze der Armee setzen und gegen seinen Vater putschen.

Ob davon auch nur ein Wort wahr ist, kann niemand mehr überprüfen. Süleyman jedenfalls ist außer sich vor Zorn. Sein eigener Vater, immerhin, hat ja einst genau so den Nachfolgekampf um den Thron eröffnet. Mustafa solle sich, nachdem im Frühjahr die Wege wieder passierbar sind, bei ihm im Feldlager einfinden und sich rechtfertigen! Tatsächlich erscheint Mustafa im Sommer 1553 dort.

Doch Süleyman denkt gar nicht daran, seinem Sohn auch nur einen Satz zuzugestehen. Sein Zelt ist, so überliefern Chronisten, längst innen mit schweren Teppichen verhängt, damit kein Laut nach außen dringt.

Mörder stürzen sich vor des Sultans Augen auf den Sohn. Der wehrt sich verzweifelt, wird schließlich doch niedergemacht – während der Vater dem Todeskampf zusieht. Mustafas Leiche wird vor das Zelt geschleudert, den Janitscharen zur Warnung: Die sahen den Prinzen hineingehen, sehen Augenblicke später, wie dessen toter Körper wieder herausgezerrt wird. Nun wissen sie, dass der alte Sultan immer noch zu fürchten ist.

Als wäre mit dieser Tat eine Mauer eingerissen, so zwingt sich der Tod nun wieder in Süleymans Familie: Seinem Enkel, Mustafas einzigem Sohn, schickt er auf Roxelanes Drängen einen Mörder. Cihangir, der Bucklige, stirbt kurz darauf – angeblich, so geht zumindest das Gerücht, aus Gram über den Tod des Bruders.

Roxelane selbst lebt nicht mehr lange genug, um die finale Entscheidung im Bruderkampf zu sehen: 1558 stirbt sie, wohl aus natürlichen Gründen. Direkt danach gehen Selim und Bayezid aufeinander los. Bayezid ruft gar ein Heer von 20 000 Kriegern zusammen und begeht damit den entscheidenden Fehler, nicht nur gegen den Bruder, sondern auch gegen den Vater das Schwert zu erheben.

Bayezid verliert eine Schlacht, flieht zum Erzfeind, dem Schah von Persien. Doch der liefert, um einen günstigen Friedensvertrag und Geldzahlungen auszuhandeln, den Sultanssohn schließlich an Selim aus.

Und so erdrosselt „der Trinker" den letzten noch lebenden Bruder, erdrosselt auch dessen Söhne, vier an der Zahl. Der fünfte, drei Jahre alt, wird von einem stummen Mörder in Bursa getötet.

1562, nach dem Tod von drei Söhnen und sechs Enkeln, hat Süleyman, der Sultan mit den traurigen Augen, nur noch einen Erben. „Ich danke Allah, dass ich lange genug gelebt habe, um mit anzusehen, dass die Muslime befreit sind vom Krieg zwischen meinen Söhnen", gesteht der Sultan dem Botschafter von Venedig. „Ich werde nun den Rest meines Lebens in Frieden verbringen."

Fünf Jahre Leben werden es noch sein, fünf Jahre in der Friedhofsruhe eines Mannes, der seinen einzigen Freund, seine geliebte Frau und fast alle Söhne und Enkel an den Tod verloren hat – einen Tod, den er den meisten selbst gebracht hat. Fünf Jahre für einen Herrscher, der für seine Macht den höchsten Preis bezahlt hat. Fünf Jahre auch, in denen neben dem familiären auch das politische Glück zerrinnt.

In Spanien regiert nun der energische, katholische Philipp II., der die Flotte seines Landes verdoppelt und Festungen in Nordafrika erobert. Süleyman will im Gegenzug, um seine Stellung im Mittelmeer zu festigen, Malta erobern, wo ebenjene Ordensritter sich verschanzt haben, die er schon aus Rhodos vertrieben hat. 200 Schiffe, 30 000 Soldaten, wochenlanger Kampf – und am Ende muss, welche Schande, die osmanische Armee geschlagen abziehen.

Schlimmer noch: Nach Europa fließt mehr und mehr Gold und, vor allem, das Silber aus Amerika. Immer größere Edelmetallmengen strömen ins Abendland – und von dort, als Bezahlung oder Tribut, ins Osmanische Reich. Edelmetall indes gewinnt seinen Wert aus seiner Knappheit. Und je mehr Silber ins Land dringt, desto wertloser wird es und damit desto wertloser der Asper, die osmanische Münze. Dem Sultan droht eine Inflation, gegen deren Ursachen er nichts unternehmen kann.

1566 rafft sich der Herrscher noch einmal zum Krieg auf, wieder einmal gegen die Habsburger. Ein gichtiger gut 70-Jähriger verlässt da Istanbul, hager, der Bart nun weiß, der Körper so schwach, dass er nicht mehr reiten kann, sondern in einer Kutsche transportiert werden muss. Regen, aufgeweichte Wege, fortgerissene Brücken, nasse Zelte, es ist eine Qual. Bis zur Festung Szigetvár zwingt Süleyman seinen ermatteten Körper.

Dort, in einem Zelt nahe der Donau, stirbt Süleyman in der Nacht auf den 6. September 1566. Allein und unbemerkt, denn bloß seine Ärzte und der Großwesir, Mehmed Pascha, ein Nachfolger des verstorbenen Rüstem Pascha, sind bei ihm. Der Großwesir jedoch lässt die Mediziner beseitigen – und verheimlicht, aus Furcht vor einer Meuterei, den Tod seines Herrn. Ein verschwiegener Eilbote geht zu Selim ab, ins Herz des Reiches.

Mehr als anderthalb Monate lang steht das verschlossene Zelt des Sultans im Lager, wird eine verschlossene Kutsche im Lindwurm des Heeres mitgezogen. Der Herr sei krank, verkündet der Großwesir und darf als Einziger in das Gefährt oder ins Zelt gehen, wo doch nur eine Leiche auf ihn wartet.

Wenige Mitverschwörer zieht er hinzu, darunter einen Soldaten, der das imperiale Signum des Sultans täuschend echt fälschen kann. Denn um Dokumenten Gültigkeit zu verleihen, dient der kunstvoll gemalte Name des Herrschers. Und so unterzeichnet ein Gespenst nun

DAS REICH STÜRZT IN EINE LANGE KRISE

Edikte und Befehle. Die Kämpfer glauben deshalb die Mär.

Erst bei Belgrad holt Selim die Truppen ein – und da erst lässt er Geistliche aus dem Koran lesen, und so wird der Tod jenes Sultans verkündet, der einmal „der Prächtige" war.

Fast auf den Tag genau 46 Jahre lang hat Süleyman sein Reich regiert. Und doch markiert seine Ära nicht den Zenit, sondern den brillanten Sonnenuntergang osmanischer Macht. Warum können seine Erben, denen er das scheinbar so geordnete Imperium hinterließ, darauf nicht aufbauen, so wie er selbst auf dem Werk seines Vaters aufgebaut hatte? Warum so wenige weitere Eroberungen? Warum nicht von Ungarn aus auch Österreich nehmen oder von Belgrad aus Italien? Oder von Ägypten aus die ganze nordafrikanische Küste? Oder nach Osten hin ganz Arabien, Persien, gar Indien?

Warum wird das Wirtschafts- und Geistesleben erstarren? Warum wird kein neuer Sinan Moscheen bauen? Warum wird die Währung binnen weniger Jahrzehnte kollabieren?

Manche fatalen Kräfte, die das Osmanische Reich über Jahrhunderte in zähem Ringen niederzwingen werden, hat Süleyman selbst entfesselt. An anderen trägt er keine Schuld außer der, dass ihm nichts eingefallen ist, um ihr Wirken zu stoppen, ihm vielleicht auch gar nichts einfallen konnte.

Kein Sultan vor ihm hat dem Harem mit ehrgeizigen Gattinnen und intriganten Eunuchen so viel Einfluss zugestanden wie Süleyman. Als Roxelane in den Topkapi zieht, schafft sie eine Schattenregierung, die mächtiger wird als der Großwesir, der Diwan und das ausgeklügelte System von Verwaltung und Gerichtsbarkeit.

Schon Selim, der erste Sprössling dieses heimlichen Systems, ist ein unfähiger Herrscher. Doch wäre die Geschichte wirklich anders verlaufen, wenn der gefürchtete Halbbruder Mustafa die Armee der Hohen Pforte kommandiert hätte?

Denn schon Süleyman hat ja zu Lebzeiten selbst die Grenzen seiner Macht erfahren müssen, im wörtlichen Sinn: So weit hat er sein Reich ausgedehnt, dass er schließlich keinen erfolgreichen Feldzug mehr führen kann. Denn stets muss er sein Riesenheer erst im Zentrum sammeln. Marschiert er dann los, nach Westen zur Donau, nach Osten Richtung Persien, so erreicht er den Feind erst im Herbst. Mit Schwierigkeiten gelingt ihm manchmal die Überwinterung im Mittleren Osten, niemals jedoch in Europa. Kälte und Seuchen vernichten sein Heer effizienter, als es die abendländischen Verteidiger vermögen.

Im Mittelmeer kommt er ebenfalls nicht weiter, weil die spanische Flotte erstarkt. Aus dem Roten Meer wagen sich seine Schiffe nicht mehr heraus, weil die seetüchtigeren portugiesischen Galeonen inzwischen im Indischen Ozean kreuzen. Kurz: Süleyman selbst hat sein Reich überdehnt, hat es an natürliche und militärische Barrieren geführt, die unüberwindlich sind.

Etwas später beginnt der Niedergang der Armee. Deren Herz ist die Kavallerie, die aus den Abgaben auf Ländereien finanziert wird. Hofintriganten jedoch sichern sich immer größere Domänen, immer weniger Geld bleibt für die Truppe übrig: 1630 wird die Kavallerie auf 7000 Reiter zusammengeschmolzen sein, ein Dreißigstel einstiger Größe.

Zwar vervierfacht sich dafür die Zahl der Janitscharen auf 40 000. Doch damit entsteht bloß eine immer schwerer zu kontrollierende Prätorianergarde am Hof, die in die Politik seiner Nachfolger eingreift und Sultane schließlich nach Gutdünken erheben und stürzen wird.

Der Unterhalt dieser stetig schwächer werdenden Armee wird zugleich durch neue Waffen wie Musketen immer teurer, was die Steuern auf dem Land hochtreibt.

Um die stetig steigenden Ausgaben aufbringen zu können, prägt die Verwaltung des Sultans immer mehr Münzen mit immer geringerem Silbergehalt: Zwei Jahrzehnte nach Süleymans Tod beträgt er nur noch die Hälfte von früher. Der Asper wird eine leichtgewichtige Münze, wertlos wie trockenes Laub.

Schwer einzuschätzen schließlich ist ein Erbe, das Süleyman schon von seinem Vater übernommen hat: Als „Hüter der heiligen Stätten" ist jeder Sultan fortan auch höchster religiöser Würdenträger. Ein Amt, das die Herren der Hohen Pforte zunehmend konservativer macht. Süleyman selbst wird zwar nie zum Glaubensfanatiker, doch seine Nachfolger gleiten zur Orthodoxie hin.

Starr bewahren sie die Religion, mit starrem Blick betrachten sie vom Topkapi aus schließlich die ganze Welt. Und reagieren deshalb nicht mehr auf die neuen Kolonialreiche der Europäer, auf neue Unternehmen und Banken, auf neue Techniken und Waffen.

Das Osmanische Reich, bis zu Süleymans Ägide das fortschrittlichste seiner Zeit, wird innerhalb einiger Jahrzehnte zum rückständigen Koloss.

Dass es nach Süleyman bergab gehen wird, ahnen wohl schon die Zeitgenossen. Bereits 20 Jahre später sprechen sie vom Goldenen Zeitalter unter Süleyman. Und nachdem der Herrscher in einem Mausoleum neben der Moschee, die seinen Namen trägt, bestattet worden ist, dichtet der Poet Baki:

„Unsere Augen wandern über die Straße: Kein Zeichen kommt vom Thron, dem Heiligtum des Ruhmes! Die Farbe seiner Wangen ist vergangen, er liegt mit ausgetrockneten Lippen, wie eine gepresste Rose ohne Saft."

Anderthalb Monate nach Süleymans Tod stößt der Kronprinz zu den Truppen. Erst jetzt beten die Getreuen für den Verstorbenen, der bald zur Legende wird

Spanien *1527–1598*

Kein Fürstensohn Europas ist besser vorbereitet auf die Herrschaft über ein Weltreich: Als Philipp 1556 mit 28 Jahren das Amt des Königs übernimmt, vertritt er seinen Vater bereits seit mehr als einem Jahrzehnt als Regent des spanischen Mutterlandes (Porträt von 1553)

PHILIPP II

Bürokrat, Glaubenskrieger, Weltenlenker

Er ist der mächtigste Mann der Christenheit – Gebieter über ein Reich, das den Erdball umspannt. Dank seiner Disziplin und einer neuartigen Verwaltung regiert Spaniens Monarch Philipp II. seine Besitzungen persönlich vom Arbeitszimmer aus. Bis die Probleme selbst ihn überwältigen ——— Text: JENS-RAINER BERG

DIE TINTENFEDER KRATZT AUF DEM PAPIER. Über Stunden. Das Kratzen verbindet den Mann mit dem weißen Bart und den vor Gicht geschwollenen Fingern mit der Welt.

Es lässt ihn über sie herrschen.

Denn ein unsichtbarer, geheimnisvoller Mechanismus verstärkt die kleinen Schreibbewegungen der Hand. Lässt sie weit weg, jenseits der Mauern des Zimmers, Kriege beginnen und Todesurteile vollstrecken, Länder besetzen und Gesetze verkünden, Gnade gewähren oder Hilfe verschaffen, wo niemand sonst noch helfen könnte.

Niemand außer dem König: Philipp II. von Spanien. Dem mächtigsten Mann der Christenheit. Dem Weltenlenker.

Den Papiermonarchen nennen sie ihn. Seit mehr als drei Jahrzehnten schon türmen sich jeden Tag aufs Neue die Depeschen, Petitionen und Memoranden auf seinem Schreibtisch – aus Lima und Brüssel, aus Mosambik und Goa, aus Sizilien und Mexiko, aus Spanien, dem Mutterland, oder aus irgendeinem anderen Winkel seines weltumspannenden Imperiums.

Und Philipp, Sisyphos der Macht, arbeitet fast jedes Dokument persönlich ab, entscheidet, unterzeichnet, kommentiert, ordnet an. Widmet sich verbissen jedem noch so kleinen Detail; setzt neue Papiere auf, mit denen er seine Räte und Beamten versorgt, seine Bürokratie, die er zu einem beträchtlichen Teil selbst geschaffen hat. Sie trägt seinen Willen sogar in die entlegensten Teile des Reichs, ohne dass der Monarch seine Kammer verlassen muss.

Nie zuvor hat ein einziger Herrscher ein solches Imperium – so ausgedehnt, so komplex, so verschiedenartig – zusammengehalten. Philipp gleicht einem Puppenspieler, der ein vielgliedriges hölzernes Monstrum steuert.

Aber das Spielen kostet Kraft – und es ist kein Spiel, kein Genuss. Immer neuen Problemen hat sich der König stellen müssen: der Rebellion in den Niederlanden, dem Aufstand in Andalusien, dem Vormarsch der Glaubensfeinde, der Korruption in der Neuen Welt, den Intrigen an seinem Hof. Bis tief in die Nacht oft sitzt der Monarch allein bei Kerzenschein, mit geröteten Augen, und martert sich – fromm und pflichtbewusst – zur richtigen, zur gottgefälligen Entscheidung. Bis ihn die Erschöpfung ins Bett zwingt.

Und nun, in seinem siebten Lebensjahrzehnt, zu Beginn der 1590er Jahre, droht dem Marionettenspieler das mühsam gehaltene Fadenbündel zu entgleiten, die Macht allmählich zu zerrinnen. Seine treuesten Untertanen in Kastilien wollen ihm Steuern versagen. In Aragón verbünden sich oppositionelle Adelige gegen ihn. Auf den Atlantikrouten setzen Freibeuter seinen Flotten zu. Die Schulden der Krone nehmen unaufhörlich zu, für weitere Militäraktionen in der Neuen Welt fehlt das Geld. Und nördlich der Pyrenäen formieren sich die protestantischen Feinde.

Auch über seinen Körper scheint er die Macht zu verlieren. Malariaschübe schwächen den schon seit Langem fast zahnlosen Herrscher. Die Gicht frisst sich durch seine Gelenke, macht jede Bewegung schmerzhaft, verlangsamt das Schreiben. Immer schwerer fällt es ihm, sich zu konzentrieren; immer mehr Papiere bleiben liegen.

Vielleicht ist dies die schlimmste Veränderung: dass ihm die Kraft versiegt, die Stärke, sein Weltreich persönlich zu lenken. Dass er auf dem Gipfel eines gewaltigen Regierungsgebildes steht, seiner Schöpfung, und ihn Ohnmacht befällt.

Was ihm noch bleibt, ist, seine Signatur unter Dokumente zu setzen, die andere ihm vorlegen, ein letztes Zeugnis selbstgewisser Größe: *Yo, el Rey* – „Ich, der König".

Zum ersten Mal hat Philipp diese Worte wohl um 1556 geschrieben, im Alter von knapp 30 Jahren. Da erbt er von seinem Vater, dem Kaiser Karl V. (als spanischer König: Karl I.), ein Reich, das alle anderen abendländischen Herrschaften seiner Zeit übertrifft. Obwohl Karl die Kaiserkrone des Heiligen Römischen Reiches deutscher Nation an seinen Bruder abtritt, ist der große Rest beeindruckend: die Hälfte von Italien, die Niederlande, die Freigrafschaft Burgund, ganz Spanien sowie die Weiten Amerikas vom Río Grande bis zu den Anden; dazu die Kanarischen Inseln und zahlreiche kleinere Besitzungen. 50 Millionen Untertanen huldigen dem neuen Herrscher.

Der junge Habsburger, die klaren grauen Augen und die gerade Nase über einem energisch hervortretenden Kinn, ist besser vorbereitet als jeder andere Fürstensohn des Kontinents.

Mit nur 16 Jahren hat Philipp 1543 im Auftrag des abwesenden Vaters die Regentschaft über Spanien übernommen. Fünf Jahre später schickte ihn Karl auf eine „Grand Tour" durch Europa: eine politische Studienreise unter anderem nach Mailand und Mantua, an den Reichstag in Augsburg und nach Brüssel, die niederländische Hauptstadt.

Anschließend wird Philipp mit der englischen Königin Maria Tudor vermählt – ein heiratspolitischer Coup des Vaters, der den Einfluss der Habsburger auf Britannien sichern soll. Ein Jahr lang versucht Philipp in London vergebens, einen Nachkommen zu zeugen, dann ruft ihn Karl in die Niederlande, um ihm im Januar 1556 die spanische Krone zu übergeben. Auf die Iberische Halbinsel kann Philipp indes noch nicht zurückkehren: Er muss einen Kriegszug gegen Frankreich organisieren. Erst 1559 erreicht er Spanien, nachdem erst Karl und kurz darauf Maria Tudor verstorben sind.

Auf seinen Reisen trägt Philipp wahrscheinlich jene Instruktionen bei sich, die Karl ihm persönlich geschrieben hat, vier insgesamt. Allgemeine Regeln stehen darin: Der Sohn solle sich als Herrscher von niemandem abhängig machen, solle

Als Habsburger ist Philipp Spross der wohl einflussreichsten europäischen Adelsdynastie. Sein Hofmaler Alonso Sánchez Coello entwirft dieses fiktive Bankett mit mehreren Generationen der Familie. Philipp (5. v. l.) **steht bescheiden schräg hinter seinen Eltern, Kaiser Karl V. und Isabella von Portugal. Ein Neffe zeigt einen Kuchen mit dem kaiserlich-habsburgischen Wappen** (vorn rechts)

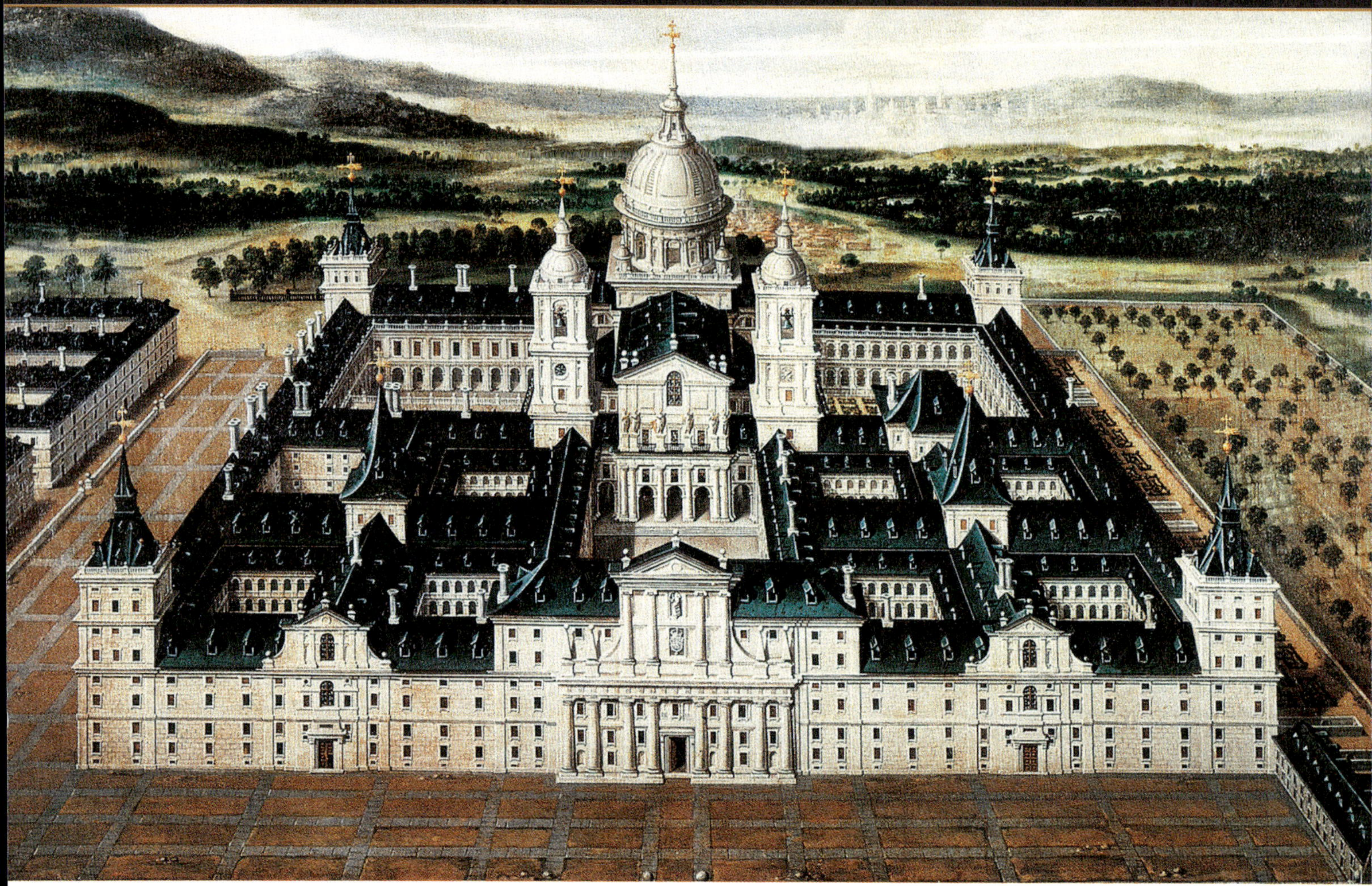

Spanien *1527–1598*

Von 1563 an, sieben Jahre nach seiner Krönung, lässt Philipp den Escorial errichten, einen gewaltigen Kloster- und Palastbau im Herzen Spaniens. Der Grundriss gleicht einem Grillrost, nachempfunden jenem Gitter, auf dem einst der heilige Laurentius bei lebendigem Leib verbrannt worden ist. Ihm widmet der tiefgläubige König das Bauwerk. Ein Standbildnis auf dem Schreibtisch mahnt Philipp an dessen Marter (unten links) – und daran, stets gottgefällig zu handeln

niemandem trauen, immer und in allen Dingen Gerechtigkeit üben. Karl warnt zudem vor bestimmten, allzu ehrgeizigen Höflingen, listet detailliert Stärken und Schwächen einiger Berater auf.

Philipp nimmt die Worte ernst. Keiner könnte ihm bessere Handreichungen für seine Zukunft geben als der Vater, die Legende, das politische Monument.

Und doch: Zurück in der Heimat, revolutioniert Philipp die Monarchie.

E**S IST WEDER NÜTZLICH NOCH EHRBAR**, in seinem Königreich herumzureisen." Philipps Worte sind wie ein Affront an den toten Vater, den Reisekaiser, der zeitlebens scheinbar rastlos an der Spitze seiner Heere durch Europa und Nordafrika gezogen ist, ganz im Stile mittelalterlicher Fürsten. Auch die Katholischen Könige Isabella und Ferdinand, Philipps Urgroßeltern, waren ja stets mit ihrem gesamten Hof auf der Iberischen Halbinsel von Residenz zu Residenz gereist.

Der Urenkel aber will anders regieren. Moderner, rationaler. Das heißt vor allem: von einem festen Ort aus. Die militärischen Expeditionen kann er gut seinen Generälen überlassen.

Ohnehin macht es die Ausdehnung des Reiches unmöglich, stets zur richtigen Zeit am richtigen Platz zu sein. Selbst ein schneller Kurier braucht aus dem Inneren Spaniens nach Brüssel oder Mailand zwei Wochen – und nach Mexiko zwei Monate; ein großer Hofstaat wäre noch deutlich länger unterwegs.

Eine Hauptstadt soll her, eine Kapitale, wie sie England und Frankreich längst haben. Philipps Wahl fällt 1561 auf Madrid. Was die unscheinbare Siedlung von 9000 Einwohnern im trockenen Herzen Kastiliens auszeichnet, ist vor allem ihre Nähe zu einigen königlichen Residenzen. Und hier gibt es den Alcázar, einen alten

Vom Escorial aus führt er seinen Kampf gegen alle Ungläubigen

Um 1550 porträtiert Tizian in Augsburg den zukünftigen König. Der junge Habsburger trägt die Prunkrüstung eines Renaissance-Fürsten. Von Philipps tiefer Frömmigkeit verrät das Bildnis nichts

Festungspalast. Den lässt Philipp renovieren und vergrößern, um in ihm erstmals alle Regierungsinstitutionen dauerhaft zu vereinen. Schon bald lassen Höflinge, Beamte und Diplomaten die Stadt auf fast das Doppelte ihrer einstigen Größe anschwellen.

Regelmäßig treten in der neuen spanischen Metropole nun die königlichen Räte zusammen; an bestimmten Tagen zu genau festgelegten Uhrzeiten, so will es der König. Schon dessen Vorgänger haben mithilfe von Räten regiert, doch erst Philipp baut die Verwaltungsorgane zu einer systematischen Bürokratie aus.

Dazu gehören der „Kastilienrat", eine Art Innenbehörde für das Stammland, der Consejo de Hacienda, der sich mit sämtlichen Finanzfragen beschäftigt, sowie der Kriegsrat. Bedeutend auch die Räte für die ferneren Reichsteile: Es gibt je ein eigenes Gremium für italienische Angelegenheiten, für Aragón, für Amerika und, später, für die Niederlande.

Das Personal für die Consejos rekrutiert Philipp aus den Absolventen der Eliteuniversitäten in Salamanca und Alcalá de Henares – Juristen zumeist, oft auch Geistliche, fast immer ehrgeizige Vertreter des Bürgertums oder des niederen Adels. Die Sprösslinge der alteingesessenen Granden, jener gut 25 höchsten Adelsdynastien, die über einen beträchtlichen Teil der spanischen Provinz als Grundherren gebieten, hält der König aus der zentralen Verwaltung heraus. Er will unangefochten herrschen.

Und stets achtet Philipp darauf, dass niemand besser informiert ist als er. Äußerst misstrauisch, so wie es der Vater ihm geraten hat, verteilt er Kompetenzen und Informationen in säuberlich voneinander getrennten Portionen. Das Gesamtbild soll nur einer kennen. Und so wichtig die Räte auch sind: De facto besteht ihre Arbeit vor allem aus dem Vorbereiten der Entscheidungen. Das letzte Wort behält sich Philipp vor.

Nach jeder Ratssitzung trägt ein Bote ein Schriftstück – die *consulta* – zum Monarchen. Alle anlie-

Spanien *1527–1598*

Die vier Frauen Philipps II. Mit 16 heiratet er 1543 die portugiesische Prinzessin Maria (oben links); zwei Jahre später stirbt sie im Kindbett. 1558 wird Philipp erneut Witwer, als seine zweite Gattin, Englands Königin Maria Tudor, nach vier Ehejahren möglicherweise einem Krebsleiden erliegt

genden Fragen und die Empfehlungen der Ratsmitglieder sind darauf verzeichnet. Hat der König das Dokument bearbeitet, schickt er es an den Rat zurück, der die gefassten Entschlüsse umzusetzen hat. Für besondere Aufgaben, einen Kriegszug etwa, richtet Philipp Sonderkomitees ein, *juntas*, die oft nur ein paar Wochen tagen.

Die Räte und ihre unzähligen Zuarbeiter – Buchhalter, Berater, kleine Beamte, Sekretäre – sind Philipps Verbindung zur Welt. Doch auch sie kämpfen mit den großen Entfernungen innerhalb des Imperiums, vor allem nach Amerika. Auch um die Kommunikation zu verbessern, richtet der König deshalb Anfang der 1560er Jahre einen regelmäßigen Schiffsverkehr über den Atlantik ein.

Zwei Flotten von jeweils mehreren Dutzend Seglern pendeln zwischen Spanien und Veracruz (im heutigen Mexiko) sowie der Landenge von Panama. An Bord neben Handelswaren, Edelmetallen und Siedlern auch versiegelte Verwaltungsorder und Bulletins. Doch verlässt jede Flotte höchstens einmal pro Jahr Spanien – zu selten, um die Neue Welt wirklich zu kontrollieren.

Viel hängt davon ab, wie loyal Philipps Männer vor Ort sind. Vorbei immerhin sind die Zeiten, in denen raubeinige Konquistadoren wie Hernando Cortés, der Sieger über die Azteken, die von ihnen eroberten Gebiete wie Privatreiche zu beherrschen suchten.

Inzwischen untersteht sämtliches Land in Spanisch-Amerika der Krone, und Briefe des Königs gelangen selbst in die Dörfer an den zerklüfteten Hängen der Anden, wo sie ein spanischer Beamter zu küssen und sich – als Zeichen der Unterwerfung – auf den Kopf zu legen hat, ehe er feierlich den Inhalt verliest.

An der Spitze der Hierarchie in Amerika stehen, wie auch in anderen Regionen des Reiches, Vizekönige: je einer für Neu-Spanien und Peru. Darunter fächert sich ein Geflecht aus Gerichten, Gouverneuren und Stadträten auf, insgesamt knapp 1000 Beamte, die für rund 125 000 Siedler und zehn Millionen Ureinwohner zuständig sind.

Wie fragil die Herrschaft in der Ferne tatsächlich ist, erfährt Philipp 1565: Da planen Nachkommen von Hernando Cortés, die höchsten königlichen Beamten zu töten und die Macht in Neu-Spanien zu übernehmen.

Nur weil sich die Verschwörer vorzeitig mit ihrem Vorhaben brüsten, kann der Anschlag vereitelt werden. Doch Indios nutzen das Chaos und begehren gegen die Spanier auf.

Der König ist beunruhigt. Er beauftragt Juan de Ovando, einen seiner fähigsten Ratsmänner, die Verwaltung der Neuen Welt eingehend zu überprüfen. Ovando stößt auf fast 1000 Probleme. Und er weist auf ein Grundübel des gesamten Reiches hin: Niemand wisse genau, welche Gesetze, Vorschriften und Privilegien wo gültig seien.

Philipp begreift, dass er nur dann erfolgreich herrschen kann, wenn er seine Lande und Untertanen in all ihrer Vielfältigkeit kennt: die Fernhändler Antwerpens wie die Zuckerpflanzer auf Hispaniola, die Ureinwohner Panamas wie die Schafhirten Kastiliens, die Bauern des Burgund wie die Weizenbarone auf Sizilien.

Und so lässt der König akribisch Wissen sammeln. Bittet Gelehrte um detaillierte naturkundliche Berichte aus Amerika. Bezahlt Chronisten dafür, dass sie ihm historische Abrisse seiner Länder verfassen, und die bekanntesten Kartographen Europas, dass sie erstmals umfassende, zuverlässige Orientierungshilfen liefern. Schickt in seine Räte Experten aus jenen Regionen, für die ebendiese Consejos zuständig sind. Er lässt Bogen mit 49 Fragen – zu Botanik und Geografie, Bevölkerung, Religion und Wirtschaft – an jede Gemeinde in der Neuen Welt senden und Papiere mit 57 Fragen an die Bürger Kastiliens. Und er ordnet und speichert das wachsende Wissen. Richtet das erste offizielle Archiv der Monarchie ein.

Die Informationssammlung hilft ihm, alle Entscheidungen zu treffen, die weitreichenden und die scheinbar trivialen: Welchen der 117 Kandidaten werden die zwölf neuen Militärkommandanturen zugeteilt? Wie hoch sollen die Pensionen für Veteranen

Philipps dritte Ehefrau wird 1559 die französische Prinzessin Elisabeth de Valois. Nach ihrem Tod 1568 dauert es zwei Jahre, ehe er seine Nichte Anna von Österreich (oben rechts) **ehelicht. Sie gebiert ihm den lang erwarteten gesunden männlichen Thronfolger – und stirbt ebenfalls vor ihrem Gatten**

sein? Wann soll der nächste Feldzug in den Niederlanden beginnen? Muss die Hühnerhaltung in bestimmten Festungen verboten werden? Welcher Priester soll welches frei gewordene Bistum besetzen und welcher Junge Küchenhilfe am Hof werden? Wo wird der für die Krone dringend nötige Kredit aufgenommen?

Im Arbeitszimmer des Herrschers bündeln sich die großen und kleinen Stränge des Imperiums, das nun zu Europas fortschrittlichsten gehört. Aber im Herbst 1568 sitzt dort, im Zentrum der Macht, plötzlich niemand mehr.

Denn am 3. Oktober jenes Jahres stirbt Elisabeth de Valois, Philipps dritte Frau, nach einer Fehlgeburt. Der König hat ihre Hand gehalten in den Stunden des Todes.

Schwermütig zieht er sich in ein Kloster zum Gebet zurück. Weigert sich, Sekretäre und Diplomaten zu sehen, fasst keine Papiere mehr an. Die Regierung erstarrt. Zwei Wochen vergehen, der herrscherliche Schreibtisch bleibt leer. Nur lang gediente Höflinge mögen ahnen, dass die Tragödie den König an weit zurückliegende Ereignisse erinnert.

Eines jedenfalls wird plötzlich klar: Das neue System der Regierung droht zu versagen, wenn der Mensch, der die Krone trägt, nicht funktioniert.

Philipp kümmert sich um Kriege, Festungen, Küchenhilfen

Der Niederländer Antonis Mor porträtiert Philipp II. gerüstet und mit Kommandostab. Doch anders als sein Vater ist der Sohn kein Krieger, der selber mit den Armeen durch die Lande zieht

VIELLEICHT WAR ES DER FRÜHE TOD Isabellas von Portugal, seiner strengen, aber fürsorglichen Mutter, der den jungen Philipp einst so nahe zu Gott gebracht hat. Mit gerade einmal elf Jahren musste der Königssohn 1539 den Leichenzug von Toledo, wo seine Mutter bei einer Niederkunft verstorben war, nach Granada zur Gruft der Vorfahren anführen. Auf der langen Reise, in der Hitze des Sommers, verweste der Körper der Toten, bis selbst der Sohn sie kaum noch zu erkennen vermochte.

Sechs Jahre später stirbt Philipps erste Frau, die portugiesische Prinzessin Maria, im Wochenbett. Es ist nicht zu verkennen: Gott erlegt dem Thronfolger Prüfungen auf.

Der junge Prinz geht auf die Jagd, liest Rittergeschichten, tanzt, lauscht den Klängen von Orgel und Laute, erfreut sich an Ausflügen in die Natur – aber immer häufiger versenkt er sich in seiner kleinen Kapelle in die Stille des Gebets.

Philipp erhält eine umfassende Bildung, ist offen und wissbegierig, kennt die neuesten gelehrten Thesen, etwa den revolutionären Heliozentrismus des Kopernikus – und wächst doch zugleich zu einem ernsten, weltfern wirkenden, tiefgläubigen Mann heran.

Seine Tutoren, strenge Theologen darunter, lassen ihn „Die Erziehung des Christlichen Fürsten" von Erasmus studieren – jene humanistische Schrift, die religiös-moralische Grundsätze zur Handlungsmaxime eines Herrschers erklärt. Halten ihn wieder

und wieder an, Mäßigung und Selbstkontrolle zu üben, seine Emotionen zu zügeln.

Nachdem er bereits den Thron bestiegen hat, steht in seinem Bettschrank unter 42 Büchern nur eines, das kein religiöses Thema zum Inhalt hat (auch wenn seine Bibliothek mit mehreren Tausend Bänden viele nichtreligiöse Werke enthält). Jeden Tag besucht er die Messe, hört mindestens einmal pro Woche eine Predigt. Offenbart sich regelmäßig seinen zwei Beichtvätern.

Und er sammelt Reliquien. Aufkäufer besorgen überall in Europa heilige Überbleibsel: zwölf Körper, 144 Köpfe, 306 Gliedmaßen – insgesamt fast 7500 Objekte, die er zur Verehrung in genau festgelegter Abfolge aufstellen lässt.

Auch Philipps Tag scheint einem religiösen Rhythmus zu gehorchen, dem mönchischen Gebot des *ora et labora*, des Betens und Arbeitens.

Er erwacht gegen acht Uhr morgens und liest noch im Bett die ersten wichtigen Papiere. Etwa um

Um sein weitgespanntes Reich besser und effizienter kontrollieren zu können, lässt Philipp systematisch Wissen zusammentragen. 1570 beauftragt er den Flamen Anton van den Wyngaerde, Ansichten der bedeutendsten Städte Kastiliens anzufertigen, etwa der Universitätsstadt Alcalá de Henares. Dort und in Salamanca graduieren jene Theologen und Juristen, die der König für seine Bürokratie braucht

9.30 Uhr steht er auf, lässt sich balbieren und ankleiden, ehe er die Kapelle für die Messe betritt. Nach den täglichen Audienzen nimmt er um Punkt zwölf Uhr sein Mittagessen ein, allein, und beginnt anschließend am Schreibtisch mit der Hauptarbeit.

Gegen 21 Uhr – oder später, wenn es die Geschäfte nötig machen – lässt er sich, wieder allein, zum Abendessen nieder. Oft kümmert er sich auch danach noch um die Regierungsgeschäfte.

Zwei Uhren in seinen Privaträumen schlagen dem Monarchen unentwegt den Takt. Seine Frauen – er heiratet nach Marias Tod noch dreimal – sieht Philipp am Tag nur für einige Minuten, vor der Messe, nach dem Abendessen und kurz bevor er nachts sein eigenes Schlafgemach aufsucht. Er sei froh, wenn er seinen ehelichen Pflichten nicht nachkommen müsse, heißt es am Hof.

Ist er unterwegs, nimmt sich Philipp Arbeit für die Kutsche mit. Bei Segelausflügen signiert er an Bord Depeschen auf einem provisorischen Tischchen.

Wie ein Getriebener kämpft er sich durch die Papiere, die seine Räte ihm in nie versiegendem Strom zuliefern, manchmal bis zu 1250 Memoranden in einem Monat. Oft hat er die Dokumente schon am selben Tag erledigt, länger als zwei Tage braucht er fast nie.

Aber er leidet, beklagt sich bei seinem Privatsekretär über „schrecklichen Husten", den ihm wahrscheinlich der staubige Sand für das Trocknen der Tinte bereitet, jammert über den „schlimmen Schmerz in meinen Augen" – und macht dennoch weiter. Nur manchmal, selten, muss er ermattet aufgeben: „Ich habe keine Zeit und keinerlei Kraft mehr, mir diese Dokumente vor morgen anzusehen", notiert er für den Sekretär.

Ein König sei nichts weiter als ein Sklave, der eine Krone trage, sagt Philipp. Allerdings ein Sklave in höchstem Auftrag. Denn der Monarch ist davon überzeugt, Medium des Allmächtigen zu sein. Daraus schöpft er seinen unbändigen Drang zur Pflichterfüllung. Und es ist diese Disziplin, die es ihm überhaupt erlaubt, eigenhändig jene weit gespannte

Eine der wenigen, denen der König traut, ist seine Tochter Isabella (hier mit ihrer kleinwüchsigen Dienerin). Verrat wirft Philipp dagegen seinem früheren Sekretär Antonio Pérez vor, der behauptet, der König habe ihm den Befehl zum Meuchelmord an einem Höfling gegeben. Doch Pérez hat womöglich recht

Bürokratie zu lenken, die er nach und nach ausbaut.

Das Brimborium am Hofe dagegen muss dem asketischen Herrschaftsarbeiter missfallen – jenes gekünstelte Zeremoniell, das noch Karl nach dem Vorbild des burgundischen Fürstentums eingeführt hat: die Entourage aus gut 1500 Dienern und Höflingen, von den 20 Jagdhundburschen bis zum adeligen Hofmeister, die Adeligen, die sich gegenseitig an Eitelkeit überbieten, die zahllosen Vorzimmer, durch die Besucher je nach Rang geschleust werden, die komplizierte Etikette bei jeder offiziellen Begegnung, die ritualisierten Festlichkeiten.

Wo es geht, übt Philipp Schlichtheit. Übergeht das Geplänkel von Gesprächspartnern, um schnell zur Sache zu kommen. Kleidet sich gern schwarz, geschmückt nur mit dem Goldenen Vlies der Habsburger. Lässt sich, später, nicht mehr als „Majestät" anreden, sondern mit dem einfachen *Señor* – „Herr".

Bei Audienzen irritiert er Diplomaten, die das lautstarke Schauspiel anderer europäischer Herrscher

Doch den Monarchen treibt die Angst um, die Mitglieder könnten zu mächtig werden. Er wandelt das Nachtkomitee in die *Junta de Gobierno* um – das „Regierungskomitee" –, in das er zusätzlich einen Verwandten, seinen Neffen Erzherzog Albert, entsendet. Zudem soll Prinz Philipp, der Sohn des Königs, jeder der täglich dreistündigen Sitzungen beiwohnen.

Das neue Gremium arbeitet bald fast wie ein modernes Kabinett, trifft die meisten der von den Räten vorbereiteten Entscheidungen. Und der kranke Monarch unterzeichnet anschließend nur noch: „Yo, el Rey".

ES MUSS PHILIPP ZUTIEFST DEMÜTIGEN, dass er gezwungen ist, die Geschäfte seines Imperiums auf diese Weise aus der Hand zu geben. So wie er zuvor oft an der Macht gelitten hat, so leidet er jetzt am Machtverlust. Unerträglicher als diese Kränkung ist wahrscheinlich nur der Schmerz, der bei jeder Bewegung seinen gichtgepeinigten Körper durchzuckt.

Von 1595 an verbringt der Herrscher seine Stunden fast nur noch in einem Spezialstuhl, den ihm ein Diener entworfen hat. Das hölzerne Möbel mit beweglichen Rücken- und Fußteilen lässt sich zu einer Liege von gut zwei Meter Länge aufklappen, gepolstert mit einer Matratze aus Pferdehaar. In diesem Stuhl sitzt, isst und schläft Philipp; seine Kleidung ist aus leichtem, weitem Stoff, um die entzündeten Gelenke nicht zu beschweren.

Als brauchte es noch eines Beweises seiner wachsenden Machtlosigkeit, wird er eines Tages in einem Ausflugshäuschen nahe dem Escorial von einem Unwetter überrascht. Regenwasser überschwemmt den Raum, in dem der König sitzt, und den Trägern gelingt es nicht, den schweren Gichtstuhl hinauszuhieven. Vollkommen durchnässt,

Wohl kein anderer Herrscher prägt das Jahrhundert so wie er

Mit zunehmendem Alter peinigen den König Malaria, Typhus, Ruhr und vor allem die Gicht. Die Staatsgeschäfte muss Philipp II. nun immer häufiger unerledigt liegen lassen

das Wasser bis zur Hüfte, muss Philipp warten, bis die Flut vorbei ist.

Und dann, im Herbst des Jahres 1598, endet sein Martyrium.

Ein paar Mal hat er sich noch aufgebäumt, hat Entscheidungen getroffen wie früher. Doch auch wenn sein Wirken der Ewigkeit verpflichtet ist – seine Kräfte sind endlich.

Im Sommer 1598 lässt sich Philipp von Madrid zum Escorial bringen. Ein Infekt hat zu allem anderen den Monarchen ergriffen. Kaum je bei Bewusstsein, liegt er bewegungslos auf einem Bett in seinem Arbeitszimmer. Der fiebrige Leib ist aufgedunsen, übersät von Eiterbeulen und Wunden. Peinlich genau hat der Monarch zeitlebens auf seine Sauberkeit geachtet. Nun stinkt er nach Vergänglichkeit und Tod.

In den wenigen wachen Momenten plant er sein Sterben, versucht, das Unausweichliche so zu steuern, wie er einst sein Reich gelenkt hat. Die Geißel seines Vaters, die noch Spuren dessen Blutes trägt, liegt neben der Bettstatt, so hat es Philipp befohlen. Dazu das Kreuz, das Vater und Mutter beim Sterben gehalten haben. Neben das Bett lässt der Todgeweihte seinen Sarg stellen. Und seine wichtigsten Reliquien.

AM FRÜHEN MORGEN DES 13. SEPTEMBER 1598, nach 53 Tagen auf dem Krankenlager, 71 Jahre nach seiner Geburt und gut vier Jahrzehnte nach der Krönung, erwacht der Monarch ein letztes Mal aus dem Koma. Er lächelt, nimmt das Kruzifix der Eltern fest in seine Hände und stirbt mit offenen Augen.

Und wahrscheinlich ist Philipp glücklich in diesem letzten Moment. Heilsgewiss kann er aufgehen in einer höheren Ordnung, einer Ordnung, die er auf Erden, in seinem Reich, trotz steter Mühen nie zu erreichen vermochte.

Zehn Millionen Dukaten hat die Armada gekostet. Eine gewaltige Summe, die die Finanzen des Königs weiter auszehrt. Seit Jahrzehnten übertreffen die Ausgaben für das Imperium, für Militär, Hof und Verwaltung, die Einnahmen der Krone beträchtlich.

Nur weil unablässig Gold- und Silberbarren aus den Minen Amerikas ins Mutterland gelangen (ein Fünftel geht stets an den König) und als Sicherheit herhalten können, geben die italienischen Bankiers und die Fugger in Augsburg noch Kredit. Doch allein die jährlichen Zinsen zehren die Hälfte seiner Einnahmen auf – und die Schulden nehmen unaufhaltsam zu.

Dreimal schon hat der Herrscher den Staatsbankrott ausgerufen und damit seine Gläubiger gezwungen, die kurzfristigen Anleihen in langfristige mit geringeren Zinsen umzuwandeln. Hat sich sogar für unfähig erklärt, seine Schulden überhaupt zurückzuzahlen. Das entlastet zwar vorübergehend den Haushalt, macht es aber immer schwerer, neue Geldverleiher für die Krone zu finden.

Bis jetzt haben vor allem die Einwohner Kastiliens das Reich mitgetragen. Um mehr als 300 Prozent hat Philipp die Steuern der Bauern und Bürger seit seinem Amtsantritt erhöht – und diese haben treu gezahlt (der Adel hingegen ist von direkten Abgaben befreit).

Aber zu Beginn der 1590er Jahre ist eine Grenze erreicht. Die Wirtschaft stagniert, unter anderem, weil ein Großteil des Kapitals für Söldner und Waffen ins europäische Ausland fließt. Zudem erschüttern Missernten das Land. Und erstmals verweigern die Vertreter der Städte in den *Cortes*, der Versammlung von Adel, Klerus und Bürgern, dem König eine weitere Steuererhöhung.

Seine kostspieligen Glaubenskämpfe will Philipp dennoch nicht aufgeben. „Religion hat Vorrang vor allem anderen", erklärt er unnachgiebig und immer starrsinniger, entsendet nun Truppen gegen die französischen Protestanten, die ihrerseits von England und den aufständischen Niederländern unterstützt werden – und verschärft damit die Finanzkrise weiter.

Dabei hat der König inzwischen genügend Probleme auf der Iberischen Halbinsel. Eine Gruppe Adeliger in Aragón widersetzt sich offen seiner Autorität. Als der Monarch einen kastilischen Kandidaten zum dortigen Vizekönig küren will, pochen sie auf das traditionelle Privileg, dass jeder Amtsträger Aragonier sein muss. Schon warnen Philipps Berater vor einem Aufstand.

Ausgerechnet Antonio Pérez, einer seiner früheren Sekretäre, setzt den König zusätzlich von Aragón aus unter Druck. Er behauptet, Dokumente zu besitzen, die einwandfrei bewiesen, dass Philipp ihm einst den Befehl zum Mord an einem intriganten Höfling gegeben habe. Ein Mord, für den Pérez verurteilt worden ist, ehe er nach Aragón entkommen konnte.

Ob die Anschuldigungen stimmen, wird niemals endgültig geklärt. Gut möglich aber ist es.

Der König jedenfalls nimmt die Unruhen in Aragón so ernst, dass er Kastilien verlässt und persönlich mit seinen Kriegern ins Nachbarreich zieht. Die Aufständischen, die sich inzwischen mit Antonio Pérez verbündet haben, können geschlagen werden, der abtrünnige Sekretär muss nach Frankreich fliehen.

Aber die Expedition kostet Philipp fast das Leben. Die mühsame Reise von mehreren Hundert Kilometern, der traditionelle Einritt nach Aragón allein zu Pferd haben den 65-Jährigen zermürbt. Wie eine Leiche kommt er den Madrider Höflingen vor, als sie ihn zurückkehren sehen.

Seit fast 30 Jahren schon plagt den Herrscher die Gicht – einer der ersten Schübe fuhr in seinen Fuß, dann befiel die Krankheit immer mehr Gelenke. Dazu schwächen ihn dauernd Ruhr, Typhus und fiebrige Malaria. Sein alternder Körper hat dem nur noch wenig entgegenzusetzen.

Zunehmend seltener kann Philipp jetzt sein Arbeitspensum durchhalten. Vor einigen Jahren hat er zu seiner Entlastung das „Nachtkomitee" eingerichtet, ein permanentes Gremium aus einer Handvoll verdienter Beamte.

Jeden Abend sichten sie alle Papiere, die tagsüber von den Räten gekommen sind, und versehen sie mit konkreten Empfehlungen. Immer häufiger aber fällt das Komitee inzwischen eigene Entscheidungen, wenn der König unpässlich ist.

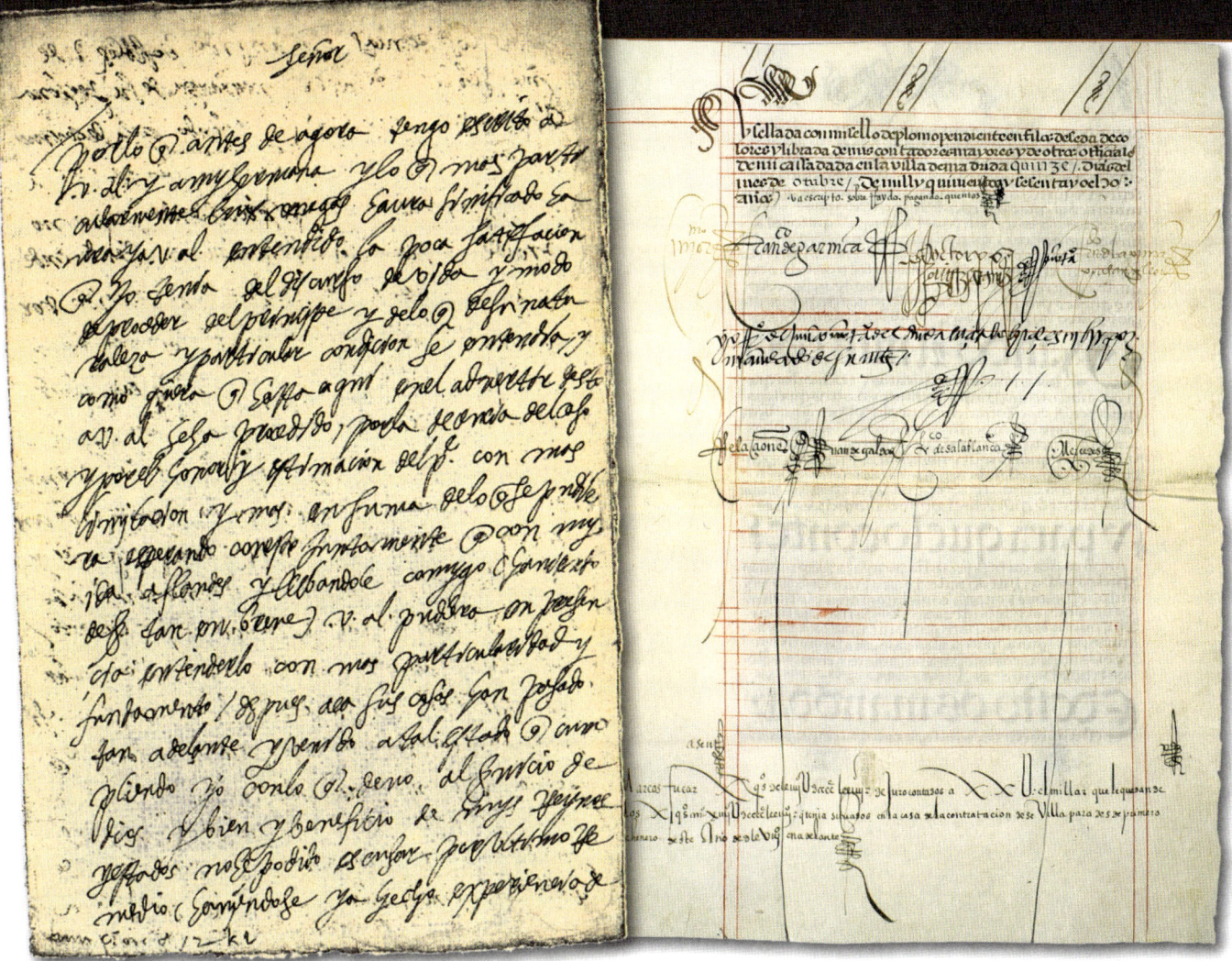

nicht sein Erfolg, seine wahrlich universale Herrschaft ein Zeichen göttlicher Fügung? Längst raunen sich die Menschen in Europa zu, der Allmächtige sei Spanier geworden.

Fast mehr noch als die Päpste, die er im Laufe seiner bereits 27-jährigen Amtszeit auf dem Heiligen Stuhl gesehen hat, verkörpert nun er, Philipp, den Katholizismus.

Und ist es nicht deshalb seine Pflicht, noch mehr Länder in den Kreis des wahren christlichen Bekenntnisses zu holen?

Zum Beispiel England, seit nahezu 25 Jahren nun schon Hort des verhassten Protestantismus, regiert von Elisabeth, einer vom Papst aus der römischen Kirche verbannten Königin. Einer Monarchin, die zudem die Unverschämtheit besitzt, die revoltierenden Niederländer zu unterstützen und Freibeuter auf spanische Handelsschiffe zu hetzen.

So sitzt Philipp voll missionarischen Eifers am Schreibtisch und stellt seinen Beamten und Militärs

Der Monarch lenkt sein Reich zumeist vom Schreibtisch aus, wo er Tag für Tag stundenlang Papiere bearbeitet. So verfasst er etwa eigenhändig einen Brief an seinen Vetter Kaiser Maximilian II. (oben links) *oder unterzeichnet ein Privileg für Markus Fugger, dessen Augsburger Bankiersfamilie ihm Geld leiht*

den Befehl aus, eine Invasionsflotte vorzubereiten, so groß, dass keine Macht der Welt sie schlagen könnte.

Und dann scheitern 1588 die Schiffe der „Unbesiegbaren Armada" kläglich am Gegner und an den Naturgewalten. Philipp, nach außen hin ungerührt, kann nicht fassen, weshalb der Herr einen solch schmachvollen Ausgang zugelassen hat.

Was nützt es, dass Zeitgenossen die fortschrittlichen Methoden der spanischen Regierung loben – jene alle anderen Monarchien übertreffenden Ressourcen, ohne die eine Flotte dieser Größe niemals hätte in See stechen können? Ein Unglück sei diese Niederlage, so bemerkt ein Mönch des Escorial, wert, ewig beweint zu werden.

Tatsächlich aber hat Philipp, außer Schiffen und Soldaten, wenig verloren – hat nur verpasst, viel zu gewinnen. Noch immer ist er der mächtigste Mann der Christenheit. Und dennoch markiert die Katastrophe den ersten Schritt auf dem Weg abwärts.

winn: Er reformiert die portugiesische Verwaltung nach spanischem Vorbild, aber belässt, bis auf die Außenpolitik, so gut wie alles andere in den Händen der Portugiesen. Ein neu geschaffener „Portugalrat" am spanischen Hof hilft ihm, die Doppelmonarchie zu führen.

GUT ZWEI JAHRE RESIDIERT Philipp in Lissabon, um den Machtwechsel zu überwachen. In dieser Zeit schreibt er jeden Montag einen Brief an seine beiden ältesten Töchter Isabella und Katharina, die jetzt 16 und 15 Jahre alt sind.

Nur fünf von Philipps elf Kindern leben noch. Sein erstgeborener Sohn Don Carlos, der offenbar behindert auf die Welt gekommen war und nach einem Sturz auf den Kopf aggressiv und unberechenbar wurde, ist bereits 1568 in dem von Philipp angeordneten Arrest gestorben. Auch seine

1570 widmet der Kartograf Abraham Ortelius Spaniens König einen Weltatlas, hier eine Ansicht der Neuen Welt aus einer späteren Ausgabe des Werkes. Etwa 125 000 spanische Siedler und zehn Millionen Ureinwohner unterstehen Philipp in Amerika. Gut 1000 Beamte sorgen dafür, dass seine Entscheidungen Tausende Kilometer entfernt in die Tat umgesetzt werden

vierte – und letzte – Frau, seine Nichte Anna von Österreich, hat der König inzwischen überlebt. Sie ist 1580 nach zehn Jahren Ehe gestorben.

So tragisch diese Verluste für ihn gewesen sind, so unnahbar der Monarch vielleicht gerade deswegen in den vergangenen Jahrzehnten seiner Familie gegenüber häufig war, so sehr scheint er nun von Lissabon aus den Kontakt zu den halbwüchsigen Töchtern zu suchen.

Seine Briefe verfasst er in einem liebevollen Plauderton. Erzählt vom Wetter, von Bootsausflügen, macht sich, mitunter selbstironisch, Gedanken über die Entwicklung der Kinder: „Ich höre, dass es Euch allen gut geht – das sind herrliche Nachrichten! Wenn Eurer kleinen Schwester die ersten Milchzähne kommen, so scheint mir das etwas verfrüht: Das soll wohl ein Ersatz für die zwei Zähne sein, die ich im Begriff bin zu verlieren", schreibt er am 15. Januar 1582.

Politisch fühlt sich Philipp, 1583 endlich nach Spanien zurückgekehrt, so sicher wie nie zuvor. Ist

alle Ungläubigen, alle Nicht-Katholiken, orchestriert.

1571 zieht Spanien im Bündnis mit Venedig und dem Papst gegen die osmanische Flotte und siegt bei Lepanto vor der griechischen Küste in der größten Galeerenschlacht der Geschichte.

In die Neue Welt schickt der König Befehle, alle „Götzendiener" endgültig auszurotten. Die Indios seien als Menschen zu respektieren – aber dennoch mit aller Macht zu bekehren. Tausende Ureinwohner sollen sich in neuen, nach dem immer gleichen Schachbrettmuster geplanten Städten ansiedeln.

Am eisernsten zeigt sich Philipp gegenüber den Niederlanden. Die durch Handel wohlhabend gewordenen Provinzen rebellieren bereits seit einigen Jahren gegen Spanien. Protestantische Adelige wehren sich gegen die politische Gängelung durch die Zentralmacht – und fordern zudem religiöse Freiheit. Doch gerade die ist für Philipp untolerierbar.

Rigoros lässt er den Herzog von Alba, seinen Hofmeister und besten Feldherrn, als Statthalter in den Niederlanden die Aufständischen bekämpfen. Mit allen Mitteln will Philipp auch dort den alten Glauben bewahren, die Einheit und Unversehrtheit des Reiches hüten. Doch es gelingt ihm nicht, die Niederlande zu befrieden. Schlimmer noch: Ein Teil der Provinzen wird sich schließlich von Spanien lossagen.

Unterdessen allerdings erlebt Philipp seinen leuchtendsten Triumph.

ENDE JUNI 1580, BADAJOZ, an der Grenze zu Portugal: Entgegen seiner Gewohnheit steht der König diesmal gemeinsam mit seinen Truppen im Feld. 20 000 Fußsoldaten, 1500 Reiter, 136 Geschütze samt Mannschaft. Bereit, in das Nachbarland einzufallen. Philipp hat nicht gewollt, dass es so weit kommt.

Die Sicherung des Riesenreichs stürzt Philipp in den Bankrott

In den 1580er Jahren ist Philipp auf dem Höhepunkt seiner Macht. Er hat sich die Krone Portugals erkämpft – und damit dessen Kolonialreich in Afrika, Asien und Südamerika (Gemälde um 1587)

Nach dem Tod des kinderlosen portugiesischen Monarchen Sebastian I. zwei Jahre zuvor in einer Schlacht in Marokko sowie der kurzen Regentschaft eines greisen, kürzlich verstorbenen Kardinals fordert Philipp nun Portugals Krone. Immerhin ist er, als Sohn Isabellas und Onkel Sebastians, der engste männliche Verwandte des verblichenen Königs.

Zudem ist es ihm gelungen, viele portugiesische Adelsfamilien mit Geldgeschenken für sich einzunehmen. Doch alle friedlichen Bemühungen waren vergebens: Am 18. Juni 1580, wenige Monate nach dem Tod des Regenten, hat sich Dom Antonio, ein portugiesischer Fürst, von einer Minderheit zum neuen König ausrufen lassen.

Philipp reagiert – wie immer, wenn seine Autorität herausgefordert wird – hart und kompromisslos. Er befiehlt seinen Truppen, mit dem Herzog von Alba an der Spitze, von Badajoz aus loszuschlagen. Binnen vier Monaten ist das Nachbarland unter spanischer Kontrolle.

Im Juni 1581 wird Philipp in Lissabon feierlich zum König von Portugal gekrönt.

Mit 54 Jahren ist er nun im Zenit seiner Macht, als alleiniger Herrscher jener beiden Eroberer-Nationen, die keine 100 Jahre zuvor im Vertrag von Tordesillas einen Großteil der Erde unter sich aufgeteilt hatten. Brasilien und Angola, Mombasa und Hormus, Goa und Ceylon, Malakka und Macau – die portugiesischen Besitzungen in Südamerika, Afrika und Asien sind die ideale Ergänzung zu Spaniens Kolonien.

Zudem haben Entdecker bereits in den 1560er Jahren auf Philipps Befehl hin eine große Inselgruppe östlich des asiatischen Festlands annektiert, die seinen Namen trägt. Einschließlich dieser „Philippinen" gebietet der König damit über eine Kette von Stützpunkten um den gesamten Erdball.

Philipp, der zurückhaltende Habsburger, umfasst die Welt. Klug und bedacht behandelt er den Zuge-

erwarten, mit Wortkargheit, sparsamen Gesten und einer leisen, vorsichtigen Stimme. Immer wieder kommt es vor, dass Besucher ihn nicht verstehen.

Ohnehin ist dem relativ kleinen, etwas blässlichen Monarchen, der sich stets gerade und würdevoll hält, das direkte Gespräch unangenehm. Selbst gegenüber Vertrauten verschlägt es ihm zuweilen die Sprache.

Am liebsten verkehrt er mit Menschen schriftlich, dann hat er genug Zeit, die Dinge zu durchdenken. Kann das Zaudern kaschieren, das ihn manchmal daran hindert, Entscheidungen sofort zu treffen. Im Schreiben offenbart sich seine Entschlossenheit, seine Willensstärke. Resolut kommentiert er die ihm vorgelegten Dokumente mit Randnotizen, korrigiert grammatikalische Fehler.

Vor allem aber: Das Schreiben erlaubt es Philipp, sich zurückzuziehen. „Alleinsein", beobachtet ein venezianischer Botschafter, „ist sein größtes Vergnügen." Manchmal besteigt der König im Morgengrauen sein Pferd, um – begleitet von nur wenigen Bediensteten – dem Treiben in Madrid für eine Weile zu entfliehen.

Acht Jahre nach seinem Machtantritt schafft er sich dann ein neues Refugium. Einen Ort, an dem seine Religiosität und seine zentralisierte Herrschaft eine perfekte Symbiose eingehen.

SCHLÄGE VON STEINMETZEN HALLEN IM JAHR 1563 am staubigen Südhang des Guadarrama-Gebirges. Knapp 1000 Meter über dem Meer, 48 Kilometer nordwestlich der Hauptstadt, wächst ein Koloss aus grauem Granit empor – ein Palast, der zugleich Kloster und Mausoleum sein soll: eine kühne Kreuzung aus Glaube, Macht und Tradition. Der Escorial.

Bis heute gilt der Palast als größter Renaissance-Bau der Welt. Schon der mächtige Grundriss, ein Rechteck von 207 mal 162 Metern, ist spirituell-politisches Sinnbild. Die Mauern, Wände und Fluchten folgen dem Muster eines Grillrosts. Es soll an jenes eiserne Gitter gemahnen, auf dem der heilige Laurentius der Legende nach einst bei lebendigem Leib geröstet worden ist.

Philipp widmet ihm das neue Gebäude. Denn am Ehrentag des Märtyrers, dem 10. August, haben die spanischen Truppen sechs Jahre zuvor einen glänzenden Sieg gegen Frankreich errungen. Damit hat der König den stärksten Rivalen um die Vorherrschaft in Europa bis auf Weiteres ausgeschaltet.

Einen großen Teil des Klosterpalastes bewohnen Mönche des Hieronymus-Ordens, die dem Monarchen durch regelmäßige Gebete Gottes Beistand sichern sollen. Im Westen des riesigen Komplexes, den am Ende 160 Kilometer Gänge durchziehen werden, lässt sich Philipp seine eigenen Gemächer herrichten. Mit einem Fenster, durch das er direkt auf den Hochaltar der Palastkirche blicken kann.

Hier wird er fortan arbeiten – unter der Ägide Gottes, in der Ruhe der Abgeschiedenheit, verbunden mit seiner Regierung durch Kuriere und Sekretäre. Er wird, eingekapselt in dieses Bollwerk des rechten Glaubens, seinen Kampf gegen alle Fehlgeleiteten entfesseln.

Bereits 1566 verbringt der König Weihnachten im Escorial. Gemeinsam mit den Mönchen feiert er die Nachtwache im halb fertigen Chor der Kirche. Ohne Kopfbedeckung verharrt er in der Kälte der Winternacht, vor Ergriffenheit rinnen ihm Tränen über die Wangen.

Der Tod von Philipps Frau Elisabeth de Valois 1568 ist nicht das einzige dramatische Ereignis jenes Jahres. Im Dezember erheben sich im Süden des Landes die *moriscos* – jene Mauren, die nach der Reconquista unter Zwang zum Christentum übergetreten sind. Etwa 400 000 dieser Konvertiten leben noch in Spanien, 150 000 davon allein im andalusischen Reichsteil um Granada, wo sie die Hälfte der Bevölkerung ausmachen.

Seit einiger Zeit bereits setzt Philipp seine Inquisitoren immer energischer auf die Morisken an; per Gesetz hat er ihre Sprache, ihre Kleidung und Bräuche verboten. Er befürchtet, dass sie mit den Osmanen kollaborieren, die im westlichen Mittelmeer ihre Macht weiter ausbauen. Vor allem aber widerspricht ihr christlich-muslimischer Mischglaube seiner Vision eines durch und durch katholischen Imperiums.

Soldaten schlagen die Unruhen nieder. Danach setzt Philipp seine unerbittliche Regierungsmaschinerie auf die Mauren an: Sie müssen Granada verlassen und an weit verstreuten Orten überall in Spanien siedeln. Viele von ihnen sterben auf den Gewaltmärschen dorthin.

Doch der Kampf gegen die Morisken ist nur ein kleiner Teil jenes Kreuzzugs, den Philipp gegen

Sieben Wochen lang gehen seine Untertanen in Trauer. Und sogar die Pferde und Maultiere tragen schwarze Decken.

„Gott hat mir ausgedehnte Länder geschenkt, aber keinen Nachfolger", soll Philipp am Ende seines Lebens gesagt haben. Und tatsächlich scheint sein Sohn Philipp III., der 1598 den Thron besteigt, das genaue Gegenteil des Vaters zu sein.

Er zieht höfische Vergnügungen dem Aktenstudium vor, verlustiert sich bei Jagd und Theater, statt den politischen Geschäften nachzugehen. Die Regierung lässt der Monarch von adeligen Günstlingen führen, die sich selbst bereichern.

Doch es ist etwas Paradoxes am Erbe Philipps II.: Zwar hat er seinem Sohn ein Weltreich überlassen, dass sich nur dann von einem einzigen Herrscher erfolgreich regieren lässt, wenn dieser ebenso diszipliniert und fleißig ist wie er selbst. Doch ist es ihm gelungen, einen bürokratischen Apparat zu schaffen, der dem Imperium, trotz nie da gewesener Größe und Weite, eine Stabilität gibt, die zumindest vorerst selbst einen schwachen König erträgt.

Auch deshalb wohl erinnern die Spanier ihn nach seinem Tod voller Ehrerbietung als El Prudente – den „Klugen".

Andere aber, protestantische Chronisten vor allem, verübeln dem König seinen Kampf gegen die Glaubensfeinde, stellen ihn als grausamen Finsterling und scheinheiligen Tyrannen dar. Ein Bild, das bis heute nachwirkt.

Doch es tut dem bürokratischen Neuerer, dem frommen Religionskrieger Unrecht. Jenem emsigen Arbeiter am Schreibtisch der Macht, der die Geschichte Spaniens, Europas und großer Teile der Welt ein halbes Jahrhundert geprägt hat wie kein anderer. ⌐

Die letzten drei Jahre seines Lebens verbringt der kranke Monarch fast nur noch im Bett – hier sein Schlafgemach in der Residenz von Segovia – oder in einem gepolsterten Spezialstuhl, der seine entzündeten Gelenke entlasten soll

Mogulimperium *1567*

AKBAR

Der Traum vom indischen Großreich

Er ist einer der mächtigsten Regenten seiner Zeit: der muslimische Großmogul Akbar, ein grausamer Kriegsherr – aber weiser Regent, ein Analphabet – aber großherziger Förderer der Dichtkunst. Nach und nach erobert er im Norden Indiens gewaltige Territorien und wird zum Herrscher über ein Imperium. 1567 zieht Akbar gegen Hindu-Kriegerfürsten im Nordwesten des Subkontinents. Doch dort kommt des Kaisers Feldzug zum Stehen ——— Text: RALF BERHORST

Akbar nimmt nach einer Schlacht eroberte Feldzeichen und Trommeln des Feindes entgegen. Dieses Bild (wie auch die folgenden Darstellungen) entstammt der prächtig illustrierten Biografie »Akbarnama«, mit der der Kaiser um 1590 seine Regierungszeit verherrlichen ließ

Mewar, ein Königtum in Nordwestindien, 20. Oktober 1567. Blitze und Donnerschläge zerreißen den Himmel über einer fruchtbaren Landschaft, über die jeden Sommer die Regenzeit einen Schleier aus sattem Grün wirft. Doch nun sind die Felder weit und breit verwüstet – von den Bewohnern des Landes selbst.

So schwer stürmt das Unwetter, dass es scheint, als hätten sich die Elemente gegen jene Armee verbündet, die hier aufgezogen ist: gegen Tausende Fußsoldaten, berittene Bogenschützen und Kriegselefanten in schimmernden Panzern. Gegen Artilleristen mit von Ochsen gezogenen Bronzekanonen. Gegen Akbar, den Feldherrn dieser Armee.

Gegen Akbar, den muslimischen Herrscher aus der Moguldynastie, der schon so viele Schlachten gewonnen hat. Und der nun darauf wartet, eine der wichtigsten Eroberungen seines Lebens zu machen.

Als es aufklart, erkennen die Soldaten vor sich einen etwa 150 Meter hohen Tafelberg, dessen Kanten von einer 13 Kilometer langen und bis zu drei Meter hohen Mauer bekränzt werden. Deren Zinnen umschließen ein rund sechs Kilometer langes, schmales Plateau, auf dem sich zahlreiche Paläste, Tempel, Türme und andere Gebäude erheben.

Akbar steht mit seinem Heer vor dem Fort von Chittor: einer der am besten bewehrten Festungen Indiens – und der Schlüssel zur Macht über Nordwestindien. Denn Chittor ist eine Trutzburg, von der aus die gefürchteten Rajputen seit Jahrhunderten ihre Heimat gegen Angreifer verteidigen.

Die Geschichte, wie sich Akbar die Burg Chittor, die Rajputen und schließlich weite Teile Indiens unterwirft, ist ein Epos voller Brutalität und Grausamkeit, Geschick und Mäßigung – aber auch von erstaunlicher religiöser Toleranz.

Mit Akbar, seinem Kriegszug und seinem Traum vom Großreich der muslimischen Moguln beginnen 400 Jahre Fremdherrschaft – eine Zeit, in der Indien von Invasoren systematisch unterworfen, ausgeplündert und umgestaltet wird.

BEREITS SEIT DER ANTIKE sind immer wieder Herrscher aus dem Norden ins Land eingefallen, um indische Königreiche zu unterwerfen. So überquerte Alexander der Große im Jahr 326 v. Chr. den oberen Indus. Im 2. Jahrhundert v. Chr. eroberten griechisch-baktrische Könige vom Hindukusch aus für kurze Zeit Landstriche im Nordwesten Indiens. Um 500 n. Chr. fielen Hunnen, zentralasiatische Reiternomaden, in das Gebiet zwischen Ganges und Indus ein. 300 Jahre später drangen erstmals muslimische Eroberer in das heutige Pakistan vor: Araber unterwarfen Teile des Industals. Bald darauf, um 1000 n. Chr., brach ein türkischer Fürst aus Afghanistan zu Beutezügen nach Indien auf, plünderte die Städte und Dörfer im Norden, ließ Tempel zerstören und Hindus als Sklaven verschleppen.

Ab 1206 bauten türkischstämmige Sultane die Kleinstadt Delhi zur Kapitale eines Reiches aus, das bald ganz Nordindien umschloss. Für kurze Zeit regierten die Sultane fast den ganzen Subkontinent. Doch keine Dynastie beherrschte dieses „Delhi-Sultanat" auf Dauer: Weil es im Islam kein Erstgeburtsrecht gibt, rivalisierten nach dem Tod eines Regenten meist mehrere Söhne um die Thronfolge; die Kämpfe rieben das Reich immer wieder auf.

Zudem mussten sich die Sultane zu Beginn des 16. Jahrhunderts gegen neue Eindringlinge zur Wehr setzen. Gegen Invasoren, die ihre Abstammung auf den legendären Mongolenherrscher Dschingis Khan zurückführten: die „Moguln" (arabisch für „Mongolen").

Gold, Silber und billige Arbeitskräfte lockten ihren Anführer Babur, einen Prinzen aus dem heutigen Usbekistan, nach Indien. Dank neuer Waffen erkämpfte sich der Fürst rasch ein kleines Reich im Norden Indiens: Seine Offiziere führten Reiterscharen ins Feld, die schnell ihre Richtung wechselten, und setzten Musketen und kleine Kanonen ein, die die Sultane noch nicht kannten.

Im April 1526 kam es bei Panipat zur entscheidenden Schlacht gegen den Sultan von Delhi. Als erster Eroberer verwendete Babur auch mobile Geschütze: Er ließ Kanonen auf Karren montieren, sie durch Lederriemen zu einer festen Wagenburg verbinden und mit aufgeworfenen Erdwällen schützen.

Als die Armee des Sultans anrückte, mähten Baburs Artilleristen und Musketenschützen die schwerfälligen Elefanten, Fußsoldaten sowie die Reiter nieder, dann umgingen berittene Bogenschützen die

Um die Befestigungen von Chittor zu zerstören, lässt Kaiser Akbar im Herbst 1567 Stollen bis unter die Mauer treiben – und darin Sprengladungen legen. Zwar schlägt die Explosion (rechts) eine Bresche in die Verschanzung. Doch die Belagerten schließen die Lücke und werfen den Angriff zurück – vorläufig

Mogulimperium *1567*

Nur die bedeutendsten Verwandten des Großmoguls und Adelige – hier der vierjährige Sohn seines Hauptministers – dürfen sich Akbar nähern. Die anderen Besucher der Audienz zwingt ein kompliziertes Ritual auf Distanz: je niedriger ihr Rang, desto größer der Abstand

überlebenden Angreifer und fielen ihnen in den Rücken.

Babur eroberte die beiden wichtigsten Städte des Sultanats, Delhi und Agra, und verdoppelte so etwa die Fläche seines Reiches. Nach seinem Tod rückte Baburs Sohn Humayun auf den Thron der Mogulkaiser. Doch Angriffe afghanischer Rivalen und Konkurrenzkämpfe innerhalb der eigenen Familie erschütterten seine Macht: Als Humayun 1556 nach einem Sturz starb, stand das Reich kurz vor dem Zusammenbruch.

Die vielen Kriege der Moguln sowie eine anhaltende Dürre hatten das Land ausgezehrt; an den Ufern von Indus und Ganges herrschte eine schwere Hungersnot. Felder lagen brach, marodierende Banden drangen bis in die Städte vor. Ein Chronist berichtete, dass in manchen Regionen „Menschen andere Menschen essen".

IN DIESER LAGE gelangt 1556 Humayuns Sohn Akbar auf den Thron – mit gerade mal 13 Jahren. Zwei Wochen lang wird der Tod seines Vaters geheim gehalten, bis die Nachricht Akbar auf einem Feldzug im äußersten Nordwesten des Reiches erreicht. Rasch lässt ein führender General den Knaben zum dritten Mogulherrscher krönen, um Ansprüche anderer Anwärter abzuwehren. Der Coup gelingt, und der General regiert fortan als Vormund an Akbars Seite.

Seit Jahren haben Hoflehrer den Jungen auf seine Aufgabe vorbereitet – es zumindest versucht. Denn der junge Kaiser ist ein fauler Schüler, der Kampfsport und einen tollkühnen Ritt auf Kamelen den Büchern vorzieht und deshalb weder lesen noch schreiben lernt.

Ein Analphabet auf dem Thron: Das ist peinlich für eine Dynastie, deren Begründer die persische Hochsprache Farsi am Hof eingeführt und selbst Gedichte geschrieben hat. Auch Akbar liebt die Verse orientalischer Dichter und sammelt im Laufe seines Lebens eine Bibliothek von 24 000 Bänden an – nur muss er sich jede Zeile vorlesen lassen.

B

Bereits im ersten Jahr seiner Herrschaft muss Akbar sein militärisches Geschick beweisen: Im Herbst 1556 erobert ein hinduistischer Heerführer vom Osten des Reiches aus die Metropolen Agra und Delhi. Bei Panipat, rund 80 Kilometer nördlich von Delhi, stellt sich der inzwischen 14-jährige Mogulherrscher dem zahlenmäßig weit überlegenen Feind entgegen.

Und nur ein Zufall verhindert, dass die Schlacht für Akbar verloren geht: Als ein Pfeil den Hindu-General ins Auge trifft, flieht dessen Armee.

Mogul-Soldaten schleppen den Verwundeten vor den halbwüchsigen Herrscher. Der, so berichten es einige Chronisten, enthauptet seinen Widersacher eigenhändig und lässt den Rumpf des Toten in Delhi zur Schau stellen.

Seine Männer metzeln zahllose Gefangene nieder; nach der Sitte Dschingis Khans mauern sie die Köpfe ihrer Opfer mit den Gesichtern nach außen in eine Siegessäule ein.

Kurz darauf zieht Akbar wieder in den Nordwesten, um einen Gegner niederzuringen. Auch dieser Feldzug verläuft erfolgreich – wenngleich der Triumph vor allem wohl das Verdienst seines Vormundes ist.

Den aber schickt Akbar 1560 auf eine Pilgerreise nach Mekka: eine diplomatische Form der Verbannung, denn er will künftig ohne Vormund über sein Reich herrschen – ein regionales Fürstentum, das zum Kern seines Großreiches werden wird.

Der Mogulkaiser ist jetzt 18 Jahre alt. Ein charismatischer Mann mit dunklem Teint, die Augen und Brauen schwarz, der Körper athletisch gebaut. Neben dem linken Nasenflügel sitzt ein Muttermal von der Größe einer halben Erbse: ein Omen künftigen Reichtums und Ruhms, wie manche Höflinge raunen.

Der junge Herrscher plant bald neue Feldzüge – auch, um seine Heerführer und Offiziere daran zu hindern, in Friedenszeiten an Macht und Einfluss zu gewinnen. Persönlich überwacht er den Guss von Bronzekanonen und entwickelt vermutlich selbst neues Kriegsgerät: So soll er ein Geschütz erfunden haben, das sich für den Transport zerlegen lässt; außerdem eine Vorrichtung, mit der seine Artilleristen 17 Kanonen gleichzeitig abfeuern können.

Als Erstes schickt Akbar seine Armee unter dem Kommando eines „Milchbruders", der einst mit ihm von derselben Amme genährt worden war, in das Hindu-Königreich Malwa an der Südgrenze seines Landes. Die Soldaten plündern die Städte und machen unzählige Gefangene nieder, darunter Frauen und Kinder. Der Feldherr lässt sogar Glaubensbrüder, die den Koran in den Händen halten, grausam ermorden – und erregt damit Akbars Zorn.

Als sich der Milchbruder kurz darauf auch noch gegen ihn erhebt, lässt Akbar ihn von einer hoch gelegenen Terrasse seines Palastes in die Tiefe werfen. Der Bruder überlebt den Fall; daraufhin schaffen ihn Akbars Männer hinauf und stoßen ihn erneut hinunter, beim zweiten Aufprall bricht das Genick.

VOR ALLEM EINES lernt Akbar aus diesen Vorfällen: dass er seine Macht nicht nur auf Familienmitglieder und zentralasiatische Gefolgsleute stützen kann. Will er ein stabiles Großreich errichten, muss er die Allianz mit dem alten Indien suchen – vor allem mit den Rajputen, den „Königssöhnen".

Ein mythischer Nimbus umgibt die Clans, die ihre Herkunft auf Sonnen- und Mondgottheiten zurückführen, vermutlich jedoch im Gefolge der Hunnen ins Land gekommen sind.

Wohl seit dem 8. Jahrhundert zählen sich die Rajputen zum zweithöchsten indischen Stand der Adeligen und Krieger und behaupten südlich von Delhi ein etwa 340 000 Quadratkilometer großes Gebiet, das sich bis zum Arabischen Meer erstreckt – zusammengehalten durch verwandtschaftliche Beziehungen und geschützt durch waffenstarrende Bastionen auf mehreren Tafelbergen.

Keine dieser Festungen ist so prestigeträchtig wie Chittor, die Residenz des mächtigsten Rajputenkönigs Udai Singh. Von den Bergforts aus haben die Rajputen seit Generationen gegen die Sultane von Delhi und muslimische Herrscher im Südwesten gekämpft. Sie sind beseelt durch ihre kriegerische Tradition, äußerst kampferprobt und jederzeit bereit, sich in der Schlacht zu opfern.

Zwar streiten ihre Fürsten untereinander beständig um die Vormacht, doch wenn ein äußerer Feind angreift, verbünden sich die Clans. Deshalb ist es keinem Eroberer gelungen, die gefürchteten Elitekrieger dauerhaft zu bezwingen.

Und: Die Fürstentümer der Rajputen bilden eine hinduistische

Der ANALPAHABET auf dem THRON liebt persische POESIE

Enklave, denn im Süden stoßen sie an die muslimischen Sultanate auf der Dekkan-Hochebene, die Zentralindien beherrschen (es handelt sich dabei um Reiche, die sich einst vom Delhi-Sultanat abgespalten haben).

Akbar nun plant Ungeheuerliches: Er will als erster Herrscher die Rajputenkönigtümer erobern – und die Krieger nicht nur besiegen, sondern sie anschließend in seine Truppen aufnehmen.

Zudem will er sein Reich bis zum Arabischen Meer ausdehnen und so vom Seehandel profitieren.

Ein Anlass ist schnell gefunden: Im Scherz fragt Akbar den in seinem Gefolge lebenden Sohn Udai Singhs, des Rajputenkönigs von Mewar, ob er sich im Kriegsfall eigentlich an die Seite des Mogulkaisers gegen den eigenen Vater stellen würde. Daraufhin flieht der Prinz sofort in seine Heimat.

Im September 1567 bricht Akbar mit seinen Truppen auf in Richtung Chittor, der Hauptstadt von Mewar. Bald zeigt sich, dass König Udai Singh in die Berge geflohen ist und das Land rings um das Felsenplateau verwüstet hat, damit die Mogularmee sich nicht von den Feldern ernähren kann – Akbars Angriff soll ins Leere gehen. In der Festungsanlage sind 8000 Kämpfer und Scharfschützen zurückgeblieben. Der Rajputenfürst hat sie mit Vorräten für mehrere Jahre ausgestattet. Zudem haben sich 40 000 Bauern, Frauen und Kinder, viele aus dem Umland, in der Festung verschanzt.

Für eine längere Belagerung ist der Großmogul nicht gerüstet – doch er hält an seiner Vision fest: Fällt das mächtigste Bollwerk der Rajputen in seine Hände, werden sich ihm auch die anderen Könige des Kriegervolkes unterwerfen.

AM 20. OKTOBER 1567, als das Unwetter über Chittor niedergeht, lässt der Großmogul vor dem Festungsfelsen eine Zeltstadt aufschlagen. Allein vier Wochen dauert es, den Belagerungsring um Chittor zu schließen; drei große Geschützbatterien bringen Akbars Männer in Stellung. Doch die Kanoniere richten mit ihren Geschossen wenig aus, weil die Flugbahn zum hoch gelegenen Fort zu steil ist.

Einige Offiziere bestürmen die Trutzburg anschließend mit berittenen Soldaten, verlieren im Musketenfeuer und Pfeilhagel der gut geschützten und treffsicheren Verteidiger aber viele Männer.

Akbar ist über die kopflosen Attacken und unnötigen Verluste erzürnt, zumal er einen besseren Angriffsplan hat: Er lässt Tausende Arbeiter zwei unterirdische Gänge ausheben, die unerreichbar für die Schützen der Rajputen sind.

Fast zwei Monate lang treiben die Arbeiter die beiden ansteigenden Stollen in den Hang des Berges auf die Festung zu. Als sie unter der Steinmauer der Bastion angekommen sind, höhlen sie je eine Kammer aus, füllen sie mit Schießpulversäcken und verlegen Lunten.

Dann gibt Akbar Befehl, die Schnüre zu zünden. Eine gewaltige Detonation erschüttert die Festung und reißt eine Bresche in die Mauer. Doch weil die Lunten mit unterschiedlicher Geschwindigkeit abgebrannt sind, explodieren die Ladungen nicht gleichzeitig: Als Akbars Männer zur Bresche vordringen, geht neben ihnen das Pulver der zweiten Kammer hoch und tötet fast 200 Angreifer, darunter einige Lieblingsoffiziere des Kaisers.

Im anschließenden Tumult gelingt es den Rajputen, die Öffnung in der Wand wieder zu verschließen.

Doch Akbar ist auch auf solch einen Fehlschlag vorbereitet: Zusätzlich zu den beiden Stollen haben seine Männer längst damit begonnen, einen oberirdischen Gang anzulegen.

Wie eine Schlange windet sich das Bauwerk inzwischen den Hang zur Festung hinauf: Die Seitenwände sind aus Bruchsteinen und Schlick aufgetürmt und stark genug, den Kanonenkugeln der Rajputen standzuhalten. Von oben schützt ein Dach aus Holzbrettern und ungegerbten Tierhäuten den Gang.

Er ist so breit, dass in ihm zehn Reiter nebeneinander vorrücken können, und ausreichend hoch, dass ein Elefantenführer ihn mit erhobener Lanze passieren kann; so jedenfalls beschreibt es Jahre später ein Chronist.

Meter um Meter führen die Pioniere den Bau nun auf Chittor zu, wenngleich unter großen Verlusten. Denn ganz vorn ist die Arbeit lebensgefährlich; an der Öffnung schirmen nur tragbare Schutzwände die Mogulkämpfer vor den Scharfschützen der Rajputen ab. Jeden Tag sterben bis zu 200 Männer.

Geduldig beobachtet Akbar, wie sein gewaltiges Bauwerk sich Meter um Meter auf die Festung zuschiebt.

Endlich, am 22. Februar 1568, stößt der bedeckte Gang an die Außenwand Chittors. Gut geschützt, brechen die Angreifer mit Hilfe ihrer Elefanten Steine aus dem Mauerwerk der Festung, bis sie in der folgenden Nacht eine Bresche geöffnet haben. Von der anderen Seite stopfen die Verteidiger daraufhin eilig Musselinstoff, Baumwolle, Holz und Öl in die Lücke – offenbar, um die Attacke mit einem Feuerwall zu stoppen.

Da greift Akbar, der auf dem bewehrten Dach des Ganges steht, zu seinem Gewehr und zielt auf einen Mann, der die Verteidiger an der Gangöffnung befehligt. Und trifft. Der Großmogul hat den Festungskommandanten getötet – so zumindest heißt es später in dem schmeichlerischen Bericht eines seiner Berater.

Damit ist das Ringen entschieden. Denn nach alter Tradition geben die Rajputen eine Schlacht verloren, sobald ihr Anführer gefallen ist. Es bleibt ihnen nur der ehrenvolle Kampf bis zum Tod.

Binnen einer Stunde ist kein Verteidiger mehr zu sehen, sie ziehen sich zurück, dann prasseln im Inneren der Festung plötzlich mehrere Feuer auf, dringen Schreie über die Zinnen Chittors in die Nacht.

Akbars Männer können nur ahnen, welch grausames Ritual die Rajputen vollziehen: Nach dem Tod des Kommandanten haben sie Sandelholz, Aloesträucher, Reisig und Öl aufgeschichtet – Scheiterhaufen für ihre adeligen Frauen, die den Angreifern nicht als Kriegsbeute in die Hände fallen sollen.

Nun zwingen bewaffnete Männer sie dazu, lebendig und von Drogen berauscht ins Feuer zu gehen. Über Stunden lodern die Flammen ungehindert. Akbar hält seine Männer an der Bresche zurück – nicht etwa, weil ihn das Opferritual rührt, sondern weil er das Risiko scheut, die Festung in der Dunkelheit zu stürmen.

Erst im Morgengrauen des 23. Februar 1568 dringen mehrere Tausend Fußsoldaten in die Bastion ein, gefolgt von 300 Elefanten, die zahllose Rajputen niedertrampeln. Im Nahkampf machen Akbars Männer fast alle feindlichen Krieger nieder.

Auch viele Bauern ziehen den Eindringlingen mit Lanzen und Schwertern entgegen – und so ordnet Akbar in seinem Zorn über die eigenen Verluste ein Blutbad unter den Zivilisten an. Wohl an die 25 000 Menschen töten seine Truppen bis zur Mittagszeit, die Überlebenden kommen in Gefangenschaft.

Dann verwüsten die Mogulsoldaten die berühmte Festung, bis nichts als eine Ruine zurückbleibt. Zusammen mit dem Umland fällt Chittor als neuer Provinzdistrikt an Akbars Reich.

Trotz – oder wegen – des Massakers geht das Kalkül des 25-jährigen Kaisers auf: Nach dem Fall Chittors ist der Widerstand der Rajputen gebrochen. In den folgenden Jahren erkennen fast sämtliche ihrer Potentaten seine Oberherrschaft über ihre Reiche an. (Nur der aus Chittor in die Berge geflohene König und sein Nachfolger regieren noch bis 1597 über ein unabhängiges West-Mewar.)

Akbar erlaubt den unterworfenen Rajputenfürsten, weiterhin über ihre Königtümer zu herrschen, nun allerdings als Lehnsträger von seinen Gnaden. Und: Im Kriegsfall müssen sie ihm mit ihren Truppen Beistand leisten.

Mit diesen Elitekämpfern sowie seinen eigenen Reiterscharen, unzähligen Kriegselefanten und den modernen Feldkanonen erscheint Akbars Streitmacht nun unbezwinglich.

Binnen weniger Jahre annektiert der Kaiser im Westen Indiens das Sultanat Gujarat und gewinnt im Osten die Regionen Bihar, Bengalen und Orissa fast vollständig hinzu, die er seinem Reich als Provinzen einverleibt.

Damit hat sich Akbar auf beiden Seiten seines Herrschaftsgebietes den Zugang zu den Küsten und damit zum Seehandel erschlossen. Das Mogulimperium erstreckt sich nun von der Mündung des Indus ins Arabische Meer über 2000 Kilometer bis zum Gangesdelta am Golf von Bengalen, von Kabul im Norden über 1100 Kilometer bis ins Zentrum des Subkontinents, wo die Tafelberge des Dekkan eine natürliche Grenze bilden.

1579 leben vermutlich rund 100 Millionen Menschen in Akbars Reich. Der Analphabet hat ein Imperium geschaffen: In Asien kann sich nur der Kaiser von China mit ihm messen.

Nun aber steht der inzwischen 37-jährige Großmogul vor seiner größten Herausforderung: das riesige Land dauerhaft zu regieren.

AKBAR IST ZU DIESEM ZEITPUNKT Oberbefehlshaber des Militärs; allein die kaiserliche Garde umfasst 12 000 Musketiere, Abertausende Schwertkämpfer, Bogenschützen und Reiter. Und er ist der Fixpunkt des Imperiums – wo immer er

Fast die Hälfte eines Jahres reist Großmogul Akbar durch sein Riesenreich – begleitet von seinen Ministern, zahlreichen Leibgardisten und einem gewaltigen Tross, den Elefanten übers Land und durch Flüsse wie den Ganges tragen

Nur eine Minderheit unter den Untertanen der Moguln sind wie ihr Herrscher Muslime. Um auch die Loyalität der Hindus und Parsen zu gewinnen, übt Kaiser Akbar religiöse Toleranz: So schafft er die Sondersteuer für Nicht-Muslime ab. Jeden Donnerstag trifft Akbar zudem in der Palaststadt Fatehpur Sikri (deren Bau er links inspiziert) Gelehrte anderer Glaubensgemeinschaften zu spirituellen Debatten

sich gerade aufhält. Denn der Mogulkaiser residiert nicht in einer ständigen Kapitale.

Zwar lässt er mehrere festungsartige Paläste in strategisch wichtigen Städten wie Agra, Lahore und Ajmer errichten und mit schweren Kanonen bewaffnen; die Festungskommandanten dürfen nur von ihm Befehle empfangen.

Doch er wechselt oft seinen Herrschaftssitz und reist in den Sommermonaten durch sein Land, begleitet von einem gewaltigen Tross. Dann regiert der Großmogul von einem Zeltlager aus, das einer wandernden Stadt gleicht.

Seine Minister müssen sich immer in seiner Nähe zur Verfügung halten. Akbar hat sie alle persönlich ernannt – und kann sie jederzeit entlassen.

Etwa den Premier, der zugleich sein erster Ratgeber ist; den Finanzminister, der mit seinen Beamten alle Einnahmen und Ausgaben des Staates verwaltet; den Polizeichef, verantwortlich für die Sicherheit in den Städten und auf den Basaren; schließlich einen Scharia-Gelehrten, der oberster Richter über alle Muslime im Land ist.

Inzwischen aber ist das Reich zu groß, um es mit Hilfe weniger Minister zusammenzuhalten. Akbar beschließt daher, es von innen neu zu ordnen und damit weite Teile Indiens in einen effizient organisierten Zentralstaat zu verwandeln, in dem alle Fäden der Macht bei ihm zusammenlaufen.

Er unterteilt das Mogulreich in zwölf Provinzen (die britischen Kolonialherren werden später diese Grenzziehungen übernehmen) und beruft Gouverneure an deren Spitze. Damit die Statthalter nicht zu mächtig werden, entsendet er in jede Provinzregierung Beamte, die ihm persönlich unterstehen.

Alle zwölf Reichsteile sind wiederum in Distrikte gegliedert, die ebenfalls von direkt berufenen Beamten verwaltet werden. Selbst in den Dorfgemeinschaften dienen ihm Offizielle; damit reicht sein Arm nun in jeden Winkel des Landes.

Eine kluge Strategie, denn Akbar kann so überall Steuern eintreiben lassen – Geld, das er braucht, um Kriege zu führen, neue Kanonen zu gießen, Brücken, Handelsstraßen, Bewässerungskanäle und Karawansereien zu bauen sowie seine Hofhaltung und das Heer der Beamten zu finanzieren.

Er ersinnt dazu ein Besteuerungssystem, das ihm nicht nur gewaltige Einnahmen sichert, sondern auch die Loyalität verdienter Untertanen: Abgesehen von besonders fruchtbaren Regionen, die ihm als Kronland persönlich gehören (etwa ein Viertel des gesamten Mogulreiches), vergibt er das Reichsgebiet als Lehen an Höflinge, Adelige und unterworfene Fürsten.

Beamte vermessen die kaiserlichen Felder, auf denen Bauern Reis, Getreide, Gewürze oder Baumwolle anbauen. Jedes Jahr errechnen Akbars Verwalter aus den Ernten der vergangenen Dekade den durchschnittlichen Feldertrag und setzen die Steuer für die Bauern fest: in der Regel etwa ein Drittel der Einfuhr, die Schuld ist jedoch in Silberrupien zu begleichen. Hat der Monsun oder eine Dürre einen Teil der Ernte zerstört, reduzieren die Beamten die Steuer.

Der Großteil der Untertanen zahlt seine Abgaben an die insgesamt 1823 Lehnsherren, die zwei Drittel der Summe behalten dürfen, den Rest leiten sie an die Staatskasse weiter.

Den meisten dieser Lehnsherren weist Akbar zwei Zahlen zu.

Eine bestimmt, wie viele Rupien der jeweilige Günstling von den Steuereinnahmen für sich kassieren darf (und Akbars Kontrolleure überprüfen jede Abrechnung). Die andere legt fest, wie viele Reiter er im Kriegsfall dem Kaiser zu stellen und mit Waffen auszurüsten hat, wofür er zusätzliche Gelder bekommt.

Auf diese Weise verfügt Akbar jederzeit über ausreichend Soldaten, ohne sie selbst direkt besolden zu müssen: 1595/1596 kommen durch die Landsteuer insgesamt 99 Millionen Silberrupien zusammen (von denen Akbar etwa 18 Millionen erhält); gleichzeitig stehen ihm rund 140 000 Kavalleristen mit Pferden und Kampfausrüstung zur Verfügung.

Die 122 ranghöchsten Lehnsträger müssen jeweils 500 bis 5000 Reiter bereithalten: Sie bilden die Aristokratie des Reiches. Die meisten von ihnen stammen aus Zentralasien und aus dem Iran, sie haben also keine Wurzeln im Land. Doch zu Akbars Elite zählen auch 20 Rajputen.

Der Kaiser macht sie alle von seinem Wohlwollen abhängig. Er kann einen Getreuen jederzeit befördern, herabstufen oder ihm die Einkünfte eines anderen Lehens zuteilen (nur besonders wichtigen

Der EROBERER übt RELIGIÖSE Toleranz

Fürsten wie den Rajputen verleiht er zum Dank für deren Loyalität ein Dauerrecht auf ihr Territorium).

Er beschäftigt in jedem Reichsteil einen Nachrichtenschreiber, der ihm regelmäßig über alle wichtigen Geschehnisse berichtet. Stafettenläufer tragen die Botschaften auch über weite Entfernungen rasch an den kaiserlichen Hof.

Darüber hinaus bezahlt Akbar einen Geheimdienstschreiber sowie Spitzel und Spione, die die amtlichen Protokolle ergänzen.

AUCH DURCH RITUALE demonstriert der Mogulkaiser seine Macht. Jeden Morgen zeigt er sich der Bevölkerung wie die aufgehende Sonne an einem Fenster seines Palastes. Anschließend nimmt er in einer öffentlichen Audienz, auf einem Thron in zwei Meter Höhe sitzend, Geschenke seiner Untertanen entgegen, entscheidet über Rechtsstreitigkeiten, befördert oder degradiert Lehnsherren. Besonders verdiente Beamte zeichnet er aus, indem er ihnen ein edles Pferd schenkt.

Je bedeutender ein Höfling ist, desto näher darf er dem Herrscher während des Zeremoniells kommen.

Eine goldene Absperrung markiert jenen Bereich, in den nur Prinzen der kaiserlichen Familie zugelassen sind; eine Barriere aus Silber umfasst die Zone, die höchste Staatsbeamte und Diplomaten fremder Länder betreten dürfen. Offiziere, Adelige und rangniedere Beamte müssen weiter entfernt vom Thron stehen. Eine Sperre aus Stein weist Dienern und Fußsoldaten einen Platz ganz am Rande der Audienzhalle zu.

Immer wieder verlässt Akbar seine Residenzen, um unangekündigt das Riesenreich zu inspizieren – offiziell begibt er sich auf die Jagd nach Elefanten, Leoparden oder Hirschen. Manchmal treiben bis zu 50 000 Soldaten das Wild wochenlang in einen immer engeren Kreis zusammen, ehe der Kaiser den ersten Schuss abfeuert. Die Hatz soll seine Soldaten trainieren und zugleich militärische Stärke demonstrieren.

Und doch hat der Großmogul schon früh begriffen, dass er nur dann erfolgreich herrschen kann, wenn er zugleich Freiheiten gewährt und andere Religionen toleriert. Denn Akbar regiert über ein Land, in dem Muslime in der Minderheit sind – sie machen vermutlich nur ein Fünftel der Bevölkerung aus.

DIE MEISTEN INDER beten zu Hindu-Göttern wie Ganesha, Vishnu und Shiva oder haben sich einer der zahlreichen Sekten und religiösen Gruppen angeschlossen. Etwa den Krishna-Jüngern oder der monotheistischen Bewegung des Predigers Kabir; den Sikhs, die einem Guru aus dem Nordwesten folgen oder den Parsen, den Anhängern des Religionsstifters Zarathustra. Auch Juden und Christen leben in seinem Reich.

Der Kaiser selbst hat eine Hindu-Prinzessin geheiratet und sie wider Erwarten nicht gezwungen, zum Islam überzutreten. Akbar verbietet die Sitte seiner Vorfahren, im Krieg gefangene Hindus zu versklaven, und hebt die Abgaben für hinduistische Pilger auf – bis dahin eine wichtige Einnahmequelle für die muslimischen Eroberer Indiens.

Auch eine Sondersteuer für „Ungläubige" wie Hindus, Juden und Christen fällt – zur Empörung der Scharia-Gelehrten, die Akbar entmachtet: Er lässt die wichtigsten Glaubenshüter im Reich ein Schriftstück unterzeichnen, das ihm die höchste Entscheidungsgewalt in allen religiösen Streitfragen zubilligt.

Diese tolerante Religionspolitik ist zum einen eine weitere Strategie des Herrschers, um künftige Rebellionen im Keim zu ersticken.

Doch zum anderen ist seine Begeisterung für Glaubensdinge echt: Denn in seinem Innersten ist der Mogulkaiser, der so machtvoll und bestimmt auftritt, ein Suchender geblieben – ein beeinflussbarer, skrupulöser Mann.

Manchmal fällt Akbar in tranceartige Zustände, möglicherweise die Folgen einer leichten Epilepsie. Und er leidet unter Depressionen.

Eines Tages verstört er seine Getreuen, indem er ganz allein zu Pferde in die Wüste trabt, um zu meditieren. Und als ihn an einem anderen Tag auf der Jagd plötzlich Ekel vor dem Töten überfällt, befiehlt Akbar seinen Treibern, alle Tiere entkommen zu lassen.

Wie zur Buße lässt er sich das Haar scheren und Gold an Wandermönche und Arme verteilen.

Vielleicht sind es solche Phasen innerer Verlorenheit, die sein Interesse an fremden Religionen und Göttern geweckt haben. Im Jahr 1569 richtet er sich einen Tagesmarsch westlich von Agra einen spirituellen Rückzugsort ein. Hier hatte ihm ein muslimischer Mönch die Geburt seines ersten Sohnes verheißen, nachdem er lange Zeit kinderlos geblieben war.

Auf einem Hügelrücken inmitten der Wildnis lässt Akbar eine Palaststadt aus dem Boden stampfen. Eine imposante Freitreppe führt zum 53 Meter hohen Eingangsportal der Stadt mit Namen Fatehpur Sikri, dahinter erheben sich eine Moschee, Herrschaftsgebäude, Audienzhallen, Ställe und Archive, Gärten mit Wasserbassins und ein „Haus des Gottesdienstes", in dem theologische Diskussionen stattfinden.

Bald empfängt Akbar hier regelmäßig, meist donnerstags, Gelehrte sämtlicher Religionen Indiens. Oft hört er ihren Disputen bis tief in die Nacht schweigend zu.

Vor allem beeindruckt ihn die indische Lehre von der Seelenwanderung: Bei seinen Audienzen erscheint er manchmal mit einem Hindu-Zeichen auf der Stirn und Juwelenschnüren an den Handgelenken, die ihm brahmanische Priester umbinden. Wie diese lässt er sich das Haar lang wachsen und begeht Feiertage der Hindus am Hof.

Vertreter der streng vegetarischen Jaina-Bewegung überzeugen ihn, immer häufiger auf Fleisch zu verzichten. (Jainas dürfen auf keinen Fall Lebewesen töten, und so ist es ihnen unter anderem unmöglich, ein Feld zu pflügen, weil sie unabsichtlich einen Wurm oder Käfer vernichten könnten.)

An bestimmten Tagen ist es im Mogulreich nun bei Todesstrafe verboten, Tiere zu schlachten. Schließlich gibt Akbar die Jagd ganz auf, lässt die Fischerei einschränken und in seinem Harem ein ewiges Feuer entzünden, weil die Parsen das Licht als religiöses Symbol verehren.

1579 sendet der Kaiser einen Boten in die westindische Hafenstadt Goa, wo portugiesische Jesuiten eine Mission führen. Akbar bittet sie darum, gelehrte Patres nach Fatehpur Sikri zu schicken.

Zwei Geistliche und ein Übersetzer machen sich auf den Weg – in der Hoffnung, den muslimischen Kaiser und sein Millionenvolk zum Christentum bekehren zu können.

Die Missionare überreichen dem Großmogul als Geschenk eine siebenbändige Prachtbibel, die einst für den spanischen König Philipp II. gedruckt worden war. Akbar lässt das Neue Testament aus dem Lateinischen ins Persische übersetzen und seine Hofmaler Bilder der Jungfrau Maria und Jesu kopieren.

Den beiden Jesuiten erlaubt er, eine Kapelle auf dem Gelände einzurichten und frei in seinem Land zu predigen.

Die erstaunliche Toleranz des indischen Kaisers spricht sich bis nach Rom herum. Papst Gregor XIII. verfasst ein Schreiben an Akbar, in dem es heißt, Gott möge ihn „von der Dunkelheit zum Licht führen".

Doch der Machthaber tritt nicht zum katholischen Glauben über. Anfang 1582 stiftet er einen eigenen Orden, den er Tawhid-i Ilahi nennt, „Einheitserkenntnis Gottes". Der Name greift eine Wendung der muslimischen Theologie auf – ein Zeichen, dass für Akbar hinter allen Glaubensformen der eine Gott steht: Allah.

Gedacht ist der Orden für hohe Beamte und besonders loyale Gefolgsleute: Akbar formt auf diese Weise die Elite seines Reiches zu einer verschworenen Gemeinschaft und bindet sie noch enger an sich.

Jede Woche nimmt der Großmogul, der dem Bund als Zeremonienmeister vorsteht, mit einem feierlichen Ritual neue Mitglieder auf. Die Adepten müssen ihr Haupt auf seine Füße legen, dann setzt der Kaiser ihnen einen Turban auf den Kopf und überreicht eine Medaille.

Darin eingraviert ist die Sonne, das Symbol des Ordens, sowie der Schrift-

Die Lehre der Jaina-Sekte, die Gewalt gegen Lebewesen untersagt, beeindruckt Kaiser Akbar tief. Der Herrscher, der viele Länder verheert hat und Zehntausende Menschen töten ließ, verbietet daher an bestimmten Tagen das Schlachten von Tieren – und führt dennoch weiter Krieg

zug „Allahu Akbar". Eine Botschaft von gewagter Doppeldeutigkeit: Sie lässt sich lesen als „Gott ist am Größten" – das muslimische Glaubensbekenntnis. Aber auch als: „Allah ist Akbar."

Viermal täglich sollen die Jünger die Sonne anbeten. Akbar selbst huldigt dem Zentralgestirn, indem er jeden Morgen 1001 Namen der Sonne in Sanskrit murmelt, die ihm Gelehrte zugetragen haben. Ein muslimischer Hofchronist vermutet daraufhin, dass sich der Kaiser endgültig Fantastereien und „Sonnenanbetung" ergeben habe.

Doch Akbar ist nicht zum naiven Schwärmer geworden. Vielmehr gibt er 1585 seine Glaubensstätte in Fatehpur Sikri sowie die Religionsgespräche plötzlich auf, um mit seinem Hofstaat dauerhaft nach Lahore zu ziehen: Von der Stadt im Nordwesten aus kann er die dortige Grenze seines Reiches leichter kontrollieren, die in dieser Zeit von einem usbekischen Eroberer bedroht wird. Erst als der Usbeke 1598 stirbt, siedelt der Großmogul wieder in die Nähe von Fatehpur Sikri über, in die alte Residenzstadt Agra.

Akbar ist jetzt 56 Jahre alt. Und noch einmal versucht er, sein Imperium auszudehnen: Er will in den noch nicht eroberten Süden Indiens vorstoßen, auf das Dekkan-Plateau. Dort regieren sechs muslimische Herrscher kleine Königtümer und gewähren Akbars Gegnern Unterschlupf.

Der Großmogul schickt zunächst Soldaten auf die Hochebene; 1599 führt er selbst eine Armee mit 80 000 Kriegern in den Süden, siegt und verleibt seinem Reich drei weitere Provinzen ein.

Das Mogulreich ist nun größer, mächtiger und wohlhabender als je zuvor. Auch in den neuen Provinzen treiben Beamte der Zentralregierung Steuern ein; ein jährlicher Überschuss von mehreren Millionen Silberrupien, den die Lehnsherren an Akbar abführen, lässt den Staatsschatz weiter anschwellen.

DANN WIRD ES ZEIT, einen Nachfolger einzusetzen. Als am 21. März 1605 sein 50. Regierungsjahr beginnt und ganz Agra festlich geschmückt ist, gibt der Kaiser den Befehl, dass künftig alle Lehnsdiplome und sonstigen Erlasse neben seinem Siegel auch das seines Sohnes Salim zu tragen haben. So macht er den Thronfolger zum Mitregenten.

Sechs Monate später fühlt sich Akbar unwohl, als er einem Elefantenzweikampf zuschaut. Er leidet wohl unter einer Darmentzündung und muss sich für Wochen ins Bett legen.

Als sein Sohn an das Krankenlager tritt, ist Akbar schon zu schwach, um sprechen zu können. Der Kaiser kann nur noch wortlos auf seinen Turban und das Schwert seines eigenen Vaters deuten, das am Bettende hängt – die Insignien der Großmogul.

Am selben Tag, es ist der 25. Oktober 1605, stirbt der 63-jährige Kriegsherr, Analphabet, Gottsucher und Versöhner der Religionen.

Sein Erbe wiegt schwer: Das Mogulreich umfasst nun zwei Drittel des indischen Subkontinents. Ein Imperium, das zu den modernsten und imposantesten Staaten der Erde zählt.

Und ein Imperium, das die Fremdherrschaft über Indien auf Jahrhunderte sichert. Denn nach Akbar werden sein Sohn und seine Enkel herrschen. Und dann werden die Briten zu Erben jener ebenso glanzvollen wie grausamen Epoche der Großmoguln, die erst mit Akbar wahrhaftig begann.

Persien unter den Safawiden *um 1600*

ISFA

Viele Dynastien haben nach der muslimischen Eroberung
das Land zwischen Persischem Golf und Kaspischem Meer beherrscht.
Doch erst den Safawiden, Anhängern des schiitischen Islam,
gelingt es, Persien wieder zu alter Größe zu führen. 1598 bestimmt Schah
Abbas I. das zentral gelegene Isfahan zur neuen Hauptstadt
dieses Reichs. Es ist der Beginn einer einzigartigen Blütezeit persischer
Architektur, Kunst und Kultur

Text: JÖRG-UWE ALBIG

HAN

42 METER hoch überragen die Minarette der Königsmoschee Isfahans von Bäumen gesäumten Hauptplatz. Seine Residenzstadt plant Abbas I. als Gartenparadies, das dem Koran nachempfunden scheint

Persien unter den Safawiden *um 1600*

Stadt der Gärten

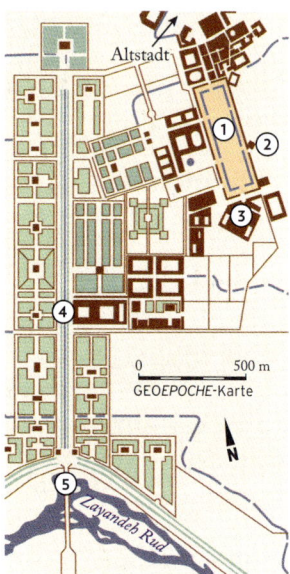

SYMMETRIE bestimmt das neue Isfahan, mit rechtwinkligen Gärten und Plätzen, dem Prachtboulevard Tschahar Bagh (4) und der Allahverdi-Khan-Brücke (5). Der Hauptplatz (1) mit Königs- (3) und Scheich-Lotfollah-Moschee (2) erstreckt sich östlich der neuen Achse

D ieser Platz ist eine Welt. Einen halben Kilometer lang und 158 Meter breit, siebenmal so groß wie Venedigs Markusplatz, mehr als doppelt so groß wie der Rote Platz in Moskau – größer ist nur noch der Tiananmen in Beijing.

Ein weiter, rechteckiger Kosmos, begrenzt von Platanen, zweistöckigen Ladenpassagen sowie einer eigenen Milchstraße: einem dreieinhalb Meter breiten, zwei Meter tiefen Kanal, der einen zeitgenössischen Chronisten „an den Paradiesstrom" denken lässt.

Eine Welt: Das sind auch die Menschen, die zu Beginn des 17. Jahrhunderts Tag und Nacht diesen Platz bevölkern. Es sind exotische Wesen, Engländer und Holländer, Italiener, Spanier und Portugiesen. Es sind Araber und Türken, Juden und Armenier, Chinesen, Russen und Inder. Und es sind Perser – die in all den Fremden längst nichts Ungewöhnliches mehr sehen.

Denn die Ausländer machen gute Geschäfte in dieser Stadt, „angezogen durch die magnetische Kraft des Profits", wie ein englischer Reisender vermerkt. Sie feilschen mit den Einheimischen, die im Rest des Landes als so verschlagen gelten, dass manche den Stadtnamen vom Dialektwort *asbahan* ableiten, was „Hunde" bedeutet. Sie legen ihre Ware zum Wiegen in den Karawansereien vor und kalkulieren ihre Gewinne in den Kontoren am Nordosten des Platzes, die den gerade erst gegründeten britischen und holländischen Ostindien-Kompanien gehören.

Die Fremden durchstreifen die Arkaden des königlichen Basars am Nordrand des Platzes, in denen sich Geschäft an Geschäft reiht. Sie speisen in den Restaurants, die den Platz umkränzen, spielen Schach oder Backgammon in den chinesischen Teehäusern, probieren in den Lokalen ein neues, seltsam bitteres, schwarzes Getränk, das *qahva* heißt.

Oder sie zechen in den Schenken, schummrigen Gewölben, mit Lampen und Kerzen erhellt, wo Taschenspieler, Tänzerinnen, Huren und geschminkte Lustknaben auf Kunden warten.

Und sie schwitzen womöglich in einem der vielen Badehäuser im Umkreis des Platzes – dem Steinmetzen-Hammam, dem Weißen Hammam oder dem „Paradies".

Naqsch-e dschahan heißt dieser Platz, „Abbild der Welt", und wahrhaftig spiegelt sich nirgends die Vielfalt des Erdballs so komplett wie hier. Doch vor allem bildet dieser Platz, dieser Ort der Symmetrie und der rechten Winkel, die Metropole selbst ab: Isfahan, die Retortenstadt, die Stadt der Vernunft, der Planung und der Transparenz.

Es gibt sie zwar noch, die Altstadt im Nordosten, das orientalische Straßen-Labyrinth um die Freitagsmoschee. Doch sie ist nur noch ein kümmerliches Anhängsel, das am neuen, kubischen Stadtkörper hängt. Das neue Isfahan ist eine Planstadt, wie man sie seit dem Bau Bagdads im 8. Jahrhundert in der islamischen Welt

Diese Stadt braucht keine dicke Mauer

nicht gesehen hat – und die in ihrer Klarheit und Durchlässigkeit in dieser Zeit einzigartig ist.

Ein monumentales, doch zutiefst rationales Gebilde, eine unerhörte Kombination „von Bescheidenheit und Absolutismus", wie es eine Historikerin sieht, jenseits aller Fantasien aus Tausendundeiner Nacht – ersonnen von einem kühlen Kopf, Schah Abbas I., den man später „den Großen" nennen wird.

Abbas I. denkt so pragmatisch, dass er das verwinkelte, über 1000 Jahre alte Isfahan, das er vorfindet, nicht etwa abreißt – die ehrwürdige Freitagsmoschee, die labyrinthischen Basare, den Seldschukenpalast –, sondern sein eigenes einfach danebensetzt. So kann er ohne Verzug mit dem Bau beginnen und binnen weniger Jahrzehnte eine Großstadt aus dem Boden stampfen.

Seit der Schah 1598 beschlossen hat, seine Kapitale von Qazvin nach Isfahan zu verlegen und die neue Hauptstadt auszubauen, ist Isfahan von vielleicht 60 000 Einwohnern auf wohl das Zehnfache gewachsen. Es ist, als wollte diese Metropole die ganze Welt einladen. Obwohl sie ungeschützt in der Ebene liegt, hat sie keine mächtigen Mauern (und was von den Umfriedungen der Altstadt noch übrig ist, könnte eine Kanone leicht durchlöchern). Seht her, so stark ist das Charisma unseres Schah, sagt die Stadt damit, dass er auf Befestigungen verzichten kann.

Selbst der königliche Palastbezirk, der sich auf 440 000 Quadratmetern erstreckt, ist keine kompakte Festung wie die Roten Forts der indischen Moguln oder der osmanische Topkapi in Konstantinopel, wie die Paläste von Madrid und Paris, wie die Verbotene Stadt in Beijing mit den 50 Meter breiten Wassergräben und acht Meter hohen Mauern.

Sondern ein weitgehend offenes, funktionales Cluster von Behörden, Werkstätten und Wohnungen, königlichen Küchen und Bäckereien, einem Weingarten, Mandelbaumhain und künstlichen Seen, Lagerhäusern für Weine und Gewänder, Zelte und Teppiche.

Er versteckt sich nicht hinter einer undurchdringlichen Fassade, sondern präsentiert sich der Außenwelt freundlich in Form einer Ladenzeile.

UNTER ABBAS I. (1571–1629) erwächst Isfahan zu einer internationalen Metropole des Handels und der Künste, die bald 600 000 Einwohner aus aller Welt zählt

Nicht einschüchternd ist dieser Palast, sondern sachlich – so wie der König, der darin wohnt: Abu al-Muzaffar Schah Abbas al-Hoseyni al-Mosavi Safavi Bahadur Khan, genannt Abbas I.

Ein kleiner, aber stattlicher Mann mit beweglichem Körper und Verstand, scharfsinnig, resolut und von gutem Gedächtnis. Seine Haut ist hell, und die Enden seines Schnauzbarts lässt er abwärts hängen, um den Himmel nicht herauszufordern. In seinen kleinen, wimperlosen Augen glimmt eine beständige Glut, und wenn es gilt, einen Sklaven zu kastrieren, ist er mit dem Messer so geschickt wie jeder Arzt.

Doch vor allem ist er der Mann, der Persien eine nationale Identität gegeben hat, eine zentrale Verwaltung und einen staatlich gelenkten Wirtschaftsboom. Und eine Kapitale, die all das verkörpert.

ABBAS I. IST DER FÜNFTE HERRSCHER in der Dynastie der Safawiden, die im 16. Jahrhundert den Persern den schiitischen Glauben aufgedrückt haben.

Im Unterschied zum Islam der Sunniten, dem die Mehrheit der Perser bis zu dieser Zeit folgt, sehen die Schiiten in Ali, dem Schwiegersohn des Propheten Mohammed, den einzigen rechtmäßigen Nachfolger und halten alle nach ihm ins Amt gelangten Kalifen für illegitim.

Seit dem späten 7. Jahrhundert ist die Einheit der muslimischen Glaubensgemeinschaft erschüttert. Damals, im Jahr 680, ermordeten nahe Kerbela im heutigen Irak Soldaten des Kalifen den Sohn Alis sowie Dutzende seiner Anhänger. Die Bluttat war Teil des Konflikts um die Nach-

Persien unter den Safawiden *um 1600*

GRÜNE, BLAUE und türkisfarbene Fayence-Mosaike bedecken, wie hier bei der Königsmoschee, die Fassaden und Innenräume persischer Gebetshäuser, denn grün ist die Farbe des Propheten

folge Mohammeds und trug dazu bei, dass sich allmählich die Minderheit der Schiiten von den Sunniten abtrennte.

Nach mehreren Jahrhunderten immer neuer Invasionen – darunter durch die Mongolen – sowie wechselnder Dynastien an der Spitze Persiens begann um 1300 im Nordwesten des Landes allmählich der Aufstieg der Safawiden.

Anfangs waren sie nicht mehr als ein Orden islamischer Mystiker, die sich weniger für Politik interessierten als für die persönliche Erfahrung mit Gott.

Ihren Namen erhielt die Bewegung von ihrem Anführer, einem kurdischstämmigen Wundertäter namens Safi al-Din (der 1334 starb). Mit Safis Erfolg aber wurde der Orden reich und militant – und attraktiv für religiöse Emporkömmlinge, die mit seiner Hilfe auch politische Macht anstrebten.

Zu ihnen gehörten einige Stämme von turkmenischen Nomaden, die längere Zeit zuvor nach Anatolien vorgestoßen waren und im 15. Jahrhundert von dort aus nach Persien eindrangen.

Im Bündnis mit diesen Nomaden besetzte der junge safawidische Ordensmeister Ismail 1501 die Stadt Täbris, nahm den alten persischen Herrschertitel „König der Könige" an und unterwarf binnen neun Jahren Persiens Kernland, Mesopotamien und West-Afghanistan. Dann erklärte er sich zum „Schatten Allahs" – und die Schia zur Staatsreligion.

Es war eine Revolution. Die Minderheit hatte sich gegen die Mehrheit durchgesetzt: Viele Sunniten mussten um ihr Leben bangen, in den Untergrund fliehen oder ins indische Exil.

Für die neuen politischen Führer war das Verbreiten der Schia nicht nur eine religiöse Frage, sondern die Chance, ihrem Land eine neue Identität zu geben – und sich darüber hinaus von ihren sunnitischen Rivalen im Osmanischen Reich abzusetzen. Mit der Großmacht in Konstantinopel konkurrierten die Perser schon seit Langem um die Vorherrschaft im Orient.

N un, zu Beginn des 17. Jahrhunderts, ist die Dynastie der Safawiden fest etabliert – vor allem dank Abbas I. Der *shah*, der König, hat sich von seinen turkmenischen Verbündeten emanzipiziert, hat eine starke Verwaltung eingeführt, ein stehendes Heer aufgebaut und aus einem tendenziell instabilen Land, das wegen der starken Provinzgouverneure jederzeit in seine Einzelteile zu zerfallen drohte, einen straff organisierten Zentralstaat geformt.

Und er hat eine Hauptstadt gegründet, die diesen Namen verdient. Jetzt pilgern staunende Besucher aus dem Ausland nach Isfahan – und finden hier das „florierendste und zufriedenste Reich der Welt". Sie schwärmen von den niedrigen Steuern, der milden Justiz und einer Arbeitslast,

VON DER VERANDA des Ali-Qapu-Torpalastes aus verfolgt Abbas die Feste, Feuerwerke und Reiterspiele auf dem 500 Meter langen Hauptplatz – oder er mischt sich selbst unters Volk

die nur halb so hoch sei wie in Europa. Auch die Einwohner des Landes scheinen zufrieden zu sein. Bald wird das Wort für „Glück" ein Synonym für „Staat".

Zum Beispiel die Wirtschaft: Seit die Regierung sie führt und mit Investitionen füttert, blüht sie auf. Unter Abbas ist die Seidenproduktion zum Staatsmonopol geworden und das Teppichknüpfen zur öffentlich gelenkten Industrie; in Isfahan entsteht die vermutlich erste Teppichfabrik des Landes. Die rigoros überwachten Textilbetriebe produzieren Gewänder und Turbane, fertigen Stoffe aus Brokat, Samt und bedruckter Baumwolle, deren Qualität weltweit begehrt ist.

Auch der Fernhandel hat von der Förderung durch den Herrscher profitiert. Mit Hilfe einer Flotte der britischen East India Company hat Abbas die Portugiesen vom Persischen Golf vertrieben, die seit 1515 den Zugang kontrolliert und ein Handelsmonopol errichtet hatten. Nun gedeiht dort der Warenverkehr mit Briten, Niederländern – und der zuvor wenig bedeutende Hafen Bandar Abbas wird zu einer Drehscheibe des Welthandels.

Der Schah ist der größte Arbeitgeber des Landes. Einige seiner gut 30 Manufakturen beschäftigen rund 5000 Mann – zu besten Bedingungen: Seine Arbeiter genießen Jobgarantie, überdurchschnittliche Löhne und kostenlose Gesundheitsfürsorge.

Die alte Hauptstadt Qazvin, gut 400 Kilometer nördlich von Isfahan gelegen, hat ausgedient. Endlich hat Persien eine Kapitale, die im Zentrum des Landes liegt – und

Persien unter den Safawiden *um 1600*

in sicherer Entfernung von den Feinden, den Usbeken im Osten und den Osmanen im Westen. Mit dem Ausbau seiner Hauptstadt sendet der Schah zugleich ein stolzes Signal an den Sultan im glanzvollen Konstantinopel: Den Vergleich mit dieser Metropole muss Isfahan nicht scheuen.

WIE DAS ISLAMISCHE PARADIES, das sein Vorbild in der Oase hat, blüht diese Stadt in der Einöde – dem Gelbbraun einer dürren, steinigen Hochebene, 1585 Meter über dem Meeresspiegel gelegen. Derart von Grün durchzogen ist Isfahan, dass es, so ein europäischer Besucher, „wie ein Wald aussieht".

Und wie die Ruhekissen der Seligen, laut Koran „mit Gold und edlen Steinen ausgeschmückt", erglänzt Isfahan im Gefunkel farbiger Fayence, in Sinfonien aus türkisfarbenen, kobaltblauen, gelben und weißen Mosaiken. Im Schillern der Oberflächen, im Flimmern der Ornamente und Arabesken, der Lotosblüten, Palmetten und Blumenmuster, die der Herrscher so liebt.

Ein Hunger nach Fülle scheint die königlichen Baumeister zu beherrschen: Die Fassaden der Paläste, Religionsschulen und Moscheen dulden keine ungeschmückte Stelle. Die Wände in der Scheich-Lotfollah-Moschee etwa sind rundum von Fliesen bedeckt, bemalt mit Arabesken und Schriftbändern in Gelb, Weiß und abgestuften Blautönen, die Wellen schlagen wie ein See.

Gitterwerk rastert die Fenster wie Spitzenklöppelei, und die Blau- und Goldornamente des Kuppelgewölbes verdichten sich am Scheitelpunkt zu einem einzigen vibrierenden Flackern.

Seinen Höhepunkt findet Isfahans Willen zum Ornament in der Königsmoschee. Auf der himmelblau leuchtenden Kuppel steigt ein Fayence-Feuerwerk aus Ranken- und Laub-Ornamenten empor. Und an den 42 Meter hohen Minaretten beschwören

FAST SCHEINT ES, als ob Wasser von den Waben der Decke im Ali-Qapu-Torpalast rinnt. Anspielungen auf das kühle, Leben spendende Nass sowie Bachläufe finden sich in der ganzen Stadt

Persien unter den Safawiden *um 1600*

MÄCHTIGE TORE rahmen den Hof der Freitagsmoschee, eines der größten Gotteshäuser Persiens, dessen Kuppeln im 11. Jahrhundert gebaut worden sind. Die beiden Minarette markieren das Portal des Gebetssaals

EINEM SPIEGEL gleich verdoppelt das Wasserbecken im Hof der Königsmoschee die Arkaden und Tore. So wirkt der Bau seltsam entrückt, als gehöre er zu einer anderen, jenseitigen Welt

riesige eckige Schriftzeichen den Namen Allahs. Ein plastisches, schwellendes Gebilde aus Zellen, Waben und Vorsprüngen, angefüllt mit beige- und türkisfarbenen Blüten und Ranken auf nachtblauem Grund, schmückt das fast 27 Meter hohe Portal. Eine Inschrift preist den König („der Vornehmste in der Nachkommenschaft aller Herrscher auf Erden") und reiht ihn zugleich bescheiden in die große Genealogie ein: „Staubkorn von der heiligen Schwelle des Propheten, Kehricht von dem gereinigten Hof des Heiligtums des Ali."

An den angrenzenden Wänden öffnen sich Spitzbögen, bisweilen gesäumt von Rundstäben aus türkisfarbener Fayence und Vasen aus Reliefmosaik.

In einem 240 Quadratmeter großen Wasserbecken spiegeln sich zitternd die Arkaden des Innenhofs. Und überall, von Bögen und Gewölben, regnen steinerne Kaskaden, Tropfen und Stalaktiten; auch sie ein Sinnbild des Wassers, das durch die ewigen Gärten fließt.

Denn wie das Reich der Seligen – gemäß dem Koran „von Bächen durchströmt" – ist Isfahan eine Wasserwelt. Ein Netz von Gräben und Kanälen durchzieht die Stadt. Wasser schimmert in den Bassins der Moscheen, und es begleitet die Platanen-Spaliere auf dem Tschahar Bagh, einem mondänen Boulevard, der entsteht, bevor Europa überhaupt ein Wort für so etwas hat.

Auf dieser Stadtachse, vier Kilometer lang, 47 Meter breit und von Gärten und Pavillons gesäumt, sprudelt das Nass durch steinerne Kanäle, fällt in Stufen von Terrasse zu Terrasse. Stürzt in quadratische oder achteckige onyxumrandete Bassins, die im Sommer beschneit sind mit schwimmenden Rosenblüten. Tschahar Bagh heißt „vier Gärten" – und vier Gärten hat ja auch das Paradies, wie es der Koran in Sure 55 ausmalt.

Auf der grandiosen Allahverdi-Khan-Brücke mit ihren 33 Bögen und den elegant geschwungenen Arkadenreihen überquert der Boulevard den Fluss, streift mehrere Nobelviertel und mündet am Ende in den baumbepflanzten, terrassierten „Tausend-Morgen-Garten", von dessen oberen Ebenen der Blick weit über die Stadt reicht: eine „Ansammlung sinnenraubender Genüsse", wie ein englischer Reisender schwärmt.

Auf dem Tschahar Bagh flanieren die Menschen durch den kühlen Sprühnebel der Springbrunnen und den flirrenden Schatten der Trauerweiden, reiten in vollem Ornat auf edlen, von Dienern geführten Pferden.

Und jeden Mittwoch gehört die Promenade, gemäß einer Verfügung des Schahs, allein dem weiblichen Publikum – für Isfahans Frauen eine der wenigen Gelegenheiten, sich unverschleiert in der Öffentlichkeit zu vergnügen.

Die größte Sehenswürdigkeit der Stadt aber ist der Schah selbst – und er tut alles dafür, dass man ihn sieht.

FAST TÄGLICH MISCHT sich Abbas I. in Alltagskleidung, Sandalen und lässiger Haltung unter das Volk, plaudert mit seinen Untertanen, lässt sich Erfrischungen bringen. Er grüßt die Dienstmänner, die Ziegenhäute mit Eiswasser umhertragen, um gratis die Durstigen zu erquicken; er bummelt über den Markt, passiert Stände mit Trockenfrüchten und den berühmten Isfahaner Melonen. Befühlt Leder, Baumwollstoffe, Seide und Satin.

Das Wort Sünde kennt Abbas nicht

Er begutachtet Bücher und Möbel, Türen und Türschlösser, Gewürze, Kamele, Pferde und Maultiere. Er schnuppert die Düfte der Harze und Heilpflanzen, die sich hier in endloser Vielfalt mischen – es gibt Schlehen und Granatäpfel gegen Durchfall, Biber- und Leopardenöl gegen Erkältung, Aloe und Rhabarber gegen Melancholie.

Manchmal kauft der Herrscher auch etwas Fleisch oder einen Laib Brot, um die Ware anschließend penibel im Palast nachwiegen zu lassen: Das schaurige Gerücht, er habe einen betrügerischen Bäcker im Ofen backen und einen unredlichen Schlachter auf dem Spieß rösten lassen, ermuntert die Händler zweifellos zum korrekten Abmessen.

Abbas mustert die Gaukler und Pantomimen, die Puppenspieler und Akrobaten, die Quacksalber und Geschichtenerzähler. Er wirft einen Blick auf die Straßenmädchen mit den schulterlangen Locken, den mit Juwelen besteckten Nasen und den schwarz geschminkten Lidern, Arme und Hände, Beine und Füße mit Blumen und Vögeln bemalt. Er verfolgt die Wettkämpfe, bei denen Männer Eier gegeneinanderschlagen: Manche importieren dafür von weither die extraharten Produkte einer besonderen Hühnerrasse.

Umstandslos isst er an Garküchen, fordert die Bürger jovial auf, sitzen zu bleiben, auch wenn er selbst steht. Streift durch die Teehäuser und lässt auch die Bordelle nicht aus. Und bedauert die Könige des barocken Europas, die sich hinter Pomp und Prunk verstecken und so die wahren Freuden des Regierens niemals kennenlernen würden.

Manchmal, wenn die Stadt sich wieder einmal zum Spektakel rüstet, steht der Schah mit ein paar Höflingen und einem Glas schneegekühlten Schiras-Weins auf dem überdachten, säulenumkränzten Balkon des fünfstöckigen Ali Qapu, der „Hohen Pforte".

Von dort aus verfolgt er Militärparaden, Prozessionen, Feuerwerke und Hinrichtungen auf dem Naqsch-e Dschahan, dem „Abbild der Welt". Genießt noch einmal seine liebsten Schlachten, nachgespielt mit lebensgroßen Puppen und originalgetreuen Festungsattrappen. Schaut zu, wie am Ende des Schauspiels der gesamte Platz in Flammen steht – oder unter Wasser, wenn es sich um eine Seeschlacht handelt.

Zuweilen wird der Naqsch-e Dschahan zur Arena. Dann kämpfen dort Löwen, Bären und Widder zur Freude einer vieltausendköpfigen Menge, die lacht, brüllt, Tücher schwenkt.

WIE EINE wasserreiche Grotte mutet der von blauen Stalaktiten überwölbte Eingang zur Scheich-Lotfollah-Moschee an, die sich Abbas als privates Bethaus am Hauptplatz bauen lässt

Persien unter den Safawiden *um 1600*

GOLDENES LICHT erfüllt die Kuppel im Gebetssaal der Scheich-Lotfollah-Moschee. Es scheint auch durch das Gitterwerk der 16 oberen Fenster zwischen den ebenso vielen Zierbögen

Boten rennen um die Wette, um sich für potenzielle Arbeitgeber zu empfehlen. Bogenschützen zielen im Galopp auf Äpfel und Melonen oder auf goldene, auf einem Pfahl platzierte Kelche. Polospieler preschen auf ihren Pferden über den Platz, um den Ball in eines der marmornen Tore zu jagen.

Manchmal lässt der König sich dann mit einer ochsengezogenen Kutsche zu den packendsten Spielsituationen fahren, um beste Sicht zu haben. Oder er steigt selbst in den Sattel, greift beherzt zum Poloschläger.

Und wenn er dann den Ball trifft, schmettert die Kapelle am Basartor eine Fanfare – ein nervenzerfetzendes Donnern, Tuten und Dröhnen aus Trommeln, Flöten, Oboen und mehr als zweieinhalb Meter langen Trompeten.

Besonders schätzt der König die Kaffeehäuser. Erst vor wenigen Jahren ist das schwarze Gebräu, wohl aus dem Jemen stammend, über Arabien nach Persien vorgedrungen – und schon ist es zum Leibgetränk der Bewohner Isfahans avanciert. Gleich morgens nimmt der Hauptstädter mehrere Tassen zu sich, krönt jede Mahlzeit mit zwei bis drei weiteren, gewürzt mit Nelken, Muskat oder Ingwer und, wenn möglich, begleitet von Konfekt.

Und so hat Schah Abbas die Kaffeehäuser sofort unter seine Obhut genommen: Sie erhalten staatliche Unterstützung – und als der Herrscher die neue Stadt entwerfen ließ, gehörten sie von Beginn an zum Bauprogramm. Es sind kleine Paläste aus Marmor, Ziegelsteinen und Stuck, offen und durchflutet von Oberlicht, mit achteckigen Wasserbassins in der Mitte.

Schon um sieben Uhr morgens sitzen hier die ersten Gäste, und viele bleiben bis tief in die Nacht: Dann werden die sechs Meter hohen Kuppeln der Kaffeehäuser zu Firmamenten, bestirnt von Galaxien aus Öllampen, an einem Drahtnetz befestigt und mit Rosenwasser parfümiert. Spiegeln sich die Lichter in den Wasserbecken, leuchten hinaus auf den Naqsch-e Dschahan, tauchen ihn bis in die Nacht in funkelndes Licht.

Die Kaffeehäuser sind die Theater und Tanzpaläste, die Salons und Galerien der neuen Stadt. Die Gäste sitzen mit ihren Tassen auf halbrunden Tribünen wie um eine Bühne und genießen die Show: Sie lauschen Dichtern und Geschichtenerzählern, die auf hohen Stühlen sitzen und ihren Vortrag mit einem Zeigestock skandieren.

Sie hören Rezitatoren zu, die aus dem klassischen „Buch der Könige" des Dichters Firdausi deklamieren, alte Liebesgeschichten aufsagen oder neue Heldenepen über die safawidischen Herrscher. Und oft, wenn gleich mehrere Darsteller in verschiedenen Teilen des Lokals um die Gunst des Publikums ringen, haben sie sogar die Wahl.

Tänzer biegen anmutig die Glieder. Literaten halten Hof, kritzeln an ihren Texten oder erregen sich in Debatten. Und von Platz zu Platz schweben „tulpengesichtige und rosenwangige" Kellner mit ihren Tabletts, wie ein zeitgenössischer Historiker schwärmt. Die jungen Servicekräfte sind das wichtigste Inventar eines jeden Kaffeehauses: je größer ihr Liebreiz, desto höher der Umsatz. Mit ihren geflochtenen Haaren, aufreizenden Kleidern und schlüpfrigen Anekdoten verdrehen sie manchem Gast den Kopf – der bisweilen für Geschenke an diese dienstbaren Jünglinge ein Vermögen verschleudert.

Eine Schwäche, die in dieser Gesellschaft nichts Exotisches hat: Seit Jahrhunderten besingen persische Dichter, allen islamischen Bedenken zum Trotz, mit Inbrunst die Liebe von Mann zu Mann. Vor allem die kurzen, sonettähnlichen Gedichte wenden sich selten an eine Frau – fast immer ist der Angebetete gleichen Geschlechts wie der Poet.

Auch an Persiens Höfen ist homoerotisches Begehren so selbstverständlich, dass schon im 12. Jahrhundert der Autor einer Liebesgeschichte es als „alten Brauch" rühmt, der „in der menschlichen Natur verwurzelt" sei. Und so pflegt auch König Abbas sein Faible für schöne junge Männer, die ihn zu Dutzenden ins Bad begleiten müssen.

Angesichts der Reize des Personals wird der Kaffee in den Kaffeehäusern zuweilen fast zur Nebensache. Vor allem ausländische Besucher fremdeln zudem oft noch mit dem bitteren Gebräu: „Schwarz wie Ruß" sei es, „dick und stark riechend", mäkelt ein Engländer, und fromme „weder dem Auge noch dem Geschmackssinn".

Die aufgeklärten Isfahaner aber genießen in den Kaffeehäusern das Aroma der Modernität – nicht nur in der schwarzen Brühe selbst, sondern auch im ebenfalls jüngst eingeführten Tabak, der in den Kaffeehäusern reichlich konsumiert wird.

So leidenschaftlich saugen vor allem die Wohlhabenden an ihren Wasserpfeifen, dass die Obrigkeit sich schon Sorgen macht. Um seine Mitmenschen zur Mäßigung anzuhalten, hat sich der Schah sogar selbst das Rauchen abgewöhnt: vergebens. Auch sein Befehl, am Hof den Tabak heimlich durch Pferdedung austauschen zu lassen, hat keinen Erfolg: Höflich loben die Männer den Geschmack – und rauchen weiter.

Oder sie berauschen sich am allseits beliebten Opium, das auch gegen Katarrh, Epilepsie und Feigheit helfen soll. Nur Haschisch bleibt dem niederen Volk überlassen. Doch das fällt in einer Stadt wie Isfahan, die großteils für die Eliten aus Politik und Wirtschaft erbaut worden ist, ohnehin nicht ins Gewicht.

Und ausgerechnet in den staatlich geförderten Kaffeehäusern kommt auch zur Sprache, was anderswo keinen Ort hat: Kritik an der Obrigkeit. Derart freimütig wird hier debattiert, dass ein französischer Besucher ins Staunen kommt: Solche Redefreiheit gebe es nirgendwo sonst in der Welt.

Freilich werden auch dem König diese Debatten eines Tages so unheimlich, dass er für jedes Lokal einen Religionsgelehrten abstellt, der das gefährliche Palaver mit lehrreichen Predigten über Recht, Geschichte oder den Zauber der Poesie übertönt.

Die Kaffeehäuser sind auch die Orte, an denen die neue Kunst der Ära Abbas ihr Publikum findet: die Miniaturmalerei, die sich immer mehr von der jahrhundertealten persischen Tradition der Buchillustration befreit und jetzt in Form einzelner Blätter in Alben gesammelt wird. Hier legen die Künstler ihre Arbeiten den Händlern und Sammlern vor.

Und wie die Mauern der Moscheen und Paläste wimmeln auch diese Bilder von Ornamenten und Arabesken, sind die Hintergründe übersät mit Vögeln und Pflanzen, gesprenkelten Pferden und flammenden Zypressen, goldenen Himmeln und silbernen Wassern.

Im Mittelpunkt dieser Bilder stehen nicht mehr die Sagengestalten und epischen Figuren der klassischen persischen Malerei, sondern spreizt sich der neue Mensch des 17. Jahrhunderts.

Elegante Dandys mit riesigen Turbanen und langen, lockigen Koteletts sind da zu sehen. Jünglinge, an Blüten schnuppernd und von Weltschmerz umflort. Anmutige junge Männer und Frauen, die ziselierte Karaffen reichen und Gläser voll Wein. Paare, die noch in der Umarmung aussehen, als posierten sie für applaudierende Zuschauer.

Denn auch wenn die Protagonisten dieser Bilder wohl oft fiktiv sind – die neue narzisstische Gesellschaft bilden sie getreulich ab.

Russisches Zarenreich *1725*

Imperator
Gnade

Bald besetzen Georgier, Armenier und Tscherkessen die höchsten Ämter im Staat, bekleiden ein Fünftel aller Führungspositionen, gründen mitunter mächtige Familiendynastien.

Die Söhne des Herrschers haben dagegen das Nachsehen: Aus Angst vor Komplotten hält der König sie von jeder öffentlichen Tätigkeit fern. Sie leben eingesperrt in den Mauern des Harems – beaufsichtigt von ihren Müttern und bewacht von rund 3000 Eunuchen. Und weil der König den Prinzen immer noch misstraut, lässt er zwei von ihnen blenden und seinen ältesten Sohn töten.

Im Jahr 1629 stirbt Abbas I. an einer Form der Malaria. Tausende kommen, um dem aufgebahrten Herrscher die letzte Ehre zu erweisen. Eigens eingeteilte Untertanen sprechen in scheinbar endlosem Fluss Verse aus dem Koran neben dem Leichnam.

Nach dem Tod des Schahs aber rächt sich schon bald, dass die Prinzen so unerfahren sind – und dass sie dem Land neue Steuern auferlegen, um Verwaltung, Hof und Militär zu finanzieren. Auch die Verfolgung der Sunniten, die nun zunimmt, sorgt für Unmut.

Den Aufständen und religiösen Unruhen, die in der Folge das Land erschüttern, haben die Nachkommen von Abbas bald nicht mehr viel entgegenzusetzen.

Und als im März 1722 afghanische Stammeskrieger aus der Region um Kandahar, die von Osten her ins Land eingedrungen sind, auf Isfahan ziehen und die Stadt nach sieben Monaten und 23 Tagen Belagerung erobern, ist dies auch das Ende der Safawiden-Herrschaft. Unter der Blockade wird die Nahrung knapp; die Isfahaner essen Hunde und Katzen, sogar das Fleisch der Toten.

Als Sultan Husain, der letzte safawidische Schah, aus der Stadt reitet, um Kapitulation und Krone zu übergeben, sind die Straßen voller Leichen.

So endet der Glanz Isfahans und die Zeit der Safawiden mit einem Anblick des Grauens. Und es ist ein Schlussbild, das einen noch weitaus epochaleren Einschnitt markiert. Denn hier, das ist mit einiger Berechtigung zu sagen, schließt sich auch ein historisches Großkapitel: die alte persische Geschichte.

Fast 2300 Jahre ist es her, dass König Kyros das erste Großreich der Perser gründete. Von da an herrschten zahlreiche Dynastien über gewaltige Vielvölkerstaaten, die vom Zentrum nördlich des Persischen Golfes weit in alle Richtungen der damals bekannten Welt ausgriffen. Die meisten dieser Reiche existierten mehrere Jahrhunderte lang, waren mächtig und prunkvoll, wohlhabend, kulturell einflussreich, äußerst vielfältig.

Und selbst neue Herrschergeschlechter, die nicht aus dem Herzland stammten, meist gewaltsam von außen kamen, präsentierten sich doch bald als wahrhafte Fürsten Persiens, übernahmen teilweise oder großzügig Sitten und Riten ihrer Vorgänger. Führten stolz die Titel der ersten Monarchen, nannten sich „König der Könige".

Sogar die Eroberung durch die muslimischen Araber bedeutete nicht die radikale Zäsur, als die sie mitunter betrachtet worden ist. Persiens alte kulturelle und politische Traditionen blieben weiterhin sichtbar, wurden später mit Emphase wieder aufgegriffen.

Zwar gab es danach eine längere Phase wechselnder Mächte – aber spätestens mit den Safawiden gelangte erneut eine Dynastie an die Spitze, die über 200 Jahre lang Persien als echte Großmacht führte. Sie blieb die letzte.

DENN NUN, 1722, scheint sich etwas zu ändern: Die Zeit der unabhängigen persischen Großreiche ist vorbei. Während sich in den kommenden Jahrhunderten die Moderne entfaltet, schafft es in der Region keine Dynastie mehr, über lange Phasen hinweg eigenständig zu regieren.

Auch die Kadscharen, die sich ab etwa 1800 immerhin noch mehr als 100 Jahre an der Macht halten können, stehen bereits stark unter der Kontrolle der europäischen Kolonialmächte, die auf der Jagd nach Bodenschätzen und strategischem Einfluss herbeidrängen.

Zugleich schrumpft Persiens Territorium – bis es 1935 die Ausdehnung des heutigen Nationalstaats erreicht. Das Land wird zur Regionalmacht, geschüttelt von Diktaturen, äußerer Einmischung und der Sehnsucht nach einstiger Größe, nach dem Ruhm des Alten.

Isfahan ist in dieser Zeit längst nicht mehr Hauptstadt, Teheran hat es, nach einigen anderen Orten, abgelöst.

Denn die prachtvolle Stadt des Safawiden-Königs Abbas I., die ihre Bewunderer *nesf-e dschahan* nannten, „die Hälfte der Welt", ist mit der Dynastie ihrer Gründer rasch gefallen.

Schon bald nach der Invasion der afghanischen Stammeskrieger verliert sie ihre Bedeutung. Die neuen Herren reißen große Teile des Stadtzentrums nieder, planieren Häuser, Geschäfte und Karawansereien. Und mit ihrem Glanz verblasst auch das wohl mondänste Symbol der von Abbas einst propagierten Offenheit: die Kaffeekultur.

Schon Ende des 18. Jahrhunderts finden Reisende die Kaffeehäuser des Landes in erbärmlichem Zustand vor. Und bald verschwinden sie fast ganz. Statt Kaffee gibt es jetzt Tee.

> *Tausende kommen, um dem Verstorbenen zu huldigen*

Für einen kühl kalkulierenden Herrscher wie Abbas jedoch sind auch Menschen zuallererst Material. Daher findet der Schah nichts dabei, ganze Bevölkerungen zu verschieben: Zahlreiche Arbeitskräfte aus Indien oder dem Norden Persiens siedelt er zwangsweise in seine Hauptstadt um. Für die importierten Händler aus dem fast 800 Kilometer entfernten Täbris – jener Stadt, in der einst die Safawiden ihre Herrschaft begannen – gründet er einen eigenen Stadtteil namens Abbasabad.

Und weil die Europäer so wild auf Keramik aus China sind, lässt er 300 chinesische Töpfer mitsamt ihren Familien nach Persien verpflanzen: Weshalb sollen europäische Händler bis nach Fernost reisen, wenn sie ihr Porzellan genauso gut (und zum Profit des Königs) in Isfahan kaufen können?

Keines der adoptierten Völker aber erweist sich als so segensreich für die königliche Wirtschaft wie das der Armenier. Wohl im Herbst des Jahres 1604 hat Abbas die gesamte Bevölkerung der Stadt Dschulfa (im heutigen Aserbaidschan), mehrere Tausend Familien stark, nach Isfahan gebracht: Um von den Fertigkeiten und dem Handelsgeschick der christlichen Fremden zu profitieren, hat er sie einfach entführt.

Drei Tage hatten die Bewohner Zeit, ihre Häuser zu verlassen. Wer nach der Frist noch aufgefunden werde, kündigte ein Ausrufer an, müsse sterben – und wer versuche zu fliehen, dessen Kopf werde direkt an den Schah geschickt.

Die Leute von Dschulfa warfen den Schlüssel ihrer Kirche in den Fluss, zogen unter persischer Knute gen Südosten und erreichten im Frühjahr 1605 ihr neues Domizil. Das verlassene Dschulfa setzten die Männer des Schahs in Brand.

Jetzt wohnen die Entführten in „Neu-Dschulfa", einem Viertel mit prächtigen Häusern, ausgestattet nach den neuesten Standards der Isfahaner Elite – mit säulenumkränzten Veranden, Gärten und Empfangshallen, angefüllt mit Goldgeschirr, kostbaren Möbeln und lasziven Gemälden.

Der Schah hat ihnen Wohnraum und zinslose Kredite zugeteilt sowie Geld für den Schmuck einer Kathedrale. Ein Dutzend weitere Kirchen sind aus dem Boden gewachsen, ein Männer- und ein Frauenkloster – und auch die Kirchen sind von den Moscheen der Einheimischen kaum zu unterscheiden.

Von Isfahan aus wirtschaften die Armenier emsig wie bisher – nur jetzt zum Wohl des persischen Staats. Sie tragen persische Seide in die Welt, kommen mit Werkzeug, Tuchen, Handspiegeln und Uhren aus Holland und England zurück. Und mit Silber.

Ihre christliche Religion erleichtert ihnen den Zutritt zu den Städten des Westens – und so zu einem enormen Markt: Mehr als 200 Tonnen Seide braucht Europa im Jahr und bezieht bald fast 90 Prozent davon aus Persien.

Nach und nach bauen die Armenier im Auftrag des Königs Stützpunkte am Indischen Ozean und am Mittelmeer auf, in Russland und Nordwesteuropa – alles zum Nutzen des Herrschers, der von ihren Geschäften Prozente einzieht.

In kürzester Zeit etablieren sie sich so als neue wohlhabende Schicht, mit eigenem Bürgermeister und wertvollen Kontakten zum Hof: Der Schah findet auch nichts dabei, das armenische Weihnachtsfest mitzufeiern, der Irritation islamischer Glaubenswächter zum Trotz – und sogar dafür zu sorgen, dass genug Schweinefleisch auf den Tisch kommt. Er besucht Taufen, verehrt und küsst christliche Reliquien, übernimmt bei einer Kreuzsegnung an einem Fluss spontan die Leitung der Zeremonie.

Die Vielfalt der Kulturen in seinem Reich dient ihm ja nicht zuletzt als Ausweis seiner königlichen Macht: Je mehr verschiedene Völker er beherrscht, desto größer sein Ruhm.

Wichtige Figuren dieses Menschenschachs sind die *ghulam* – armenische, georgische und tscherkessische Kriegsgefangene, die jetzt das Eigentum des Herrschers sind. Allein von einem Georgien-Feldzug bringt er 330 000 Sklaven nach Hause, die mit der Zeit zum Islam konvertieren, und baut einen kleinen Teil von ihnen systematisch zur Elite auf.

Mit diesen ihm ergebenen Männern ersetzt Abbas nach und nach die Vertreter der turkmenischen Stämme, die zuvor das Militär und die Gouverneursposten beherrschten. Den Aufstieg vergelten ihm die einst Besiegten durch umso größere Loyalität – und ohne Rücksicht auf Stammesführer, die ihre eigenen Interessen vertreten.

NACHTS reflektiert heutzutage ein Wasserbecken auf Isfahans Hauptplatz die Bauwerke des Königs – darunter sein Gebetshaus mit der formvollendeten hellen Kuppel

Der ganze Wohlstand der Abbas-Zeit scheint sich auf ihren Körpern abzulagern: Die Leiber schwellen, die Wangen runden sich und die Schenkel nehmen an Umfang zu. Statt der kleinen Augen und Münder, die unter den Vorgängern des Königs en vogue waren, zieren volle Lippen und große Mandelaugen die Gesichter. Und manche erotische Bilder sind so pikant, dass es noch 300 Jahre später unmöglich sein wird, sie im Westen zu veröffentlichen.

Der Meister dieser Isfahaner Schule ist der Maler Reza-e Abbasi, Spross aus turkmenischer Familie und Direktor der königlichen Bücherwerkstatt.

Keiner feiert das Heer der Aufsteiger, das die Stadt erzeugt, die neue Eleganz und das neue Geld, das durch die Stadt fließt, so großartig wie er. Und keiner verkörpert wie er den neuen Volkssport des Leute-Beobachtens, den die Flaneure auf dem Tschahar Bagh so gern pflegen: Er porträtiert nicht nur Edelleute, sondern auch Derwische und Dichter, Geistliche und Bauern, Soldaten, Reisende und Bettler – Motive, die in der persischen Malerei ohne Vorbild sind. In der unsentimentalen Welt von König Abbas aber findet dieser Realismus seinen Platz.

Vielleicht ist das aber auch der Grund dafür, dass Reza-e Abbasi eines Tages in schlechte Gesellschaft gerät: Bald erzählt man sich, er treibe sich geradezu süchtig bei Ringkämpfen herum. Versuche sogar selbst, die Griffe zu lernen – und vernachlässige darüber seine Kunst so sehr, dass er, wie ein Chronist vermerkt, „immer arm und in Schwierigkeiten" sei.

Trotzdem bleibt der König ihm gewogen. Und nicht nur am Hof sind die Werke der neuen Maler beliebt: Sie kursieren auch auf den Märkten und gelangen sogar als Exportware bis nach Europa – das umgekehrt Künstler an den Hof in Isfahan schickt.

Das Bilderverbot des Islam („Der Prophet verflucht die Maler, die versuchen, den schöpferischen Akt Allahs nachzuahmen oder ihm gleichzukommen, und sie werden auf Geheiß Allahs die grausamste Strafe erfahren", heißt es in einem Lehrsatz) scheint diese Stadt dabei nicht zu kümmern. Denn obwohl die Religion unter den Safawiden zum Symbol der persischen Identität geworden ist, lässt sie den Alltag weitgehend ungetrübt.

Zwar legt Abbas Wert darauf, sich als frommer Schiit darzustellen, doch zugleich als unumschränkter Herrscher, der über den Gesetzen der Religionshüter steht. Außerdem sehen sich die Mitglieder seiner Dynastie als direkte Nachkommen (was historisch nicht zu belegen ist) des Propheten Mohammed: Wie könnte so einer ein Sünder sein?

DAHER FOLGT DER SCHAH den Geboten des Islam, wie und wann es ihm passt. Und so werden auch seine Untertanen, wie ein französischer Besucher feststellt, „nicht mit religiösen Dingen belästigt": Jeder habe hier „völlige Freiheit zu glauben, was er wünscht".

Der Wein etwa, bei den osmanischen Nachbarn verpönt, fließt in Isfahan in Strömen – nicht nur in den Schenken, sondern auch am Hof. Denn opulentes Feiern ist in der persischen Tradition Ausweis königlicher Macht: Der Herrscher beweist sich nicht nur in einer Schlacht, sondern auch im Gelage. Der König hat sogar eigens einen Arzt mit einem Gutachten über die Vorzüge des Alkohols beauftragt – und wenn er einen Empfang gibt, müssen selbst Abstinenzler mittrinken. Vor allem die armenischen Händler bürgen dafür, dass die Keller nie leer sind.

Das Grundmotiv für die königliche Toleranz aber ist das Geschäft. Auch die drei katholischen Orden, die in Isfahan ihre Klöster errichtet haben, sind vor allem deshalb willkommen, weil ihre Heimatländer als Handelspartner taugen – und als mögliche Verbündete gegen den Feind in Konstantinopel, der mit seinem hochgerüsteten Militär immer wieder persisches Land bedroht.

Bald dürfen sogar, für islamische Länder unerhört, die Glocken des Karmeliterklosters Tag und Nacht läuten.

Gern disputiert der König mit den Patres auch theologische Fragen – und überschüttet sie mit Gunstbeweisen: „Er küsste mich mehr als zehnmal auf den Hals", meldet irritiert ein portugiesischer Augustiner.

295 METER lang ist die Allahverdi-Khan-Brücke. Sie führt den Prachtboulevard Tschahar Bagh über einen Wasserlauf hinweg, der das neue Isfahan in West-Ost-Richtung durchtrennt

ohne

Dass Peter einmal Zar werden würde, ward ihm nicht an der Wiege gesungen

Mehr als 40 Jahre regiert Peter I., den man den Großen nennen wird, Russland. Am Ende seiner Herrschaft 1725 hat er eine effiziente Verwaltung nach westeuropäischem Muster, eine starke Armee und eine leistungsfähige Industrie etabliert – und die neue Hauptstadt Sankt Petersburg ins Sumpfland der Newa gepflanzt. Kurzum: Er hat ein mittelalterliches Reich in einen modernen Staat verwandelt – allerdings mit barbarischer Brutalität

—— Text: WOLF SCHNEIDER

Sankt Petersburg im Winter, 1854 festgehalten von Alexej Bogoljubow

Russisches Zarenreich *1725*

G

Unter dem Namen »Peter Michajlow« und als Schiffbauer verkleidet besucht der Zar 1697 holländische Werften

Groß war er wirklich: 2,01 Meter oder 2,04 Meter oder gar 2,13 Meter, da sind sich die Quellen nicht einig – so ungewöhnlich hoch aufgeschossen jedenfalls, dass die meisten seiner Zeitgenossen ihm nicht einmal bis zur Schulter reichten. Wo immer er auftauchte, zog er eine Schar von Gaffern auf sich, wie die Riesen, die man damals auf den Jahrmärkten zur Schau stellte. Dabei hatte er dünne Beine, schmale Schultern und einen überraschend kleinen Kopf. Er war ein stürmischer Tänzer, er ging mit so weit ausgreifenden Schritten, dass seine Berater nur keuchend mithalten konnten.

Wer vor ihm stand, den irritierte er durch ständigen Wechsel des Standbeins, oft auch durch zitternde Verkrampfung von Händen, Armen und Schultern. Wer aber zu Peter aufblickte, der erschrak noch mehr: Sein Gesicht kam nie zur Ruhe. Er verzerrte die Lippen über wackelndem Kinn, er zwinkerte zwanghaft, und oft verdrehte er die Augen so, dass man nur noch das Weiße sah. Bei der Siegesparade nach der Schlacht von Poltawa scherte der Zar aus dem Festzug aus, galoppierte an ihm entlang und prügelte ohne erkennbaren Grund auf einen russischen Soldaten ein, wobei er Grimassen schnitt und die Beine abwechselnd nach vorn und hinten warf, zum Entsetzen aller Augenzeugen – so erzählte es Just Juel, dänischer Gesandter am Zarenhof.

Das Essen nahm Peter am liebsten im Stehen oder im Gehen ein. War er an feierlicher Tafel zum Sitzen genötigt, so griff er sich gern den nächstbesten Stuhl, warf also die ausgeklügelte Sitzordnung über den Haufen und trieb die Zeremonienmeister in Panik.

Messer und Gabel hob der Zar manchmal zuckend und scheinbar gegen seinen Willen dem Gesicht entgegen. Seine Tischmanieren waren für Europas Diplomaten und Monarchen ohnehin ein Graus, ebenso seine nachlässige, oft schmuddelige Kleidung.

Die Anekdote schreibt dem Zaren sogar gestopfte Strümpfe und abgetragene Schuhe zu. Dem Bürgermeister von Danzig nahm er die Perücke vom Kopf und stülpte sie sich selber auf, weil er fror. Jedenfalls verband sich sein schrulliges, verletzendes Verhalten mit der neurotischen Hypermotorik zum Bild eines Menschen, in dessen Nähe es niemand ausgehalten hätte, wäre er nicht der Zar gewesen.

Mit der Garderobe gegen alle Sitten zu verstoßen und seine Umgebung zu verwirren, war für Peter offenbar ein Spaß. Er konnte sich auch sorgfältig kleiden – als holländischer Schiffszimmermann, als ausländischer General, ja zuweilen als Zar: Zur Hochzeit seiner Nichte trug er einen scharlachroten Umhang mit Zobelbesatz und ein silbernes Schwert.

Die Krämpfe von Gesicht und Gliedern aber waren seinem Willen entzogen. Viele Zeitgenossen und mehrere Histori-

Schiffskompass. Nicht Kunstwerke, wie andere Herrscher, sammelt Peter I., sondern Präzisionsinstrumente

ker führen sie auf den Schock zurück, den Peter als Neunjähriger erlitt, als er, soeben zum Zaren ausgerufen, in eine mörderische Palast-Intrige verwickelt wurde.

MORD PRÄGT SEINE JUGEND

Im April 1682* war Zar Fjodor III. im Alter von 20 Jahren gestorben, kinderlos. Ihn überlebten zwei Geschwister aus der ersten Ehe seines Vaters, die 24-jährige Sofja und der 16-jährige Iwan, und aus der zweiten der neunjährige Peter. Dass dieser der neue Zar sein sollte, entschied die Versammlung der höchsten Würdenträger des Reiches, noch an Fjodors Todestag, denn Iwan, der Ältere, war geistig behindert.

Die Familie der ersten Frau fühlte sich düpiert und verbündete sich mit den Strelitzen, der ständig unzufriedenen Elitetruppe zur Bewachung des Kremls. Als das Gerücht aufkam, Peters Sippe habe den geistesschwachen Iwan ermordet, erhob sich die Kreml-Garde und brachte 40 von Peters Verwandten um. Das Kind musste zusehen, wie mehrere von ihnen, darunter sein Onkel und sein bester Freund, aus dem Fenster gestürzt wurden und auf die Lanzen der unten stehenden Strelitzen fielen; die vollendeten ihr Werk mit der Axt.

Sofja setzte ihren geistesschwachen Bruder als weiteren Zaren und sich selbst als Regentin für die beiden Knaben ein. Dem inzwischen zehnjährigen Peter ließ sie zwar das Leben und den Titel, doch hatte er die Seniorität seines älteren Halbbruders anzuerkennen.

Auf diese Weise von vielen protokollarischen Pflichten befreit, verließ Peter das düstere Kreml-Gemäuer, die geschlossene Welt der Höflinge und Popen und zog mit seiner Mutter in eine Sommerresidenz in der Nähe von Moskau. Dort blieb er sieben prägende Jahre lang.

Er hatte zwei Hauslehrer, die ihm fromme Texte eintrichterten und es nie schafften, ihm eine ordentliche Rechtschreibung beizubringen. Bei einem Holländer lernte er Mathematik, mit größerem Erfolg. Historische oder geisteswissenschaftliche Werke las er nie in seinem Leben; seine spätere Bibliothek bestand vor allem aus Büchern über Schiffbau, Schifffahrt, Artillerie und Festungswesen.

Peter lauschte fasziniert den Erzählungen seines Erziehers Nikita Sotow über die Feldzüge seines Vaters, des Zaren Alexej. Und bald stellte er aus jungen Adeligen am Hofe „Spielregimenter" auf, kleidete sie in Uniformen, bewaffnete sie und führte sie zu Manövern – die beileibe kein „Spiel" mehr waren: Manchmal hatten Tausende daran teilzunehmen, und es gab Verwundete und Tote.

Seine Neugier auf jedes Handwerk trieb ihn frühzeitig dazu, sich das Zimmern, das Tischlern, das Drechseln beizubringen, er schaffte sich eine Drehbank an und arbeitete an ihr, als müsste er mit ihr sein Geld verdienen.

Die Handwerker, die ihn voranbrachten, fand er in Moskaus Ausländervorstadt, einer merkwürdigen Einrichtung von großem Einfluss auf sein Leben. Ausländer – Deutsche, Holländer, Engländer, Schotten und Franzosen – hatte schon Iwan IV. im 16. Jahrhundert nach Russland geholt: Söldner, Handwerker, Kaufleute, Ärzte, Künstler.

Peters Vater, Zar Alexej, ließ für sie 1652 vor den Toren Moskaus eine neue Siedlung errichten, vor allem, um die Ausländer besser zu isolieren. Sie waren ja gefährlich mit ihrer falschen Konfession (Protestanten und Katholiken in einem orthodoxen Land), ihren unrussischen Sitten und ihrem überlegenen Können.

AUSLÄNDER SIND SEINE LEHRER

In dieser Vorstadt nun ging der heranwachsende Peter ein und aus, sah allen Handwerkern über die Schulter, freun-

Das Meer und die Seefahrt faszinieren Peter den Großen lebenslang: Hier studiert der Zar gemeinsam mit holländischen Schiffbau- und Nautikexperten das Modell eines Schiffrumpfs

---

* Die Ereignisse in dieser Geschichte sind nach dem julianischen Kalender datiert, der in Russland bis 1918 galt. Er ist gegenüber dem heute üblichen gregorianischen Kalender nach hinten verschoben – im 17. Jahrhundert um zehn Tage, im 18. Jahrhundert um elf Tage.

dete sich mit Offizieren an, lernte Holländisch – und gewann offensichtlich jenen Eindruck, der für seinen Lebensweg und das Schicksal ganz Russlands bestimmend wurde: dass die Russen so werden müssten wie diese da. Also lernen, sich dem Westen öffnen; sich die Bärte stutzen; die Welt gewinnen!

D och es dauerte noch lange, bis sich abzeichnete, dass Peter auch den Willen und die Macht entfalten würde, solche hochfliegenden Pläne zu verwirklichen. Als er 16 war, 1689, ließ er sich von seiner Mutter verheiraten. Zu seiner Frau erwählte sie die zwei Jahre ältere Fürstentochter Jewdokija Lopuchina, die von den Zeitgenossen als schön, aber ungebildet bezeichnet wurde. Schon bald betrog Peter sie mit Anna Mons, der Tochter eines westfälischen Weinhändlers aus der Ausländervorstadt; 1698 verstieß er Jewdokija.

Im August 1689 wurde Sofja auf Betreiben von Peters Mutter und einiger Bojaren gestürzt. Es begann damit, dass sie den – nicht eingeweihten – Peter mit der Begründung, sein Leben sei durch Strelitzen bedroht, in einer spektakulären nächtlichen Aktion ins Troize-Sergijew-Kloster schaffen ließen. Das war Russlands heiligster Ort, zugleich eine sichere Festung und in Notzeiten traditionell die Zufluchtsstätte der Zaren.

Peters „Flucht" sollte dem Volk signalisieren, dass das Leben ihres Zaren in Gefahr sei. Obwohl von den Ereignissen überrascht, erkannte der 17-Jährige sehr schnell, welchen Vorteil ihm der Aufenthalt im Kloster lieferte. Er sah sich am Zug – und war bereit, die Macht in die Hände zu nehmen.

Öffentlich ließ er verkünden, es nicht länger billigen zu wollen, dass eine Frau das Land regiere. Soldaten desertierten nachts in Scharen und machten sich auf zum Kloster; auch der Patriarch der russisch-orthodoxen Kirche nahm Peters Partei. Schließlich stellten sich sogar die Strelitzen an seine Seite – ihren Anführern war klar geworden, dass Peters Stern stieg. Mitte September wurde die Regentin Sofja in ein Kloster verbannt – wegen Amtsanmaßung und der angeblichen Absicht, den Thron zu usurpieren. Seinen Halbbruder Iwan V. dagegen ließ Peter unbehelligt (er starb 1696).

Im Herbst 1689 trat Peter, Enkel Michails, des ersten Zaren aus dem Hause Romanow, die Herrschaft an. Die Staatsgeschäfte überließ er allerdings noch einige Jahre seiner Mutter, um seinen Interessen nachgehen und seine Bildung vervollständigen zu können.

Als der Zar gerade 21 geworden war, 1693, unternahm er eine Reise in Russlands hohen Norden. Das Ziel: Archangelsk am Weißen Meer, einziger Seehafen des Zarenreichs. Die Schiffe, die Wogen waren für Peter eine Offenbarung. Er fragte die Kapitäne aus (Engländer und Holländer vor allem), er erkletterte die höchsten Masten, er gab bei einer holländischen Werft eine Fregatte in Auftrag und ließ eine russische Werft errichten.

Im Januar 1694 starb Peters Mutter. Zur Beerdigung erschien er nicht. Nun, spätestens, wäre es an der Zeit gewesen, dass der 21-Jährige die Regierung selbst in die Hand genommen, ja mit dem ungeheuren Werk begonnen hätte, das er doch vollbringen wollte, später pausenlos gehetzt von der Angst, sein Leben könnte dafür zu kurz sein.

Aber nein: Im Sommer 1694 reiste Peter wieder nach Archangelsk und gab sich seiner Lust an den Segelschiffen hin. Den Manövern zu Wasser entsprachen die Manöver zu Lande, die Peter im Herbst 1694 nahe Moskau befahl – Vorübungen für den Ernstfall.

Auch setzte er damals eine Sitte fort, die er seit mehreren Jahren pflegte und bis an sein Lebensende beibehielt: Vor allem an Feiertagen lud der Zar Freunde, Günstlinge, Höflinge, bis zu 1000 an der Zahl, zu einem mehrtägigen ritualisierten Besäufnis ein – der „Wahnsinns-, Spaß- und Saufsynode", einem Mummenschanz mit zugewiesenen Rollen.

Da wurden Scheinprozesse geführt und Gottesdienste verspottet; ein Narren-

»Blick auf die Kasan-Kathedrale« von Fjodor Alexejew (1811): Kirchen wie in Rom, Kanäle wie in Venedig – Peter gibt seinen Nachfolgern das Muster vor für die Straßen, Gärten und Paläste seiner neuen Hauptstadt

Patriarch erschien mit einer Mitra auf dem Kopf, die einen nackten Bacchus zeigte; Peter selbst trat meist als Schiffstrommler oder friesischer Handwerker auf. Narren und Harlekine, Zwerge und Missgeburten sprangen zwischen den Zechern umher, Peter wollte das so; und wenn ein wasserköpfiger Liliputaner betrunken umfiel, dann steigerte sich noch das brüllende Gelächter.

Ausländische Diplomaten, die mitunter zur Teilnahme genötigt wurden, berichteten entgeistert von solchen Lustbarkeiten. Just Juel, der dänische Gesandte, behauptete sogar, der Zar habe die Saaltüren von außen verschließen lassen, seine Gäste zum Saufen animiert und, selber nüchtern nach nur zwei Flaschen Wein, neugierig ihrem Lallen gelauscht, ihrem Gezänk, ihrer Selbstentlarvung.

1696, zwei Jahre nach dem Tod der Mutter und gerade 23 Jahre alt, brach Peter spät und jäh mit seiner merkwürdig lange gespielten Rolle als Handwerker und Hobby-Segler. Bündnisverpflichtungen gegenüber Venedig, Polen und dem Hause Habsburg zogen ihn in seinen ersten Krieg.

Die türkische Festung Asow an der Mündung des Don ins Schwarze Meer wollte er erobern. Der Angriff scheiterte – und das erst weckte Peters volle Kraft.

Nun engagierte er in rasender Eile Schiffbauer und Zimmerleute aus England, Holland und Venedig, damit sie Flussschiffe bauten für den Don und

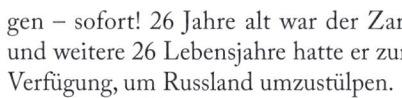

Zirkel und Kompass: Der Schreibtisch des Zaren offenbart seine Begeisterung für alles Nautische

Sonnenuhr. Peter interessiert sich für Messgeräte und Handwerkszeug

Hochseeschiffe fürs Schwarze Meer. Auch österreichische Pioniere holte er sich und stellte eine Armee von 46 000 russischen Soldaten und 20 000 Kosaken auf die Beine.

Asow kapitulierte schon im nächsten Jahr, und Peter zog im Triumph in Moskau ein. Der Zar erschien in der Uniform eines deutschen Kapitäns, von keinem kirchlichen Würdenträger begleitet; ein Affront also für rechtgläubige Russen.

In den bewunderten Westen reiste Peter zum ersten Mal im März 1697, getarnt als „Peter Michajlow" in einer Delegation von fast 300 Kammerherren, Priestern, Ärzten, Musikern, Lakaien, Soldaten und Dolmetschern. Mehr als vier Monate lang quartierte sich die Reisegesellschaft in Holland ein, dann für dreieinhalb Monate in England, den beiden Großmächten zur See.

Inkognito zu bleiben gelang dem groß gewachsenen Zaren selbstverständlich nicht. Aber die Maskerade hatte einen Vorzug: Sie ersparte Peter und seinen Gastgebern alle protokollarischen Pflichten. Höhepunkt der Studienreise war für Peter ein Manöver der englischen Flotte. Deren Schönheit, Manövrierfähigkeit und Segelkunst faszinierten ihn. „Wenn ich nicht der Zar wäre, würde ich ein englischer Admiral sein wollen", soll er gesagt haben.

Von England reiste Peter im Mai 1698 über Holland in die Kaiserstadt Wien. Auf die geplante Weiterfahrt nach Venedig – von wo die stolzesten Schiffe kamen – verzichtete er, weil ihn die Nachricht ereilte, in Moskau revoltierten die Strelitzen.

Und so prallten im Sommer 1698 zwei Welten aufeinander: die alte, deren Symbol die Kreml-Garde, und die neue, von der Peter voll war: Seefahrt, Handel, Industrie! Dies alles galt es dem rückständigen, trägen Volk der Russen aufzuzwingen – sofort! 26 Jahre alt war der Zar, und weitere 26 Lebensjahre hatte er zur Verfügung, um Russland umzustülpen.

Schon am Tag nach seiner Heimkehr fing er damit an. Die vier meuternden Strelitzen-Regimenter waren von regulären Soldaten überwältigt worden, der Prozess gegen die Meuterer zog sich anderthalb Jahre hin; aber etwas anderes konnte sofort geschehen: Weg mit den langen Bärten, die fast alle Russen trugen – für sie der Ausdruck des Russentums und der Rechtgläubigkeit, für Peter das verhasste Signal, dass sie im Vorgestern verharren wollten.

REFORMEN, SCHLAG AUF SCHLAG

Den Bojaren, den Hochadligen, die ihn zu seiner Heimkehr begrüßten, schnitt er sogleich mit eigener Hand die Bärte ab; nur ein paar Würdenträger wie der Patriarch von Moskau durften den ihren behalten. Bald schwärmten Beamte als Barbiere durch die Straßen der Hauptstadt und rasierten jeden Mann, den sie trafen.

1699 ordnete der von Peter eingesetzte Gerichtshof die Hinrichtung von 1182 der Strelitzen an, die gemeutert hatten. Sie wurden aufs Rad geflochten, ihre Köpfe auf Stangen gespießt und aus-

1703 lässt der Zar nach einem Sieg über die Schweden eine Festung an der Newa errichten, die Peter-und-Paul-Festung. Erst Jahre später entscheidet er sich, das Bollwerk zu seiner neuen Hauptstadt auszubauen

gestellt, ihre Körper blieben monatelang am Galgen hängen, auch und gerade vor dem Fenster von Peters Halbschwester Sofja, der 1689 entmachteten Regentin. Bei der Hinrichtung soll der Zar selber die Axt geschwungen haben.

Im Jahr 1700 setzte Peter vier dramatische Akzente, schon von jener Ungeduld gejagt, die ihn bis zum Tod begleitete.

Am 1. Januar: Neujahr ist an diesem Tag, wie im Westen – nicht mehr am 1. September wie nach dem alten russischen Kalender.

Am 4. Januar folgte auf das Bartverbot die Kleiderordnung: Kein altrussischer Kaftan und kein Schafspelz mehr, sondern deutsche, französische oder ungarische Mode, Vollzug noch in diesem Jahr! Bei Hofe überwachte Peter selbst die Garderobe, durch die Straßen Moskaus strichen Inspektoren, kassierten Geldstrafen und schnitten Überlängen ab.

Danach stellte er alle 560 Klöster seines Reiches mit ihrem riesigen Landbesitz und fast einer Million männlicher Leibeigener unter Staatsaufsicht; wer nunmehr Mönch werden wollte, musste die 50 überschritten haben – bis dahin sollte er produktive Arbeit leisten.

Und nun noch der Krieg. Im August 1700 erklärte Peter ihn der Großmacht Schweden – im Vertrauen auf sein Bündnis mit Dänemark und mit August dem Starken, Kurfürst von Sachsen und König von Polen. Zu Schweden gehörten die heutigen Länder Finnland, Estland, Lettland, dazu Bremen, Rügen und Vorpommern, und Finnland war mit Estland durch einen 50 Kilometer breiten Landkorridor verbunden, der Russland von der Ostsee abschnitt.

Aber Karl XII., der 18-jährige schwedische König, den alle Welt für ein Bübchen gehalten hatte, schlug nacheinander die Sachsen, die Dänen und im November bei Narwa in Estland die an Zahl vierfach überlegenen Russen, wobei er auch noch deren gesamte Artillerie erbeutete.

Sogleich ließ Peter ein Viertel aller russischen Kirchenglocken einschmelzen, damit wieder Kanonenrohre gegossen werden konnten; gerade aus Schweden hatte Russland ja das beste Eisenerz importiert.

Aus der Schmach von Narwa lernte Peter mehr als aus seiner Niederlage gegen die Türken fünf Jahre zuvor. Nicht darauf kam es an, einen raschen Sieg dagegenzusetzen, sondern eine Industrie aufzubauen, die Russland dauerhaft ebenbürtig machen würde.

Noch 1700 gründete der Zar ein Bergbauministerium und warb im Westen Bergwerksspezialisten an; bei Peters Tod hatte Russland als Eisenproduzent England eingeholt. Hüttenwerke galt es zu bauen, Waffenfabriken, Tuchmanufakturen für die Uniformen, Segeltuchwebereien, alles auf den Krieg ausgerichtet, in staatlicher Regie und natürlich: schnell!

Alle Anstrengungen aber hätten Peter wenig genützt (und vielleicht hätte er nie der Große geheißen), wenn Karl XII. nun tief ins russische Kernland hineinmarschiert wäre, wie es nach Narwa in seiner Macht gestanden hätte. Doch zur allgemeinen Überraschung fiel er in Polen ein und ließ es geschehen, dass der besiegte Zar sich im Norden die 50 Kilometer Land bis zur Ostsee einverleibte.

Im östlichen Zipfel des Finnischen Meerbusens, im Mündungsdelta der Newa, eroberte Peter 1703 die dortige schwedische Festung und ließ acht Kilometer flussaufwärts auf einer Insel eine russische errichten, die Peter-und-Paul-Festung.

Zwischen den Newa-Armen dehnte sich eine flache, öde Sumpflandschaft. Der Gedanke, dass man eben auf diesem

feindseligen Morast, so hoch im Norden wie die Südspitze Grönlands, eine Stadt errichten könnte, Russlands Tor zur Welt, seine Hauptstadt sogar, eine Weltstadt vielleicht – der scheint Peter später gekommen zu sein, ganz klar erst 1709.

Wenn das keine fixe Idee bleiben sollte, musste freilich dreierlei zusammentreffen: die unbeschränkte Macht des Zaren über ein weitläufiges Reich; sein Wille, von dieser Macht mit jeglicher Brutalität Gebrauch zu machen; und seine Besessenheit von der Vision, dass es kein höheres Ziel auf Erden gebe.

E

Es begann damit, dass Peter mehr als 80 000 Sträflinge, zwangsverpflichtete Bauern und schwedische Kriegsgefangene an die Newa kommandierte. Ganze Wälder mussten sie abholzen, um in den Sumpf die Pfähle zu rammen, die die Häuser tragen sollten.

Dass die Zwangsarbeiter zu Zehntausenden verreckten – verhungert, denn eine funktionierende Zufuhr von Lebensmitteln gab es nicht; ertrunken, denn den häufigen Hochwassern waren sie schutzlos ausgesetzt; erfroren, von Seuchen heimgesucht, von Stechmücken geplagt, von Wölfen belauert: Warum hätte ein Zar sich dafür interessieren sollen? Auch gab es bei Weitem nicht genug Hacken und Schaufeln für die armen Teufel, dafür die Knute des Aufsehers, damit sie sich die Erde auch mit den Händen in die Jacke schaufelten, um sie wegzutragen.

»Blick auf Schlosskai und Admiralität« von Fjodor Alexejew (1794): Noch während der Regierungszeit Peters I. erhält Sankt Petersburg sein unverwechselbares Gesicht

Als schon im November 1703 das erste ausländische Handelsschiff, ein Holländer, in der Newa-Mündung Anker warf, um Wein und Salz auszuladen, wurde der Kapitän mit 500 Dukaten beschenkt. Nun musste man Baumeister und Bauhandwerker gewinnen, sie kamen aus Italien, Deutschland, Holland, Frankreich. Und vor allem musste Peter, so sah er es, sich um alles selber kümmern, um alles!

Hunderte von Bauskizzen von seiner Hand sind erhalten, zum Teil auf fernen Schlachtfeldern entworfen. Jeder Architekt hatte seine Pläne mit ihm durchzusprechen, er selbst entschied über Boulevards, Brunnen, Brücken und Grünanlagen, und natürlich ließ er Orangenbäume aus Persien importieren und geheizte Hütten für sie bauen.

ENDLICH SIEG ÜBER SCHWEDEN

Ein Ukas, ein Erlass des Zaren, jagte den anderen: Ziegelsteine sind nur für Häuser da – die Knute für den, der sie für Gartenmauern verwendet, die Ziegelbrennereien kommen sonst nicht nach! Ahornbäume pflanzen – Drahtzäune um sie herum errichten, damit sie nicht beschädigt werden durch Kutschen oder Vieh! Wer noch in Holz baut, also die Fugen mit Moos abdichtet, muss das Moos vorher abkochen, sonst wird es zum Tummelplatz von Kakerlaken!

So befahl's der Zar und noch hunderterlei dazu. Die nicht litten und nicht starben, stöhnten unter seiner nimmermüden Schurigelei. Durfte er sich denn auf irgendjemanden verlassen außer auf sich selbst? War nicht er und nur er der Alleskönner, der Tischler, Drechsler und Schiffszimmermann, der Schmied, Kupferstecher, Feuerwerker, Matrose, Kanonier und Zar? Und auf der Trommel ein Artist? Und natürlich Zahnarzt, einen Sack voll Zähne will er gezogen haben, und Chirurg! Seine zitternden Freunde legte er unters Messer, wenn er es für nötig hielt, und wenn sie daran starben, war es wieder Peter, der sie sezierte.

Sieger über Karl XII. wurde er endlich auch. 1704 hatte der Zar in der zweiten Schlacht bei Narwa die Scharte von 1700 ausgewetzt, und 1709 brachte er bei Poltawa in der Ukraine dem schwedischen König eine dramatische Niederlage bei.

Nun schien Sankt Petersburg nicht mehr bedroht, und sein Gründer, bis dahin noch mehr als mit seiner Stadt mit dem Krieg beschäftigt, konnte länger als nur ein paar Wochen im Jahr in ihr weilen. 1710 wurde der erste steinerne Palast vollendet, und zum ersten Mal stellte der Zar sein Petersburg als etwas vor, worüber es nie einen Ukas gab: als die Hauptstadt des Zarenreichs. Die Provinzgouverneure nämlich rief er dorthin zum Rapport.

Seinem Hofstaat befahl er, von Moskau nach Sankt Petersburg umzusiedeln. Freiwillig kam kaum einer: die Stadt eine lärmende Baustelle mit Baracken zwischen den Palästen, das Leben viel teurer als in Moskau, das Wetter feuchter und düsterer; auch fehlte das Hinterland mit Datschen und Jagdrevieren. Und obendrein gab jeder, der an die Ostsee zog, das Signal, dass er ein Feind der Tradition, ein Lakai des Zaren sei.

In zwei Schichten von je 20 000 Mann nahm die Bauwut ihren Lauf. Schneller, schneller! 1713 befahl der Zar, dass alle wichtigen Exportgüter Russlands – Hanf, Leder, Pelze – über Sankt Petersburg verschifft werden mussten, nicht mehr über den Eismeerhafen Archangelsk. Die dortigen Kaufleute waren außer sich, die Schifffahrtswege zwar drastisch verkürzt, die Ostsee war aber ein immer noch überwiegend von Schweden beherrschtes Gewässer.

Peter I. regiert sein Land mit harter Hand und bis in kleinste Details: Westliche Mode wird Untertanenpflicht, so haben Mäntel kurz zu sein und sind Bärte abzunehmen

Nur Träger einer »Bartlizenz« (oben) dürfen die alte Gesichtszier behalten – nachdem sie dafür bezahlt haben

Und Menschen mussten her! 1714 befahl Peter 1000 Adeligen, die im Staatsdienst standen, sich Villen in Sankt Petersburg zu bauen, auf eigene Kosten natürlich, und in die neue Hauptstadt umzuziehen, und nicht etwa an eine Straße ihrer Wahl, sondern an den Ort, den der Zar ihnen anwies. 1716 wies Peter die Provinzgouverneure an, Waffen-, Gold- und Kupferschmiede nach Sankt Petersburg zu schicken, auch Schreiner, Sattler, Stellmacher, Töpfer, Schneider, Schuhmacher, Maler, Buchbinder und Kerzenzieher.

Europa begann unterdessen staunend auf die Metropole zu blicken, die da im trüben Norden aus den Sümpfen wuchs, großzügig, ebenmäßig, voller Pracht, von der mächtigen Newa durchflossen.

Den heiklen Zustand, dass seine Hauptstadt immer noch gefährlich nahe an der Grenze zum schwedischen Machtbereich lag, begann Peter 1713 zu ändern – er eroberte Finnland. Im Jahr darauf brach er sogar die schwedische Vorherrschaft zur See: Bei Hangö am Ausgang des Finnischen Meerbusens siegte die russische Flotte, die zur Jahrhundertwende noch kein einziges hochseetüchtiges Kriegsschiff besessen hatte, unter Peters persönlichem Befehl mit überlegener Strategie über die Schweden.

Russland eine Seemacht – der Zar im Rausch. 386 Schiffe wurden während seiner Regierungszeit gebaut, darunter das größte Kriegsschiff der Welt, mit 100 Kanonen auf drei Decks bestückt. Schiffe waren für Peter offensichtlich nicht nur der Schlüssel zum Welthandel und zur Macht. Sie waren zugleich das Symbol einer Technik, in der jeder Zentimeter zählte, einer perfekten Organisation, in der jeder den Platz kannte, auf dem er zu funktionieren hatte – ja der idealen Gesellschaft überhaupt: ein gemeinsames Ziel, eine klare Befehlsstruktur und für keinen eine Chance, faul zu sein.

Wenn nur alles viel, viel schneller ginge! Tyrannei waren die Russen ja gewohnt; ihr Zeitgefühl aber war noch dem vergleichbar, das in Westeuropa im Mittelalter geherrscht hatte, als man sich für den Bau einer Kathedrale 100 Jahre Zeit nahm. Und nun das Tempo als oberster Wert, das ganze Volk zum Vehikel einer Aufholjagd genommen! „Vergeudete Zeit kann nicht rückgängig gemacht werden, so wenig wie der Tod", schrieb Peter 1711 an den neu geschaffenen Senat, der sich um die Verwaltung der Provinzen zu kümmern hatte, und forderte ihn auf, alle Termine künftig vor dem Ablauf zu erfüllen.

ER FOLTERT DEN EIGENEN SOHN

Die Trägheit seiner Untertanen trieb den Zaren dabei ebenso zur Verzweiflung wie der Mangel an Arbeitskräften, Handwerkern zumal. 1715 meldete die Marinewerft von Sankt Petersburg einen Fehlbedarf von 1450 Zimmerleuten. Bauern, die in die Tuchmanufakturen abkommandiert worden waren, rannten im Sommer zur Ernte wieder davon, und die Webstühle standen still. Woher genügend Waffenschmiede nehmen? Ukas: 300 junge Männer, die lesen und schreiben können, sind dazu auszubilden.

Und wie all die Segelschiffe bemannen, wie die Kanäle bauen, die Fabriken errichten, die Städte bevölkern? Landstreicher aufgreifen. Nur noch Mörder und Landesverräter hinrichten – Räuber werden begnadigt zu Brandmal, Knute und Zwangsarbeit. Die Faulen peitschen. Das ganze Leben zum Militärdienst machen. „Die Menschen in unserem Land sind wie Kinder, die ihr Alphabet nie lernen werden, wenn ihr Herr sie nicht dazu zwingt", schrieb Peter in einem Manifest über die Errichtung neuer Fabriken, und einem Vertrauten sagte er: „Wenn alle meine Untertanen gehorchen würden wie mein Hund, müsste ich sie nicht mit der Keule prügeln."

Der am schlechtesten gehorchte, war Peters Sohn Alexej, der Zarewitsch; aber es war nicht die Keule, die ihn umbrachte, es war die Knute. Als Kind hatte er durchaus versucht, seinem Vater zu gefal-

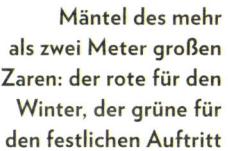

Das Verhältnis zwischen Peter I. und seinem Sohn Alexej ist zerrüttet. Der Zarewitsch flieht vor dem gestrengen Vater nach Wien, Peter überredet ihn zur Rückkehr, verspricht Straffreiheit – doch es ist das Todesurteil für Alexej

Mäntel des mehr als zwei Meter großen Zaren: der rote für den Winter, der grüne für den festlichen Auftritt

len. Mit 18 an die schwedische Front kommandiert, fühlte er sich jedoch überfordert und erkrankte lebensgefährlich. Dass er sich nicht für die Flotte interessierte und den Ausländern in Peters Umgebung misstraute, erhöhte die Spannung.

Im folgenden Jahr wurde Alexej nach Dresden geschickt, um dort Deutsch, Französisch, Geometrie und das Festungswesen zu studieren. „Allergnädigster Herr und Vater!" begann ein Brief, den er an seinen Vater richtete.

Doch gnädig war der nicht. 1711 verheiratete er Alexej mit der Prinzessin Charlotte von Braunschweig-Wolfenbüttel, um einen Fuß nach Deutschland zu setzen; dass der Sohn das nicht wollte und die entmachtete Oberschicht sie hasste, weil sie eine Protestantin war, interessierte Peter nicht.

Der Zarewitsch kränkelte, Tuberkulose wurde festgestellt, nach Karlsbad fuhr er zur Kur. Dem Zaren musste er als Nichtsnutz erscheinen.

„Du, mein Sohn, verschmähst all die Mittel, die dich nach mir zur Herrschaft tüchtig machen sollen", schrieb ihm Peter 1715, als Alexej 25 war. „Eigensinn nenne ich deine Unfähigkeit, da es dir weder an Verstand noch an Körperkraft gebricht. Vom Militärwesen willst du nicht einmal reden hören. Wem soll ich hinterlassen, was ich geschaffen und erobert habe? Einem, der verschleudert, was Gott ihm verlieh? Obgleich ich dich dafür gescholten und geschlagen habe, so war doch alles umsonst. Du wolltest nichts tun als dich ergötzen." Er gebe dem Sohn noch einige Zeit, sich zu bessern; sollte dies nicht geschehen, so werde er sich von ihm trennen „wie von einem brandigen Glied".

Alexej antwortete: Ja, er bitte darum, die russische Krone nicht tragen zu müssen – „weil ich untüchtig bin, ein Volk zu beherrschen, das keinen so verfaulten Menschen braucht, wie ich es bin". Von der Thronfolge schloss Peter ihn trotzdem erst mehr als zwei Jahre später aus; dann aber hatte Alexej kaum noch fünf Monate zu leben.

Der Zar trat im Jahr nach diesem Briefwechsel wieder eine große Auslandsreise an. Zunächst besuchte er die Könige von Preußen und von Dänemark. In Stettin schaute der vierjährige Kronprinz Friedrich zu ihm auf, der auch einmal „der Große" heißen sollte und als junger König den Zaren bewunderte. Aus Kopenhagen schickte Peter im August 1716 seinem Sohn das Ultimatum: Entscheide dich zwischen der Nachfolge und dem Kloster – und besuche mich unverzüglich in Dänemark!

Alexej aber tat einen Schritt, der an Europas Höfen ungeheures Aufsehen erregte: Er floh nach Wien, er desertierte sozusagen, und bat Kaiser Karl VI., seinen Schwager, um Asyl. Der wollte den Zaren nicht provozieren und quartierte den Zarewitsch erst in Tirol ein, dann in einer Festung bei Neapel, das vier Jahre zuvor österreichisch geworden war.

P Peter, vor der Welt blamiert, strebte vor allem eines an: seines Sohnes wieder habhaft zu werden. 1717 schickte er zwei Unterhändler zu ihm, mit einem Brief, in dem es hieß: Obwohl der Sohn wie ein Verräter gehandelt und seinen Vater gekränkt und beleidigt habe, werde ihn keine Strafe erwarten, falls er nach Russland zurückkehre; andernfalls würde er auf ewig verdammt und als Verräter verfolgt werden. Alexej willigte in die Heimkehr ein, unter der Bedingung, dass er ein ungestörtes Leben in der Nähe Moskaus führen dürfe.

Im Januar 1718 kam der Zarewitsch in Moskau an. Zunächst blieb er straffrei, das war ja versprochen. Nur musste er leider gefoltert werden, wenn er die Namen seiner Komplizen nicht preisgab. Existierte da nicht ein Netz von Verschwörern, die den Umsturz planten, um das alte Russland wieder herzustellen, und die auf Alexej als Verbündeten und den nächsten Zaren setzten?

Wenige Tage nach seiner Heimkehr schloss Peter ihn von der Nachfolge aus und erklärte seinen zweijährigen Sohn Peter Petrowitsch zum Zarewitsch.

»Parade auf dem Schlossplatz« von Grigorij Tschernezow (1839): Das lang gestreckte Gebäude des Generalstabs und der Petersburger Winterpalast (rechts; heute die »Eremitage«) dienen der imperialen Machtinszenierung als Kulisse

Der entstammte Peters zweiter Ehe. 1703 hatte sich der Zar ein litauisches Dienstmädchen zur Mätresse genommen und es 1712 geheiratet. Martha Skawronskaja, später Katharina, gebar ihm acht Kinder, von denen nur zwei Töchter die Eltern überlebten; Peter starb mit vier.

DIE ALTEN ELITEN: ENTMACHTET
Eine förmliche, verabredete Verschwörung gegen den Zaren gab es vermutlich nicht – wohl aber eine verhaltene Wut der gedemütigten Bart- und Würdenträger, eine Hoffnung, der Thronfolger werde ihnen zur alten Macht verhelfen und das meiste wieder tilgen, was Peters rasendem Reformeifer entsprungen war.

„Alles, was er in seiner gloriösen Regierung verändert, wird von den Russen mit Widerwillen und nur aus bloßem Gehorsam angenommen", schrieb F. C. Weber, der Geschäftsträger des Kurfürsten von Hannover in Moskau, im Februar 1718. Die meisten Russen erhofften Peters baldigen Tod und die Rückkehr zu den alten Verhältnissen. „Man weiß, dass Petersburg, Schiffe und Wasser, deutsche Moden und Bartscherer, alle ausländische Sitten und Sprache den meisten ein Gräuel sind. Es wird in diesem Reich alles mal ein Ende mit Schrecken nehmen, weil die Seufzer so vieler Millionen Seelen wider den Zar zum Himmel steigen."

Alexej nannte Namen in seinen Verhören. Ihre Träger aber beschrieb er nicht als Verschwörer, sondern als Sympathisanten – als Männer also, auf deren Unterstützung er rechnete. Peter war über ihre Menge so erbost, dass er sein Versprechen vollends brach und seinen Sohn nun doch anzuklagen befahl.

Am ersten Tag des Prozesses gegen ihn bekam Alexej 25 Schläge mit der Knute, am zweiten nur noch 15, weil sein Gesundheitszustand sich verschlechtert hatte. Unter der Folter gestand er, wohl der Wahrheit zuwider, er habe seinen Vater stürzen wollen.

Seine Mätresse kaufte sich frei mit der Aussage, Alexej habe zu ihr gesagt: „Ich werde die alten Würdenträger wieder in ihre Ämter einsetzen. Ich werde nicht in Sankt Petersburg, sondern in Moskau residieren. Ich werde keine Schiffe bauen und keine Kriege beginnen."

Da zögerte das von Peter eingesetzte Gericht nicht länger und verurteilte den Angeklagten zum Tode. Zwei Tage nach dem Urteil war Alexej tot – vermutlich von Schmerzen und Schwäche zerstört. Doch hält sich auch das Gerücht, man habe ihn auf Weisung Peters mit einem Kissen erstickt.

Die Mäuse begraben den toten Kater. Das satirische Flugblatt erscheint nach dem Tod Peters des Großen Anfang 1725 – und offenbahrt die tiefe Kluft zwischen dem Zaren und den von ihm beherrschten Russen

So oder so: „Peter der Schreckliche" hätte der Zar heißen können, wie – Iwan IV., der 1581 seinen Sohn in einem Wutanfall erschlug. „Er ist mein Vorgänger und mein Vorbild", sagte Peter über Iwan. „Einen Tyrannen können ihn nur Dummköpfe nennen, die die Zeitumstände verkennen und seine Verdienste vergessen."

Iwan der Schreckliche hatte seine Untat schluchzend bereut. Peter, in der Tat, weinte an dem Tag, an dem Alexej gestorben oder ermordet worden war, in der Abendandacht – man wird vermuten dürfen: aus Verzweiflung darüber, dass ein so großartiger Mann wie er mit einem Sohn geschlagen war, der auf der Lauer lag, das Lebenswerk des Vaters zu zerstören. Tags darauf feierte der Zar mit allem Pomp den neunten Jahrestag der Schlacht von Poltawa.

Sechseinhalb Jahre blieben Peter noch bis zu seinem Tod.

1721 setzte er kurzerhand das Oberhaupt der Kirche, den Patriarchen ab, installierte stattdessen einen Heiligen Synod, eine Bischofsversammlung unter der Aufsicht eines Staatsbeamten. Damit war die russisch-orthodoxe Kirche zur Staatskirche geworden.

Im September 1721 endete nach 21 Jahren der Nordische Krieg, der an der Stelle Schwedens Russland zur Großmacht im Norden machte und Sankt Petersburg mit großem Hinterland versah. Beim Dankgottesdienst donnerten die Kanonen aller 125 Schiffe der russischen Flotte, die auf der Newa ankerte. Danach verlieh der Senat dem Zaren die Titel „Vater des Vaterlands, Kaiser von ganz Russland, Peter der Große".

Peter hatte das Zarenreich zu einer Großmacht umgebaut. Das russische Imperium war geboren.

Bei den Feierlichkeiten kündigte der Kaiser an, er wolle die Last erleichtern, die das Volk trage. Es blieb bei den Worten. Die Taten waren wie eh und je: Arbeit! Disziplin! Fabriken, Bergwerke und Eisenhütten bauen, um Russland wirtschaftlich unabhängig, und rüsten, um es unangreifbar zu machen zu Lande und zur See. Aber auch: die Verwaltung modernisieren mithilfe ausländischer Experten. Schulen und Akademien gründen für Schiffbauer, Ingenieure, Ärzte, Artilleristen.

Der Zar führte die lebenslange Wehrpflicht ein; die Soldaten wurden nun direkt vom Staat rekrutiert und besoldet, was Peter ermöglichte, seine 200 000 Mann starke Armee rasch und effizient zu mobilisieren.

Um die enormen Kosten seiner Reformen finanzieren zu können, vereinfachte der Kaiser das Steuersystem: Er ordnete eine Kopfsteuer an, die am leichtesten zu schätzen und einzutreiben war.

Nach schwedischem Vorbild schuf er ein neues, strafferes Verwaltungssystem, strukturierte Zuständigkeiten neu und etablierte Kontrollinstanzen. Seine Beamten rekrutierte er aus einem neuen Dienstadel, dessen Rangstufen auf der jeweiligen persönlichen Leistung im Dienste des Staates basierte. Mit diesem „Verdienstadel" entmachtete Peter die alten Eliten. An die Stelle von Abstammung und sozialem Status trat das Leistungsprinzip.

Auf seine Art war der Zar um das Wohl aller Russen durchaus besorgt – nur dass er allein entschied, worin es zu bestehen habe. Im Nacken musste er den Leuten sitzen, ihre Trägheit und Dummheit durch Dekrete bändigen.

Auch seine engsten Vertrauten hielt er an kurzem Zügel. Wer seinen Befehlen folgte, hatte Angst, ob er sie auch richtig ausführte; wem ausnahmsweise kein Befehl vorlag, der blieb ratlos und meist untätig. Eine Initiative zu ergreifen, fiel niemandem ein.

Ukas: Jedem Russen ist es gestattet, Erze zu fördern, zu schmelzen, zu gießen und zu formen, egal, ob auf eigenem oder fremdem Land, der Boden gehört ohnehin dem Staat.

Ukas: Getreide und Heu werden nicht mehr mit der Sichel geschnitten, wie in Russland üblich, sondern mit der Sense gemäht. Die richtige Sense hat der Zar selbst skizziert. Der Gouverneur von Riga wird beauftragt, sensenkundige Bauern ausfindig zu machen und sie in die Provinzen ausschwärmen zu lassen – Reiserouten, Verpflegung, Bewachung von Peter vorgegeben.

Waren die Dekrete über Erz und Sensen noch geeignet, den Rückstand Russlands gegenüber dem Westen aufzuholen, so verbiss sich der Zar mit manischem Perfektionsdrang auch in die entlegensten Details. Meist stand er morgens um vier auf, um das selbstauferlegte Pensum zu bewältigen. Arbeitern und Soldaten am Kaspischen Meer verbot er, sich im Sommer von neun bis fünf ohne Hut im Freien aufzuhalten.

Den Kerzenziehern schrieb er vor, dass Wachskerzen unten doppelt so dick wie oben und fünfmal so lang wie dick sein müssten, unten gemessen. Den Kadetten der Sankt Petersburger Marine-Akademie drohte er die neunschwänzige Katze an, wenn sie ihre Notdurft an anderen als den dafür vorgesehenen Plätzen verrichteten.

PETER – WEGBEREITER STALINS?

Peter der Große starb im Januar 1725 unter grässlichen Schmerzen an Urämie (Blutvergiftung durch Nierenversagen).

Viele Russen schluchzten, noch mehr atmeten erleichtert auf, die meisten zitterten vor dem Vakuum, das plötzlich herrschte. Peter hatte zwar drei Jahre zuvor ein Statut erlassen, wonach es allein im Willen des regierenden Herrschers lag, seinen Nachfolger zu bestimmen – aber bestimmt hatte er keinen.

So war es der Senat, der seine zweite Frau zur Nachfolgerin ausrief, das litauische Dienstmädchen, dem Peter noch die Zarenkrone aufgesetzt hatte im Jahr vor seinem Tod: Katharina I. sollte sie nun heißen.

Sie starb schon zwei Jahre später, und natürlich erwartete niemand, dass sie die Reformen ihres Mannes widerrufen hätte. Aber auch alle folgenden Zarinnen und Zaren beriefen sich auf Peter den Großen und nutzten sein Reformwerk so, wie sie es brauchen konnten; nie gab es eine ausdrückliche Abkehr von ihm.

Josef Stalin nahm sich den Zaren sogar wieder öffentlich zum Vorbild, und möglicherweise hätte das Sowjetsystem sich nicht 70 Jahre lang behaupten können, hätte er nicht das Modell von Peters zentral gesteuertem Beamtenstaat und der totalen Passivität des Volkes vorgefunden.

Unstreitig ist Peter der Große eine Zentralfigur der russischen Geschichte, unstreitig war er ein Beweger fast ohnegleichen, ein Berserker des Verändernwollens um jeden Preis, wie später Marx es predigte und Lenin es zu tun versuchte. Nimmt man Peters Körpergröße hinzu, seine zwanghafte Hypermotorik, sein phänomenales handwerkliches Können, so steht er vor uns als ein Unikum der Schöpfung. Und seine Grausamkeiten erscheinen, wenn man die Umstände von Zeit und Ort bedenkt, in milderem Licht.

In allen anderen Punkten waren die Meinungen vom Tage seines Todes an geteilt und sind es bis heute.

Hätte Russland ohne Peter 200 Jahre länger gebraucht, zum Westen aufzuschließen (der eine russische Historiker), oder gar 600 Jahre (der andere), oder hat der Zar (der dritte) Russland gar zurückgeworfen um anderthalb Jahrhunderte? War Peter „gottähnlich" (Michail Lomonossow 1755) oder war er der entscheidende Wegbereiter des Stalinismus (Jewgenij Anisimow 1989)?

Vielleicht kam der russische Philosoph Pjotr Kowalewskij in einer Studie von 1992 der Wahrheit am nächsten. „Wir könnten immerdar von Peters Größe schwärmen", schrieb er, „und doch die Fülle, den Glanz, den Wert seiner Leistungen nur unvollständig aufzeigen. Aber indem er schuf, zerstörte er. Allen, mit denen er zu tun hatte, fügte er Schmerzen zu. Er störte die Sicherheit, den Frieden, den Wohlstand, die Kraft, das Wohlergehen, die Rechte und die Würde aller, auf die er traf. Er machte das Leben unerfreulich für jedermann. Er verletzte intellektuelle, politische, soziale, finanzielle, familiäre und moralische Interessen. Kann man einen solchen Staatsmann lieben? Man kann es nicht. Solche Männer werden gehasst."

Große Männer sind immer anstrengend. Die auch noch „der Große" heißen, waren fürchterlich.

Exzessiv gelebt und regiert: Zar Peter I. stirbt im Alter von 52 Jahren an Nierenversagen

Osmanen gegen Habsburger *um 1700*

Duell

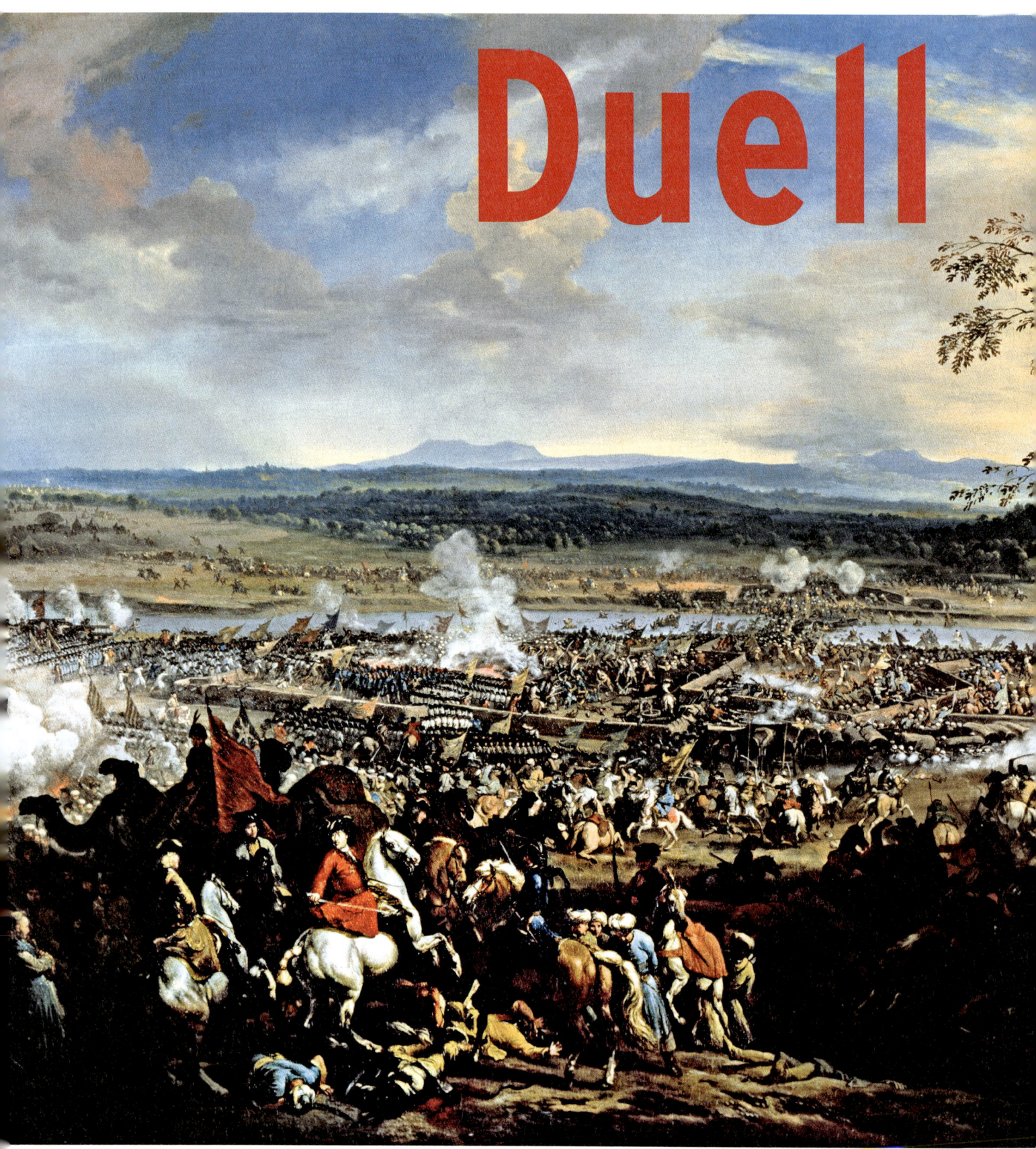

an der Donau

150 Jahre lang ringen Osmanen und Habsburger miteinander. Immer wieder ziehen die Sultane nach Norden, immer wieder schlagen die Österreicher zurück. Dann, im März 1683, rüstet Mehmed IV. erneut gegen den Erzfeind. Das christliche Abendland ist zerstritten, Kaiser Leopold I. muss an mehreren Fronten kämpfen. Die Gelegenheit scheint günstig, Wien endlich zu erobern – und damit ein Einfallstor nach Mitteleuropa zu öffnen

—— Text: OLIVER FISCHER

Gegen alle taktischen Regeln wirft der habsburgische Oberbefehlshaber Prinz Eugen (links im Vordergrund) seine erschöpften Soldaten im Spätsommer 1697 bei Zenta an der Theiß gegen die osmanischen Truppen – und siegt. Der Franzose in Diensten des Kaisers wird zur entscheidenden Figur der 35 Jahre andauernden »Türkenkriege« (Gemälde von Jan van Huchtenburgh, 1712)

Sechs Stunden sind nicht viel Zeit, wenn es darum geht, einen nicht enden wollenden Krieg zu gewinnen. Prinz Eugen von Savoyen, Oberbefehlshaber der habsburgischen Armee in Ungarn, hat eben einen Gefangenen verhört, einen hohen Offizier der Osmanen – und ihn vor die Wahl gestellt: sofort geköpft zu werden oder zu verraten, wo genau sich die Armee des Sultans in diesem Moment aufhält.

Der Mann zögert. Eugen befiehlt seinen Soldaten, ihre Schwerter zu ziehen. Da bricht es aus dem Gefangenen heraus: Die Truppen seien gerade dabei, in der Nähe der kleinen Stadt Zenta über den Fluss Theiß überzusetzen. Der Sultan, die schwere Artillerie und mehrere Tausend Reiter seien schon am Ostufer angekommen, doch der größte Teil der Infanterie warte noch am westlichen Ufer.

Die 80 000-Mann-Armee der Osmanen ist also geteilt: ideale Gelegenheit für einen Angriff der Habsburger.

Eugen prescht mit seinen Husarenreitern sofort los durch die ungarische Steppe in Richtung der Osmanen. Es ist

Mehmed IV.

Durch die Eroberung Wiens hofft der schwache Herrscher ähnlich ruhmreich zu werden wie sein Urahn Mehmed II., der 1453 Konstantinopel für die Osmanen einnahm

der 11. September 1697, gegen zwölf Uhr mittags. Noch gut sechs Stunden, bis die Sonne untergeht, bis die Dunkelheit hereinbricht und einen Kampf unmöglich macht – nicht jedoch das endgültige Überschreiten des Flusses durch alle Truppen des Feindes. Noch gut sechs Stunden also, um eine Schlacht zu führen – und ein Ringen zweier Reiche vielleicht endgültig zu entscheiden, das seit mehr als 150 Jahren andauert.

Osmanen gegen Habsburger: Das sind zwei Gegner, die sich in einem erbitterten Kampf ineinander verbissen haben. Es ist ein Kampf um die Macht über Mitteleuropa und auch ein Kampf zweier Religionen: Die katholischen Habsburger-Kaiser, die vom Papst gekrönt werden, gegen die osmanischen Sultane, die den Titel „Hüter der heiligen Stätten von Mekka und Medina" tragen und zugleich das Amt des Kalifen ausüben, des Oberhaupts aller Muslime.

Und es ist ein Kampf um die Nachfolge der römischen Cäsaren: Die Osmanen fühlen sich als deren rechtmäßige Erben, seit sie 1453 Konstantinopel erobert haben, die alte Hauptstadt Ostroms. Dass die Habsburger den Titel eines „Kaisers des Heiligen Römischen Reiches deutscher Nation" für sich rekla-

Leopold I.

Der Kaiser des Heiligen Römischen Reiches deutscher Nation muss sein Land gegen zwei Feinde verteidigen: den osmanischen Sultan und den französischen König

1683
Kampf um Wien

Nur 11 000 bewaffnete Männer verteidigen die Stadt gegen eine 20-fach überlegene Belagerungsarmee. Doch die Osmanen triumphieren zu früh: Eine christliche Koalition befreit die Habsburger-Metropole

mieren, empfinden die Osmanen als unverschämte Anmaßung. Stolz nennen sie sich Herrscher von „Rumelia", dem Land der Römer.

Auch Süleyman I. führt diesen Titel und sieht ihn als Aufforderung, sein Reich weiter auszudehnen. Ab 1521 stößt er nach Ungarn vor, das die Habsburger ebenfalls für sich beanspruchen. Bald darauf beginnen offene Kämpfe zwischen den beiden Dynastien. Acht Jahre später dringt Süleyman bis nach Wien vor und belagert die Stadt knapp einen Monat lang, ehe er nach Dauerregen und Schneefall aufgeben muss.

Immerhin bringt er in den Jahren darauf einen großen Teil Ungarns unter seine Kontrolle. Das Zentrum des Landes gliedert er in sein Reich ein, im Osten, dem Fürstentum Siebenbürgen, regiert ein Vasall der Osmanen. Nur einen kleineren Streifen im Norden und Westen halten noch die Habsburger. Die beiden Reiche grenzen nun direkt aneinander, das Imperium der Osmanen rückt bis auf gut 150 Kilometer an Wien heran.

Schauplatz all der Schlachten, Scharmützel und Belagerungen, zu denen es nun mehrere Generationen lang kommt, ist meist das weite Marschland Ungarns. Ungewöhnlich grausam wird der Krieg hier geführt: Soldaten auf beiden Seiten häuten und pfählen ihre Gefangenen lebend, vergewaltigen sie oder verkaufen sie als Sklaven. Zehntausende Tote, zerhackt von den Säbeln der osmanischen Soldaten, zerfetzt von den Geschosshageln der Österreicher.

1686
Schlacht um Buda

Nach der erfolgreichen Verteidigung Wiens drängen die Österreicher die Osmanen zurück und erobern Ungarns Hauptstadt, die dem Sultan untersteht. Zu den Offizieren, die Buda einnehmen, gehört auch Eugen von Savoyen (auf dem linken Schimmel)

Selbst wenn mal Friede herrscht, dringen osmanische Reiter auf habsburgisches Gebiet vor, brennen Dörfer nieder, verschleppen Einwohner. Überfallen christliche Freischärler Siedlungen auf osmanischem Territorium. Nie herrscht wirklich Ruhe. 150 Jahre lang.

Edirne, im März 1683: Vor den Mauern der alten osmanischen Hauptstadt laufen viele Menschen zusammen, um zu verfolgen, wie die Armee ihres Sultans erneut gegen die Habsburger ins Feld zieht. Es ist ein prachtvolles Spektakel, das mehrere Stunden andauert: Ganz vorn marschieren die Janitscharen, die im Westen gefürchteten Elite-Infanteristen; am Ende folgen die Sipahi, die vielen Tausend Reiter der Kavallerie, die in vollem Galopp ihre Pfeile mit vernichtender Präzision abfeuern können. Dazwischen Kamele, auf deren Rücken leichte Geschütze und Musketen schaukeln. Ochsen, die die schweren Belagerungskanonen ziehen. Ein großer Tross von Handwerkern. Und in 100 Kutschen der Harem des Sultans.

Dann der Herrscher selbst, Sultan Mehmed IV., auf einem Pferd, weiß wie Milch. Um ihn herum Pagen mit Kappen aus Gold und mit Gürteln, an denen Juwelen blinken. Der Sultan und sein Großwesir sind die Einzigen in dieser Prozession, die bereits wissen, wohin der Feldzug führen soll: nach Wien, in die Hauptstadt der Habsburger-Kaiser.

Mehmed ist Anfang 40, ein fülliger, melancholischer Mann, der nach der Ermordung seines Vaters mit sieben Jahren Sultan wurde. Seine Tage verbringt er am liebsten bei der Jagd, abends liest er Bücher über die Taten seiner Ahnen.

Die berühmten Vorfahren sind womöglich ein Grund dafür, dass er einen ohnehin brüchigen Waffenstillstand mit den Habsburgern missachtet und nun auf Wien marschiert: Zu verlockend ist der Traum, ein siegreicher Feldherr zu werden wie sein Onkel Murad IV., der Eroberer von Bagdad. Oder Weltgeschichte zu schreiben wie Mehmed II., der einst Konstantinopel eingenommen hat.

Ihm eiferte Mehmed IV. bereits elf Jahre zuvor nach, als er eine polnische

Stadt erstürmte und die Kathedrale in eine Moschee umwandeln ließ – genauso hatte es der große Ahnherr 1453 mit der Hagia Sophia gemacht.

Wichtigster Ratgeber des Sultans ist sein Hofprediger Vani Mehmed Efendi, ein charismatischer Streiter für eine Erneuerung des Islams. In seinen Schriften ruft Vani zum Heiligen Krieg gegen die Ungläubigen im Westen auf. Mit Sicherheit wird er den Sultan in seinem Entschluss zu einem neuen Krieg gegen die Habsburger bestärkt haben; vielleicht geht die Idee sogar auf ihn zurück. Als Feldprediger zieht Vani Mehmed Efendi nun mit in den Kampf.

Kara Mustafa, der als Großwesir die Regierungsgeschäfte für den Sultan führt, hat ganz eigene Gründe für den Angriff auf die Habsburger-Metropole: Als habgierig und gewalttätig beschreiben ihn fast alle zeitgenössischen Chronisten. Schon seit Jahren, so heißt es, könne er es kaum erwarten, Wien und andere reiche Städte Europas zu plündern. Mustafa ist Mitglied des Clans der Köprülü, der seit Jahrzehnten die Großwesire stellt. Der Feldzug gegen Österreich ist für ihn eine Chance zu beweisen, dass er zu Recht zu dem berühmten Clan gehört.

1697
Attacke bei Zenta

Trotz ihrer Niederlagen kämpfen die Osmanen weiter. 80 000 Soldaten überqueren am 11. September 1697 einen Fluss nahe dem ungarischen Zenta, um Siebenbürgen anzugreifen. Doch eine erschöpfte, zahlenmäßig unterlegene habsburgische Armee hält sie auf

Der Zeitpunkt für einen Krieg ist so günstig wie lange nicht mehr: Das christliche Europa steht alles andere als geeint gegen das muslimische Heer, das nun über den Balkan Richtung Nordwesten zieht. Frankreichs König Ludwig XIV. etwa denkt nicht daran, Kaiser Leopold I. zu helfen, seinem katholischen Glaubensbruder in Wien.

Seit Langem schon versucht Ludwig, die Grenzen seines Landes bis zum Rhein auszudehnen. Lothringen und das Elsass hat er bereits besetzt, bedroht damit die Habsburger von Westen her. Ein Angriff der Osmanen, so hofft er, wird die Österreicher auch an ihrer Ostgrenze unter Druck setzen. Über seinen Botschafter in Istanbul hat er dem Großwesir deshalb Unterstützung signalisiert.

Auch protestantische Staaten wie die Niederlande oder England stehen gegen die Habsburger. Denn Leopold I., ein frommer Mann, lässt im habsburgischen Teil Ungarns Lutheraner und Calvinisten verfolgen. Protestantische Aufständische kämpfen dort seit Jahren gegen die Unterdrücker – und werden von den Osmanen mit Truppen unterstützt.

Kaiser Leopold, der Entscheidungen nur nach langem Zögern und vielen Gebeten trifft, weiß nicht, wie auf die doppelte Bedrohung am besten zu reagieren ist. Soll er seine Truppen im Westen

Prinz Eugen

Der französische Adelige kennt den Krieg nur aus Büchern, als er 1683 während der Belagerung von Wien in die österreichische Armee eintritt. Nach wenigen Jahren ist er General

gegen den Franzosenkönig konzentrieren, dessen Expansionslust gut bekannt ist? Oder lieber gegen die näher rückenden Osmanen schicken, deren Absichten niemand genau einschätzen kann?

Weder der Kaiser noch seine Berater ahnen, welches Ziel der gewaltige Aufmarsch aus dem Osten hat. Vielleicht, so vermuten sie, wollen die Osmanen nur ein paar Grenzfestungen erobern.

Der Kaiser bittet die deutschen Fürsten, ihn mit Soldaten zu unterstützen. Doch allein die Herren von Bayern und Sachsen sind dazu bereit. Der mächtige Brandenburger Kurfürst Friedrich Wilhelm dagegen, ein Calvinist und Verbündeter von Ludwig XIV., lehnt ab.

Immerhin gelingt es Leopold, einen Beistandspakt mit Polens König abzuschließen, denn dessen Land ist vor einigen Jahren ebenfalls von Mehmed IV. angegriffen worden.

Habsburgs zuverlässigster Helfer ist der Papst: Innozenz XI., der seit Langem einen Kreuzzug plant, schenkt dem chronisch klammen Kaiser große Summen für den Kampf gegen die Muslime.

ANFANG MAI ERREICHT die Armee des Sultans nach wochenlangem Marsch über aufgeweichte Wege im Dauerregen die Festung Belgrad. Im Feldlager vor der Stadt übergibt der Sultan seinem Großwesir bei einer Parade das heilige Banner (gefertigt aus Überresten einer Standarte, die dem Propheten Mohammed gehört haben soll).

Mit dieser Zeremonie übernimmt Kara Mustafa das Kommando, führt die Armee nun allein weiter Richtung Wien. Sultan Mehmed, der das eigentliche Kriegsgeschäft anderen überlässt, bleibt in Belgrad und wartet auf den Sieg, der ihm ewigen Ruhm bringen soll.

Knapp sechs Wochen später sind die Truppen nur noch 80 Kilometer von der habsburgischen Grenze entfernt. Erst jetzt verrät Kara Mustafa seinen Kommandeuren das Ziel des Feldzugs.

Am selben Tag treffen mehrere Zehntausend Reiterkrieger im Lager ein: Tataren von der Krim. Diese Vasallen der Osmanen sind berüchtigt für die gespenstische Schnelligkeit, mit der sie ihre Gegner vernichten.

Mit insgesamt gut 200 000 Mann stößt Kara Mustafa im Juli auf habsburgisches Gebiet vor. Wie ein apokalyptisches Zeichen schwebt über ihnen eine gewaltige Wolke aus rotem Staub, aufgewirbelt von den Hufen der Pferde und den Schritten der Soldaten.

Auch Herzog Karl von Lothringen, der Oberbefehlshaber der Österreicher, bemerkt diese von Osten heranrückende Wolke, als er am Morgen des 7. Juli südlich von Bratislava einen Erkundungsritt unternimmt. Beunruhigt registriert er außerdem Rauchsäulen, die im Westen über dem Land aufsteigen: Dort sind bereits Tataren unterwegs, stecken Dörfer und Klöster in Brand.

Karl von Lothringen befehligt nur etwa 33 000 Mann – zu wenig, um die Feinde zu stellen. Er setzt mit seinen Truppen bei Nacht vorsichtig auf die Nordseite der Donau über und zieht sich in Richtung Wien zurück.

Ihm eilt Graf Rüdiger von Starhemberg voraus, 45 Jahre alt, ein erfahrener Soldat aus den Franzosenkriegen. Als Stadtkommandant soll er mit nur 6000 Mann Infanterie die Residenz des habsburgischen Reiches verteidigen. (Karl von Lothringen dagegen wird sich in den Wochen darauf mit einem Großteil des Heeres am Nordufer der Donau aufhalten und auf Verstärkung durch die polnischen Verbündeten warten.)

Als Graf Starhemberg am nächsten Tag in der Stadt eintrifft, ist der Kaiser bereits mit seiner Familie nach Linz geflohen. Nichts ist für die Verteidigung vorbereitet. Besonders die Palisaden auf dem Erdwall vor der Stadt sind in einem verheerenden Zustand: Viele Pfähle sind umgestürzt und angefault. Hektisch hämmern die Einwohner neue Pfosten in die Erde. Ein Zaun aus Holz gegen die größte osmanische Armee, die je nach Mitteleuropa vorgedrungen ist.

tarhemberg hat 11 000 Männer unter seinem Befehl: Infanteristen und Angehörige der Bürgerwehr. Als die Osmanen die Stadt am 14. Juli einschließen, kommen auf jeden Verteidiger fast 20 Angreifer.

Die Belagerer graben sofort Laufgänge, zunächst in die Gärten der Vorstadt, dann in den Wall vor den Palisaden. Nach nur zwei Tagen stehen sie dicht vor dem Zaun. Tagelang stürmen nun immer wieder Janitscharen aus den Gräben, klettern die steile Böschung hoch, wollen den Zaun überrennen. Doch dahinter lauern

Mustafa II.

Als der Sultan 1695 an die Macht kommt, gelobt er, alle zuvor verlorenen Gebiete zurückzuerobern. Doch bei Zenta muss er die Niederlage seiner Armee mitansehen

österreichische Infanteristen und feuern unablässig mit ihren Musketen.

Nach hohen Verlusten beginnen die Osmanen, Stollen unter den Erdwall zu treiben, die sie mit Sprengstoff füllen und in die Luft jagen; das Anlegen von Sprengminen ist eine Militärdisziplin, die sie seit Langem perfekt beherrschen.

Sobald jedoch ein Stück Wall und Zaun explodiert ist, rücken hinter den Trümmern Hunderte Habsburger vor, schleudern Granaten in die Reihen der Angreifer. Getöteten Feinden schneiden sie die Köpfe ab, spießen sie zur Abschreckung auf die Spitzen der Holzpfosten.

So hoch die Verluste der Angreifer aber auch sind – kurz darauf stehen neue Männer an der Front, nachgerückt aus einem scheinbar unerschöpflichen Reservoir an Soldaten.

Vani Mehmed Efendi, der Hofprediger des Sultans, eilt immer wieder durch die Laufgräben und feuert die Truppen im Namen Allahs an. Doch auch nach drei Wochen haben die Osmanen das erste Hindernis noch nicht überrannt. Sie schütten nun Erdhaufen auf, die höher sind als der Wall, feuern von oben auf die Musketiere hinter dem Zaun.

Am 25. Tag der Belagerung gelingt es den Janitscharen endlich, die Palisaden zu überwinden und bis zum Graben vor der Stadtmauer vorzustoßen. Pausenlos lässt Kara Mustafa seine Artilleristen gegen die Mauer schießen, unterbrochen nur für die kurzen Momente, wenn einer der Stollen explodiert, die die Osmanen nun in Richtung der Bastionen graben, vorgelagerten Verteidigungsstellungen.

In der belagerten Stadt bricht die Ruhr aus. Lebensmittel werden knapp, die Menschen essen Ratten und Katzen.

„Wien leidet aufs Äußerste", schreibt Kaiser Leopold, der inzwischen knapp 200 Kilometer entfernt im sicheren Passau residiert. Dort erscheint im August ein verarmter französischer Adeliger: Prinz Eugen von Savoyen, 19 Jahre alt.

Dessen Familie ist am Hof des Sonnenkönigs in Ungnade gefallen, nun will Prinz Eugen aufseiten der Österreicher in den Kampf gegen die Osmanen ziehen. Erfahrung hat er keine, er kennt den Krieg nur aus Büchern. Leopold nimmt ihn dennoch in seine Armee auf – vielleicht, weil es ihm gefällt, dass der Prinz mit seinem großen Feind Ludwig XIV. gebrochen hat.

Ende des Monats meldet Eugen sich bei Karl von Lothringen. Der steht mit seinen Regimentern nach wie vor in der Nähe von Wien, wartet dringend auf den polnischen König, dessen Soldaten nur noch wenige Tagesmärsche entfernt sind.

Kara Mustafa weiß dank Spähtrupps der Tataren, dass ein Entsatzheer heranrückt. Doch er sichert sein Feldlager nicht gegen einen Angriff, besetzt auch nicht die Pässe auf dem Wienerwald, einem Höhenzug nordwestlich der Stadt – wohl aus Geringschätzung für seine Feinde, die er für schwach und feige hält.

FÜNF SCHÜSSE HALLEN am Morgen des 12. September 1683 über die Höhen des Wienerwalds. Es ist das Signal des Aufbruchs für die vereinten Heere der christlichen Mächte: 24 000 Polen, 21 000 Habsburger, 11 000 Bayern, 10 000 Sachsen sowie 10 000 Schwaben und Franken ziehen langsam die steilen, dicht bewaldeten Hänge hinunter.

Habsburger und Sachsen marschieren unter Führung Karls von Lothringen am linken Flügel und stoßen als Erste auf den Feind. Auch Prinz Eugen zieht in diesem Teil der Truppen mit – und erlebt das erste Gefecht seines Lebens.

Die polnischen Truppen, die am rechten Flügel einen besonders mühsamen Abstieg durch Schluchten und unzählige Flüsse und Bäche vor sich haben, erreichen erst Stunden später die Ebene.

Am Nachmittag drängen die christlichen Truppen immer stärker gegen die

Reihen der Osmanen, beschießen Kara Mustafas Kommandostand. Als der Großwesir den symbolträchtigen Platz verlässt, geraten seine Soldaten in Panik, viele fliehen Richtung Süden. Gegen 18 Uhr befiehlt der polnische König seinen Kavalleristen einen neuen Angriff. Und die entmutigten Osmanen beginnen nun, in Massen zu fliehen.

Nach nur wenigen Stunden ist der Kampf um Wien entschieden. Kara Mustafa galoppiert noch zu seinem Zelt, rettet das heilige Banner, dann flüchtet auch er mit dem Rest der Truppen Richtung Ungarn. Mehr als 10000 seiner Soldaten bleiben tot zurück.

Als Sultan Mehmed IV. in Belgrad die Nachricht erhält, reist er entsetzt zurück nach Edirne. Dort gibt er Befehl, die Schuldigen zu bestrafen: Seine Boten lassen sich am 25. Dezember bei Kara Mustafa melden, fordern von ihm das Banner des Propheten, das Siegel des Sultans und andere Insignien zurück. Dann erdrosseln sie ihn mit einer Seidenschnur, sein Kopf wird am Palasttor ausgestellt. Vani Mehmed Efendi, der Prediger des Krieges, wird vom Hofe verbannt.

Doch die Bestrafung der beiden Männer verhindert nicht, dass mit dem Desaster von Wien eine beispiellose Reihe von Niederlagen beginnt: Schon im Herbst haben die Osmanen die strategisch wichtige Donaufestung Esztergom verloren. Drei Jahre später erobern die Österreicher und ihre Verbündeten Buda, die Hauptstadt Ungarns, nach harten Gefechten Mann gegen Mann, bei denen auch Prinz Eugen mitkämpft.

Buda war fast 150 Jahre im Besitz der Sultane, der Verlust der Stadt ist für sie ein Schock, schwerer noch als die Niederlage vor Wien: Der Besitz Budas symbolisierte ihren Anspruch auf Ungarn.

Die Osmanen leiden vor allem unter der neuen Einigkeit ihrer Gegner. Denn Papst Innozenz XI., der noch immer auf einen Kreuzzug drängt, hat Habsburger, Venezianer und Polen im Frühjahr 1684 nach langen Verhandlungen dazu gebracht, sich zu einer „Heiligen Liga" zusammenzuschließen; zwei Jahre später tritt auch Russland dem Bündnis bei.

Die vier Mächte verpflichten sich, ihre muslimischen Feinde niederzuringen und keinesfalls separate Friedensverträge mit ihnen zu unterzeichnen. Der Kampf gegen die Türken wird nun zur gemeinsamen Sache mehrerer Staaten.

Und dann schließt Leopold auch noch einen Waffenstillstand mit Frankreich. Während sich der Sultan gegen eine Vielzahl von Gegnern wehren muss, kann sich der Kaiser ganz auf den Kampf gegen die Osmanen konzentrieren.

Die Heilige Liga rückt nun an etlichen Fronten gegen Mehmed IV. vor. In Ungarn attackieren weiter die Habsburger. In der Ägäis, auf dem Peloponnes und in Dalmatien greifen die Venezianer an, die seit Langem mit Istanbul um die Macht im östlichen Mittelmeer streiten. Von Norden bedrängen die Polen den osmanischen Vasallenstaat Moldawien.

Und die Verbündeten des Sultans auf der Krim, die Tataren, müssen nun Angriffe Russlands auf ihr Gebiet fürchten. Nur selten noch können sie die Feldzüge der Osmanen mit ihren Reitern unterstützen. Ein schwerer Verlust für Istanbul, denn die Tataren haben meist zwischen 40000 und 100000 Mann gestellt.

Auch aus dem Heiligen Römischen Reich bekommt Kaiser Leopold jetzt Unterstützung: Der Kurfürst von Brandenburg hat mit Ludwig XIV. gebrochen, weil der Sonnenkönig die Religionsfreiheit für Protestanten aufgehoben hat. Nun hilft Friedrich Wilhelm den Habsburgern mit Truppen (ohne die perfekt gedrillten brandenburgischen Infanteristen wäre die Eroberung Budas 1686 wohl kaum geglückt).

1687 besiegt ein Heer unter Führung Karl von Lothringens die Osmanen in der Nähe der kleinen Stadt Mohacs.

Die Nachricht von diesem Triumph lässt den in Spanien weilenden Prinz Eugen nach Wien zurückkehren. Er ist inzwischen zum Generalfeldwachtmeister befördert worden und damit, mit nur 23 Jahren, Mitglied der Generalität.

Bei den Janitscharen ist nach dieser erneuten Demütigung die Wut und Enttäuschung so groß, dass sie das eigentlich Unerhörte wagen: Sie ziehen nach Istan-

1716
Gefecht bei Peterwardein

Geflügelte Boten mit Siegerkränzen schweben auf Prinz Eugen hinab: Beim Kampf um die Donaufestung, fast 20 Jahre nach dem Sieg von Zenta, reiben seine Truppen die Osmanen auf, nur ein Drittel kann sich nach Belgrad retten (Gemälde von Jan van Huchtenburgh, 1716)

Osmanen gegen Habsburger *um 1700*

bul, erzwingen zunächst den Rücktritt des glücklosen Großwesirs, fordern dann den Sturz von Sultan Mehmed. Bei einer Versammlung in der Hagia Sophia erklären die höchsten Führer aus Militär, Verwaltung und Geistlichkeit den Herrscher für abgesetzt. Auf eine ähnliche Weise hatte bereits Mehmeds Vater Ibrahim 1648 erst sein Amt, dann sein Leben verloren.

Zumindest das bleibt seinem Sohn erspart: Mehmed IV., der ein großer Feldherr und kühner Eroberer sein wollte, verbringt den Rest seines Lebens als Gefangener in Palästen.

Zum Nachfolger erklären die Würdenträger in der Hagia Sophia Mehmeds jüngeren Bruder Süleyman. Der regiert gerade mal ein Jahr, als die Habsburger und deren bayerische Verbündete die Festung Belgrad angreifen.

Bei den heftigen Kämpfen trifft Prinz Eugen eine Musketenkugel ins Bein; Monate wird er brauchen, um sich von dieser Verletzung zu erholen. Doch die christliche Armee schafft es nach langem Beschuss, das Bollwerk zu stürmen.

Ein weiterer verheerender Verlust für die Osmanen: Wer Belgrad besitzt, kontrolliert den Zugang nach Mitteleuropa.

NACH UND NACH entgleitet den Osmanen die Macht über die Länder an der Donau. Immer schneller wechseln die Großwesire, doch keinem gelingt es, die Niederlagen zu stoppen: Von 15 großen Schlachten in den Jahren nach 1683 verlieren die Osmanen zwölf.

Ihre Art, Krieg zu führen, ist inzwischen veraltet. Zwar stürzen sich die Soldaten nach wie vor voller Wagemut in den Kampf, ihre Musketen sind tödlicher als die der Europäer, die Ausrüstung und Versorgung mit Nachschub sind nach wie vor perfekt organisiert. Doch auf dem Schlachtfeld sind die osmanischen Truppen kaum zu steuern – es gibt keine klare Kommandostruktur. Der Oberkommandeur kann nur das Ziel vorgeben, dann stürmen die Männer los.

Die europäischen Feldherren dagegen haben seit dem Dreißigjährigen Krieg neue Taktiken entwickelt: Ihre Truppen lenken sie durch Befehlsketten, die von den Offizieren über die Korporäle bis zu den einfachen Soldaten reichen.

1717
Angriff auf Belgrad

Zwei Monate lang belagert Prinz Eugen (vorn) die Festung von Belgrad (im Hintergrund), seine Soldaten sterben durch feindliche Kugeln und Malaria. Dann nimmt der General auch diese osmanische Bastion ein

Der Oberbefehlshaber kann so jedes Regiment auf dem Schlachtfeld innerhalb von Minuten dazu bringen, seine Richtung zu ändern. Kann mit langen Täuschungsmanövern den Feind verwirren oder, sobald er eine Schwäche in der gegnerischen Front sieht, seine Truppen schnell hineinstoßen lassen.

Für die westlichen Generäle ist der Krieg wie ein Schachspiel. Ihre Soldaten gehorchen, solange sie bezahlt werden. Die osmanischen Krieger dagegen, vor allem die Janitscharen, sind ruhmeshungrige Helden, wollen sich durch Tapferkeit und große Taten auszeichnen. Im Kampf Mann gegen Mann sind sie ihren Feinden deutlich überlegen.

Doch diese Stärke können sie oft nicht ausspielen, denn die Habsburger haben eine neue Taktik ersonnen: Sie lassen ihre – leicht lenkbaren – Infanteristen in dichten Reihen langsam vorrücken, dabei unablässig auf die Gegner feuern. So gelingt es ihnen oft, die Osmanen auf Distanz zu halten und den heiklen Nahkampf zu vermeiden.

Dennoch ist das Imperium des Sultans nach wie vor ein gefährlicher Gegner. Das zeigt sich, als Ludwig XIV. 1688 den Waffenstillstand mit Wien bricht und in die Pfalz einmarschiert – unter dem Vorwand, er müsse dort Erbansprüche seiner deutschen Schwägerin verteidigen. Leopold I. muss abermals an zwei Fronten Krieg führen, zieht Truppen aus Ungarn ab und schickt sie an den Rhein. Die Osmanen nutzen diese Schwäche; zwei Jahre später erobern sie Belgrad und drei weitere Festungen zurück.

Im Februar 1695 kommt in Konstantinopel nach dem Tod des Sultans ein neuer Herrscher an die Macht: Mustafa II., ein kluger, energischer Mann, der sich mit dem Niedergang seines Reiches nicht abfinden will. Noch im selben Monat gewinnen die Osmanen zwei Seeschlachten gegen die Venezianer.

Im Sommer marschiert Mustafa im Süden Ungarns ein und vernichtet ein feindliches Korps von 8000 Mann. Im folgenden Jahr verteidigt er seine Eroberungen, drängt eine Armee der Österreicher und Sachsen ab. Und zieht im Sommer 1697 erneut mit einem gewaltigen Heer die Donau hinauf.

Niemand weiß, welche Absichten er diesmal hat. Auf einmal scheint wieder alles möglich im endlosen Kampf der Osmanen gegen die Habsburger.

Habsburgerreich *1740*

Die
ERSTE

Weil Kaiser Karl VI. keine männlichen Nachkommen zeugt, wird 1740 erstmals eine Frau Oberhaupt der Habsburger-Dynastie: Karls älteste Tochter Maria Theresia. Anfangs als »Weiberregentin« verlacht, behauptet sich die Herrscherin in äußerst kriegerischen Zeiten. Geschickt verbündet sie sich mit dem alten Erzfeind Frankreich – gegen ein neuen, gefährlichen Gegner

Text: OLAF MISCHER und BERTRAM WEISS

und die
EINZIGE

Erst durch diese Attacke wird Prinz Eugen auf die Sandbank aufmerksam; er befiehlt, sie augenblicklich zu besetzen. Hunderte Infanteristen klettern die Böschung herunter, waten ein paar Meter durch das knietiefe Wasser. Artilleristen schieben ihre Kanonen durch den feuchten Sand. Noch ehe die Osmanen reagieren können, ist die Sandbank voller Habsburger – die nun plötzlich auch von hinten auf sie feuern.

Ein Schock für den Großwesir. Von allen Seiten bedrängt, befiehlt er jenem Teil der Kavallerie, der längst ans Ostufer übergesetzt hatte, zurückzukehren. Doch auf der Brücke drängt sich ihnen die von den Habsburgern eben zurückgeschlagene Reiterei entgegen. Die Kavalleristen kommen nicht voran, müssen absteigen, schlagen sich ohne ihre Pferde ans Westufer durch. Chaos auf der Brücke, während links und rechts die Kanonenkugeln der Habsburger das Wasser peitschen.

Eugens Krieger sind wie berauscht vom Verlauf der Schlacht. Die Infanteristen rennen gegen die Stellungen der Gegner an, kämpfen sich durch die Gräben, stürmen die Erdwälle hinauf. Dort versuchen die Verteidiger, sie zurückzudrängen. Doch die christlichen Soldaten machen sie mit ihren Bajonetten, Musketen und Degen nieder. Tote Osmanen füllen bald die Gräben, habsburgische Kavalleristen reiten über sie hinweg.

Während es langsam dunkel wird, fliehen immer mehr Osmanen in Panik zur Brücke. Aber Eugens Truppen sind bereits weit in ihre Lager vorgedrungen, versperren ihnen den Weg. Mehr als 10 000 Kämpfer des Sultans versuchen verzweifelt, ans andere Ufer der Theiß zu schwimmen, doch die meisten ertrinken.

An Land betteln hohe Offiziere der Osmanen um ihr Leben, doch ohne Erbarmen metzeln die Habsburger-Krieger Tausende nieder.

Als am nächsten Morgen die Sonne aufgeht, schreiten die Sieger durch eine Landschaft des Todes. Auf den Wällen, in den Gräben, unter umgestürzten Wagen: überall Leichen, zerfetzt, aufgeschlitzt, zerschossen. Im Wasser stauen sich vor der Brücke die Körper der Ertrunkenen so sehr, dass sie die Pontons nach oben drücken.

Unter den Toten entdecken die Habsburger den Großwesir, der noch das Siegel des Sultans um den Hals trägt – ein Symbol der Macht, das nie zuvor in der Geschichte des Osmanischen Reiches von Feinden erbeutet worden ist.

Der Sultan selbst hat vom anderen Ufer aus den Untergang seiner Armee beobachtet, ist dann bei Nacht verkleidet Richtung Osten geflohen. Er wird nie wieder in einen Krieg ziehen. 1703 rebellieren die Janitscharen gegen ihren erfolglosen Herrscher, voller Wut über die Korruption am Hof und ausbleibenden Sold. Gemeinsam mit den Religionsführern erklären sie Mustafa II. für abgesetzt; Nachfolger wird dessen Bruder Ahmed.

Der Sieg bei Zenta ist einer der größten Triumphe, den die Habsburger je errungen haben. Die Osmanen fürchten noch schwerere Niederlagen: Denn wenige Wochen später schließen die Habsburger erneut Frieden mit den Franzosen, können nun wieder alle Truppen in den Kampf im Osten werfen. Der Sultan ist daher plötzlich zu Friedensgesprächen bereit.

In der Nähe von Belgrad verhandeln seine Vertreter mit den Österreichern und anderen Staaten der Heiligen Liga. Das Reich vom Bosporus muss die österreichischen Eroberungen in Ungarn anerkennen und fast das ganze Land an die Habsburger abtreten – beinahe alle Gebiete, die einst der große Sultan Süleyman erobert hat.

Kaiser Leopold I. hat zudem bereits 1687 den ungarischen Reichstag dazu gebracht, seinen Sohn Joseph zum König zu wählen und das Land in eine Erbmonarchie umzuwandeln. Mehr als 200 Jahre lang wird das Haus Habsburg über Ungarn herrschen. In den Verhandlungen stimmen die Osmanen darüber hinaus zu, dass die Venezianer ihre Eroberungen auf dem Peloponnes behalten dürfen.

Am 26. Januar 1699 unterschreiben die Abgesandten aller Staaten den Friedensvertrag. Erst jetzt endet der Krieg, der fast 16 Jahre zuvor mit der Parade vor Edirne begonnen hat. Der Traum vom osmanischen Vorstoß nach Mitteleuropa ist gescheitert.

Das lange Ringen der Habsburger mit den Soldaten des Sultans aber geht weiter: 1715 marschieren die Osmanen auf dem Peloponnes ein, nehmen den Venezianern das Gebiet wieder ab. Als die Habsburger ihren Verbündeten zu Hilfe kommen, greifen die Türken im Jahr darauf die Donaufestung Peterwardein an.

Prinz Eugen, der die Gegend noch gut kennt, rückt mit seinem Heer an und erringt einen weiteren großen Sieg: In nur fünf Stunden schlägt er die Osmanen, wieder fällt der Großwesir. Im August 1717 nimmt Eugen Belgrad ein. Nur ein Jahr später müssen die Osmanen den Rest Ungarns an Österreich abtreten.

Prinz Eugen von Savoyen stirbt, vom Volk als Kriegsheld hochverehrt, 1736 in seinem Palast in Wien. Ohne ihn gelingt den Habsburgern nur noch wenig: Als ein Jahr später ein neuer Krieg mit den Osmanen ausbricht, erobern die Truppen des Sultans Belgrad zurück und einige Gebiete in Nordserbien.

Danach bleiben die Grenzen der beiden Reiche fast 140 Jahre lang nahezu unverändert. Erst 1878 gelingt es den Österreichern, dem ewigen Rivalen ein großes Stück Land zu entreißen – nicht auf dem Schlachtfeld, sondern im Verhandlungssaal: Nachdem das Osmanische Reich einen Krieg gegen Russland verloren hat, ordnen Europas Staaten auf dem Berliner Kongress den Balkan neu. Die osmanische Provinz Bosnien wird dabei unter Verwaltung der Habsburger gestellt; 1908 annektiert der Kaiser das Gebiet.

In Bosnien nimmt sechs Jahre später auch die Katastrophe beider Reiche ihren Ausgang: Ein bosnischer Serbe, der dagegen protestieren will, dass nach den Osmanen nun die nächsten Fremdherrscher seine Heimat regieren, erschießt im Juni 1914 in Sarajevo den österreichischen Thronfolger. Ein Attentat, das den Ersten Weltkrieg auslöst, in dem die Osmanen an der Seite Deutschlands kämpfen – und damit, in einer seltsamen Verdrehung der Geschichte, auch an der Seite von dessen engstem Verbündeten: ihrem Todfeind Österreich.

Am Ende des Krieges stürzen beide Dynastien, Habsburger und Osmanen, ihre Großreiche zerbrechen – ineinander verschlungen bis in den Untergang.

Umkämpftes Europa

Die Eroberung Wiens sollte 1683 der größte Triumph Mehmeds IV. werden, stattdessen leitet die Niederlage eine Reihe schwerer Rückschläge der Osmanen ein: In den folgenden 200 Jahren verlieren sie den Großteil ihrer europäischen Gebiete

Sultans aufgeschlagen, der vermutlich gerade seine Offiziere zur Eile antreibt: Wenn es seiner Armee gelingt, vor den Habsburgern über den Fluss zu setzen und die Brücke hinter sich zu zerstören, könnte er Siebenbürgen zurückerobern und einen Teil der Schmach seines Vaters Mehmed IV. wieder gutmachen.

Eugen muss sofort erkennen, dass die Osmanen den Brückenkopf ungewöhnlich gut gesichert haben – offenbar haben sie aus ihren früheren Fehlern gelernt. Im Halbkreis spannen sich zwei Verteidigungsgürtel um den Flussübergang: zunächst ein hoher Erdwall mit Kanonen und einem Graben, dahinter eine weitere Barriere aus zusammengeketteten Wagen sowie den Mauerresten eines niedergebrannten Proviantshauses der Habsburger.

Der Prinz weiß, dass er gegen alle Regeln der Taktik verstößt, wenn er jetzt mit seinen vom Eilmarsch völlig ausgelaugten Truppen angreift. Vielleicht erinnert er sich in diesem Moment an die Anweisung, die er bei seiner Ernennung vom Hofkriegsrat erhalten hatte: Das oberste Militärgremium des Reiches schärfte dem als hitzköpfig bekannten Offizier ein, dass keinerlei Risiko eingegangen werden soll. Außerdem dürfe er den Feind nur angreifen, wenn er „in fast sicherer Hoffnung" auf einen Sieg sei.

Doch sicher ist hier vor Zenta nichts. Eugen sieht die Gefahren: Hohe Verluste drohen, vielleicht kommt er gar vor das Kriegsgericht, weil er gegen Anweisungen des Oberkommandos verstößt.

Er sieht aber auch die Chancen: Noch kann er den Sultan aufhalten. Und er weiß: Selten ist eine Armee so verwundbar wie bei einem Flussübergang.

GEGEN 16 UHR BEFIEHLT ER den Angriff. 50 000 Mann – neben Habsburgern und Sachsen auch Brandenburger – rücken von Süden auf den Brückenkopf vor. Schnell preschen einige Tausend osmanische Reiter herbei, versuchen, sich den Christen entgegenzustellen, geben aber angesichts der Übermacht auf und ziehen sich hinter die Verteidigungslinie zurück. Die Habsburger und ihre Verbündeten stoßen vor, schließen in kurzer Zeit den Brückenkopf ein.

Der Großwesir, der am Westufer das Kommando führt, ist von dem Angriff völlig überrumpelt. Mit den leichten Geschützen, die noch auf seiner Flussseite stehen, lässt er auf die Angreifer schießen, denn die schwere Artillerie hat den Fluss bereits überquert. Die Habsburger feuern aus 60 Kanonen zurück.

Nun plant der Großwesir einen Vorstoß, den er wohl für sehr geschickt hält: Hinter seinen Truppen liegt im Fluss, dicht am Ufer, eine 30 Meter breite Sandbank, die sich von der Brücke bis zum äußeren osmanischen Verteidigungswall zieht. Dort sammelt er Teile seiner Kavallerie. Gedeckt durch die Uferböschung, galoppieren die Reiter voran, wollen die Habsburger von der Seite her anfallen – ein Überraschungsangriff, der die Feinde verwirren soll. Doch die Angegriffenen bemerken die Gefahr schnell, richten ihre Geschütze gegen die voranstürmenden Reiter, feuern ununterbrochen, treiben sie bis an die Brücke zurück.

Der Kaiser in Wien beobachtet die Situation angespannt, berät sich mit seinen obersten Militärs. Die Männer kennen den schlechten Zustand ihrer Armee: Die Soldaten warten seit Monaten auf Sold, viele sind schon desertiert.

Sie wissen auch, wer der Hauptschuldige an den Niederlagen ist: Kurfürst Friedrich August I. aus Dresden, der den Oberbefehl über die Truppen der Habsburger und Sachsen führt. August ist als Feldherr unfähig, doch der Kaiser kann ihn nicht absetzen – er ist auf die zwölf sächsischen Regimenter angewiesen.

Leopold I. beschließt, dem Sachsen einen seiner talentiertesten Soldaten als Stellvertreter zur Seite zu stellen: Eugen von Savoyen. In den 14 Jahren seit seinem Eintritt in die österreichische Armee ist er in viele Schlachten gegen die Osmanen gezogen, hat mehrere Jahre gegen den französischen König gekämpft, wurde schon mit 29 Jahren zum Feldmarschall ernannt.

Nun steht er vor der schwersten Aufgabe seines Lebens: zu verhindern, dass die Osmanen die Macht im Grenzland an der Donau zurückerobern.

Es ist Ende August 1697: Drei Wochen zuvor ist Mustafa II. mit einer 80 000 Mann starken Armee in Belgrad angekommen – und hält seitdem seine Feinde hin. Im Südwesten Ungarns rätseln Prinz Eugen und seine Offiziere, wohin sich der Sultan wenden wird: Will er nach Norden ziehen, Richtung Oberungarn, wo gerade wieder Aufständische gegen die Österreicher kämpfen? Oder geht es nach Osten, nach Siebenbürgen, den einstigen Vasallenstaat der Osmanen, den nun der Kaiser kontrolliert? Oder will der Sultan Peterwardein angreifen, eine nahe gelegene Festung der Österreicher an der Donau?

Drei Wochen lang belauern sich die beiden Armeen. Prinz Eugen führt mittlerweile allein den Oberbefehl – der sächsische Kurfürst wurde überraschend zum König von Polen gewählt. Seit Eugen knapp zwei Monate zuvor an die Front gekommen ist, hat er die heruntergekommenen Truppen neu ausrüsten lassen. Hat sogar persönlich einen Kredit aufgenommen, um den Soldaten den Sold zu zahlen, da der Kaiser wieder einmal pleite ist.

Nun hofft er auf eine Chance zum entscheidenden Schlag gegen die Osmanen – auch wenn seine Streitmacht deutlich kleiner ist: Kaum mehr als 50 000 Mann stehen unter Eugens Kommando.

Am 31. August scheint die Absicht des Sultans endlich klar zu werden: Er zieht, so melden Späher, mit seiner Armee nach Peterwardein, schlägt in der Nähe der Festung ein Lager auf.

Eugen, der sich weiter nördlich am Fluss Theiß aufhält, treibt seine Truppen zu dem Bollwerk – ein mehr als 80 Kilometer langer Marsch durch die Steppe, in größter Hitze und ohne Trinkwasser.

Doch kaum sind die Soldaten völlig erschöpft angekommen, brechen die Osmanen ihr Lager ab, möglicherweise überrascht durch die schnelle Ankunft des christlichen Heeres. Der Sultan marschiert nun nach Norden. Zur Theiß. Nimmt also genau den Weg, den seine Gegner gerade gekommen sind. Eugen setzt ihm nach, scheucht wieder seine Männer durch die karge Landschaft.

Am 10. September neue, irritierende Gerüchte: Der Sultan wechselt abermals die Richtung. Lässt nahe Zenta eine Pontonbrücke über die Theiß bauen. Will ans Ostufer übersetzen – und wohl doch in Siebenbürgen einfallen.

Klarheit erhält Eugen erst am nächsten Mittag, als Husaren den gefangenen osmanischen Offizier zu ihm bringen. Mit dem Tode bedroht, entscheidet der sich für den Verrat. Bestätigt die Berichte, macht genaue Angaben, wo die einzelnen Truppenteile stehen.

Gegen 14 Uhr erreicht Eugen die Stellung des Feindes. Vor ihm der Fluss, gut 260 Meter breit, das Wasser steht niedrig. Auf der Brücke drängen Infanteristen hinüber aufs Ostufer, Reiter führen ihre zögerlichen Pferde über die schwankenden Pontons. An der anderen Flussseite ist das palastartige Zelt des

Maria Theresia

Das Oberhaupt der Habsburger-Dynastie um 1755
im Familienkreis auf Schloss Schönbrunn: Die mächtige
Herrscherin bringt 16 Kinder zur Welt

Habsburgerreich *1740*

D "Der Habsburger Kadaver zerfällt", spotten die Höflinge in Versailles, in Potsdam, in den anderen europäischen Residenzen. Feixend zeigen sich die Bürger der großen Städte des Kontinents im Jahr 1742 Karikaturen, auf denen vornehme Herren einer jungen Frau die Kleider vom Leibe reißen. Die Geschmähte ist Maria Theresia, erst 24 Jahre alt, Oberhaupt der Habsburger, und die Kleider symbolisieren jene Ländereien, die ihr feindliche Herrscher wegnehmen.

Tatsächlich steht das Haus Habsburg am Abgrund: Das preußische Heer hat Schlesien besetzt, spanische Soldaten greifen die italienischen Territorien der Regentin an, der Kurfürst von Bayern hat ihr mit französischer Hilfe Böhmen entrissen. Und zudem haben die deutschen Kurfürsten den Bayern zum Kaiser gewählt – als ersten Nicht-Habsburger seit 304 Jahren.

Den Angriffen kann Maria Theresia, die Erzherzogin von Österreich und Königin Ungarns, kaum etwas entgegensetzen: Sie hat von ihrem Vater anderthalb Jahre zuvor ein finanziell zerrüttetes und militärisch geschwächtes Reich geerbt. Nun muss es selbst erfahrenen Kanzlern und Ministern so scheinen, als würden die Habsburger unter der "Weiberregentin" aus dem Kreis der mächtigen europäischen Dynastien ausscheiden.

Wie sehr sie sich täuschen ... Denn Maria Theresia wird sich als Regentin in der Männerwelt der Fürsten behaupten. Sie wird ein halbes Menschenalter lang herrschen, wird ihr Reich prägen wie nur wenige ihrer Vorfahren – und sie wird die scheinbar schon verwesende Habsburger-Dynastie noch einmal zu Größe und Gloria führen.

Bei einer Zeremonie gründet Maria Theresia einen Orden für verdiente Untertanen aus ihren ungarischen Landen. Bereits kurz nach der Krönung zur Herrscherin ihres Teilreichs Ungarn im Jahr 1741 beschwört sie die Menschen dort, sie im Ringen der europäischen Mächte zu unterstützen. Denn eine Koalition aus Bayern und Frankreich dringt mit ihren Truppen tief in habsburgisches Gebiet vor

Habsburgerreich 1740

Das Höchste bleibt ihr versagt: das KAISERAMT

Kaiser Karl VI., Maria Theresias Vater, wünscht sich zeitlebens einen männlichen Stammhalter. Denn nur ein Sohn gilt als würdiger Erbe der habsburgischen Lande; und nur ein Mann kann die Krone des Heiligen Römischen Reiches deutscher Nation tragen.

Doch Karls Ehe bleibt lange kinderlos. Verzweifelt lässt er sich sein Schlafgemach mit erotischen Gemälden ausstaffieren, die, so glaubt er, die Zeugung eines Knaben stimulieren. Trotzdem beschleicht ihn langsam die Furcht, das Habsburgerreich könnte nach seinem Tode zerschlagen werden.

Deshalb erlässt der Monarch 1713 ein Gesetz, das die habsburgischen Ländereien für „unteilbar und untrennbar" erklärt, die „Pragmatische Sanktion". Sie enthält auch diese Bestimmung: Stirbt ein Herrscher ohne männlichen Nachkommen, übernimmt die älteste Tochter als Erzherzogin von Österreich und Königin von Ungarn und Böhmen die Besitzungen der Dynastie. (Die römisch-deutsche Königs- und Kaiserkrone kann Karl VI. freilich nicht vererben. Denn seit Jahrhunderten wählen die deutschen Kurfürsten das Oberhaupt des Reiches.)

Als Maria Theresia am 13. Mai 1717 geboren wird, sieht Karl sie nicht als „Erbtochter" an: Der 31-jährige Kaiser und seine fünf Jahre jüngere Frau hoffen weiterhin auf einen Sohn. Trotzdem lässt er „Resel" von österreichischen und ausländischen Lehrern erziehen. Geschichtslehrer erläutern ihr Beispiele für gute und für schlechte Regenten; sie lernt Ungarns Staatssprache Latein sowie Spanisch und Italienisch. Französisch, die Sprache der Diplomaten, parliert sie bald fließend.

Von den Regierungsgeschäften hält der Kaiser die Tochter jedoch fern. Maria Theresia wächst dennoch zu einer zielstrebigen, hartnäckigen jungen Frau heran – was einigen scharfsinnigen Beobachtern früh auffällt.

Schon als 16-Jährige ist sie „so auf die Herrschaft erpicht und so sehr dazu geeignet", wie der britische Botschafter in Wien notiert, „dass sie ihren Vater als eine Art Verwalter ansieht". Etwas später bemerkt ein italienischer Gesandter, der wahrscheinlich größte Vorzug der Prinzessin liege „in der Erhabenheit des Geistes, verbunden mit einer gewissen Männlichkeit der Seele".

Wahrscheinlich ist Maria Theresia schon im jugendlichen Alter ehrgeizig und selbstbewusst genug, um sich als Erbin ihres Vaters zu sehen.

Sie verliebt sich in den neun Jahre älteren Franz Stephan, Herzog von Lothringen – einen entfernten Verwandten, der am Wiener Hof erzogen worden ist und seit 1732 als Statthalter Karls in Ungarn residiert. Der Adelige erwidert ihre Gefühle, und er ist auch unter machtpolitischen Aspekten ein idealer Ehemann: als Herzog standesgemäß, Herr über ein wohlhabendes Land, andererseits nicht so mächtig, dass seine Verbindung mit den einflussreichen Habsburgern andere europäische Monarchen alarmieren würde.

Einzig Frankreichs König Ludwig XV. fühlt sich bedroht, da die Habsburger mit dieser Ehe plötzlich Lothringen kontrollieren würden, das an sein Reich grenzt. Nach zwei kurzen Schlachten und diplomatischen Manövern zwingt er Franz Stephan dazu, auf Lothringen zu verzichten und dafür das Großherzogtum Toskana zu nehmen.

Der Lothringer sträubt sich zunächst, das Land seiner Ahnen aufzugeben. Vermutlich ist es Maria Theresia, die ihn schließlich zur Unterzeichnung des Kontrakts überredet – damit sie am 12. Februar 1736 endlich heiraten können.

Der 50-jährige Kaiser gibt aber selbst jetzt die Hoffnung auf einen Stammhalter offenbar noch nicht auf: Seine ambitionierte Tochter muss ihm schriftlich versichern, dass sie auf das Erbe verzichtet, wenn Karl VI. noch ein Sohn geboren wird.

Es wird das letzte Mal sein, dass Maria Theresia sich ihrem Vater beugt.

Denn am 20. Oktober 1740 stirbt Karl VI. nach kurzer Krankheit. Maria Theresia – 23 Jahre alt, Mutter dreier Töchter (von denen eine bereits gestorben ist) und schon wieder schwanger – erbt 54 Millionen Gulden Staatsschulden und das unübersichtliche Habsburgerreich mit zahlreichen unverbundenen Territorien, das sich vom Balkan bis zum Schwarzwald und von Mittelitalien bis nach Nordböhmen erstreckt.

Dennoch zögert sie nicht einen Moment, ihr Erbe anzutreten. Denn sie ist nicht nur ehrgeizig und klug, sondern auch tief religiös: Gott selbst, so glaubt sie, habe ihr dieses Amt übertragen. Noch am Todestag des Vaters lässt sie sich deshalb von der im Thronsaal versammelten Hofgesellschaft huldigen.

Schwarz gekleidet und blass empfängt sie am folgenden Morgen die Mitglieder der „Geheimen Konferenz", einer

Art Ministerrat: sechs Greise zwischen 60 und 80 Jahren, die es längst nicht mehr gewohnt sind, eigene Initiative zu entwickeln.

Mit fester Stimme erklärt sie den Herren, als rechtmäßige Erbin der habsburgischen Lande werde sie die Politik ihres Vaters fortführen. Unterstützung erhofft sie sich dabei wohl vor allem von ihrem Gemahl, den sie im folgenden Monat zum Mitregenten macht.

Doch nach nur acht Wochen steht bereits ihre Existenz auf dem Spiel: Am 16. Dezember 1740 marschieren 32 000 preußische Soldaten in das zu den Erblanden der Habsburger gehörende Schlesien ein. Preußens 28-jähriger König Friedrich II. will sein Land zur europäischen Großmacht ausbauen. Durch die Eroberung des fruchtbaren Schlesiens könnte er seine Staatseinnahmen beträchtlich steigern sowie die Zahl seiner Untertanen erhöhen.

Die junge Herrscherin – intelligent, gebildet, selbstbewusst, doch in Regierungsdingen vollkommen unerfahren – muss sich die Frage stellen: kämpfen oder weichen? Sie könnte sich alles Leid, alle Kriege, alle Intrigen, die vor ihr liegen, ersparen, wenn sie jetzt beschließen würde, an der Seite ihres Gatten ein standesgemäßes Leben zu führen. Eine Wahl, die wohl die meisten Frauen ihrer Generation getroffen hätten, die vielleicht auch Friedrich II. von ihr erwartet.

Doch Maria Theresia weicht nicht: „Mit Freuden wäre ich zu nichts und zu einer Großherzogin von Toskana geworden, wenn ich geglaubt hätte, dass Gott es so wollte", wird sie später schreiben. Aber hier geht es um ihren Glauben und den Familienstolz – sie ist überzeugt, dass jenes Erbe, das der Herr ihr gab, sie moralisch, religiös und politisch verpflichtet, darum zu kämpfen.

Nach dem Überfall gibt sich Friedrich II. großzügig, sendet Ende Dezember 1740 einen Emissär nach Wien, um Maria Theresia für den Verzicht auf Schlesien unter anderem zwei Millionen Gulden Abfindung anzubieten.

Doch die Königin lässt den Gesandten durch ihren Gatten abweisen: „Kehren Sie zu Ihrem Herrn zurück und sagen ihm: Solange er noch einen einzigen Mann in Schlesien stehen hat, werden wir lieber untergehen, als mit ihm zu verhandeln."

Die österreichischen Aristokraten und die europäischen Fürsten sind beeindruckt: Die junge Frau in der Wiener Hofburg beweist Entschlossenheit und Willensstärke.

Maria Theresia glaubt zudem, dass ihre Truppen die Preußen bald zurückdrängen werden. Doch Anfang 1741 muss sich die inzwischen hochschwangere Regentin vorübergehend aus der Politik zurückziehen: Am 25. Januar stirbt ihre erst einjährige Tochter, knapp zwei Monate später bringt sie ihr viertes Kind zur Welt – den Erbprinzen Joseph.

Schnell verbreitet sich die Nachricht in Wien. „Vivat der Bue!", rufen die Menschen, die zur Hofburg strömen. Spätestens jetzt stehen die Untertanen fest zu ihrer Regentin.

Und die Preußen, so scheint es, werden aus Schlesien bald wieder abziehen müssen: Ein österreichisches Heer fällt in Oberschlesien ein und drängt die überraschten Besatzer zurück.

Am 10. April treffen schließlich bei Mollwitz, 20 Kilometer südöstlich von Breslau, rund 19 000 österreichische Soldaten auf ein fast 22 000 Mann starkes preußisches Heer unter Friedrich II. Die österreichische Kavallerie schlägt rasch einen Teil der gegnerischen Reiterei in die Flucht, und die Infanteristen nehmen die Preußen derart unter Beschuss, dass König Friedrich eilig das Schlachtfeld verlässt.

Doch dann führen die bedrängten Preußen einen Gegenangriff: Die Infanterie marschiert mit gefälltem Bajonett auf die Österreicher zu und erringt doch noch den Sieg. Mehr als 9000 Soldaten werden getötet oder verwundet.

EINE FOLGENSCHWERE Niederlage: Österreich ist von seinem kleineren Nachbarn geschlagen worden. Warum, fragen sich nun viele Politiker an Europas Höfen, sollte es nicht für sie möglich sein, das eigene Territorium auf Kosten der „Weiberregentin" zu vergrößern?

Schon wenige Wochen nach dem Misserfolg von Mollwitz melden Diplomaten, dass sich Bayern, Spanien und Frankreich gegen Maria Theresia verbündet haben: Der bayerische Kurfürst soll nach einem erfolgreichen Krieg gegen die Habsburger einen Teil der österreichischen Lande erhalten, im Gegenzug hat Frankreich in den Niederlanden, Spanien in Italien freie Hand für Eroberungen.

„Die Minister der Königin fielen leichenblass in ihren Stühlen zurück", berichtet der britische Gesandte über das Eintreffen der Nachricht, „nur das Herz der Königin blieb standhaft."

Im August 1741 dringen bayerische und französische Truppen, ohne auf Widerstand zu stoßen, bis nach Linz vor, wenden sich dann nach Böhmen. Nun will Ma-

Franz Stephan

1736 heiratet Maria Theresia den Herzog von Lothringen – eine Hochzeit aus Liebe, für die der Fürst sein Stammland aufgeben muss, um das europäische Kräftegleichgewicht nicht zu stören. Doch sorgt die Gattin nach Kräften dafür, dass Franz Stephan 1745 zum König und Kaiser des Heiligen Römischen Reiches gekrönt wird. Sie als Frau darf den Reichsthron nicht besteigen

Habsburgerreich *1740*

1741 marschieren die Bayern in die böhmische Metropole Prag ein, doch gelingt es Maria Theresia, die Stadt zurückzuerobern. Im Januar 1743 lässt sie, zur Feier des Triumphs, in der Reitschule der Wiener Hofburg ein »Damenkarussell« ausrichten: Die Frauen müssen – ein makabrer Brauch seit dem Sieg gegen die Osmanen – von Pferden und Kutschen aus mit Degen auf einen nachgebildeten »Türkenkopf« (im Bild links an der Wand) einstechen

ria Theresia die Unterstützung ihrer ungarischen Untertanen gegen die Angreifer einfordern. Ihre Minister raten ab, sie halten die selbstbewussten Magyaren für unzuverlässig: „Ihre Majestät täte besser, sich auf den Teufel zu verlassen", erklärt einer von ihnen.

Die junge Regentin aber sieht klarer als die alten Herren, dass ungarische Truppen die letzte Reserve in ihrem geschrumpften Reich sind. Deshalb lässt sie sich intensiv von ungarischen Beratern auf ihren Auftritt vor dem Ständeparlament in Pressburg vorbereiten.

Am 11. September 1741 spricht sie zu den Vertretern der Ungarn. Immer wieder, berichten spätere Chronisten, bricht sie in Tränen aus, trocknet mit einem Tüchlein die blassen Wangen, tupft ihre Augen – eine große schauspielerische Leistung der nervenstarken Monarchin. Schließlich beschwört sie die Herren: „Es handelt sich um die Existenz dieser unserer Länder, um unsere Person, unsere Kinder, unsere Krone."

Der Auftritt verfehlt die erhoffte Wirkung nicht: „Wir weinten gemeinsam mit der Königin Tränen der Treue, der Liebe und Entrüstung", erinnert sich später einer der Anwesenden.

Kaum sind die letzten Worte der Herrscherin im Saal des Schlosses verklungen, ziehen die Versammelten ihre Säbel, recken sie in die Höhe und rufen: „Vitam et sanguinem pro rege nostro Maria Theresia!" – „Leben und Blut für unsere Herrscherin Maria Theresia".

Und so versprechen die Ungarn, ihrer Regentin zu helfen.

Doch schon eine Woche später schließt sich auch Sachsen der Koalition gegen Maria Theresia an und unterstützt Karl Albrecht von Bayern bei der Eroberung von Prag, wo der Bayer am 19. Dezember zum König von Böhmen gekrönt wird. Als Karl Albrecht zudem am 24. Januar 1742 von den Kurfürsten zum Kaiser gewählt und zwei Wochen später als Karl VII. gekrönt wird, steht zum ersten Mal seit mehr als 300 Jahren kein Habsburger an der Spitze des Heiligen Römischen Reiches.

Welche Schmach! Welche Bedrohung! Wohl kaum zuvor seit ihrem Aufstieg zum Thron sind die Habsburger derartig bedrängt worden. Ihnen droht der völlige Verfall: Verlust der Kaiserkrone für immer, Verlust wichtiger Territorien, ja selbst Verlust ihrer Stammländer in Österreich.

„Jetzt ist der Augenblick gekommen", notiert Maria Theresia trotzig nach dem Fall von Prag, „in welchem man

Mut zeigen muss. All meine Heere, alle Ungarn sollen eher vernichtet werden, als dass ich irgendetwas abtrete."

Und tatsächlich: Schnell erobert sie mit ungarischer Hilfe Oberösterreich zurück, stößt nach Bayern vor – und am Tag der Kaiserkrönung ziehen ihre Truppen in München ein. Bald darauf nimmt sie Prag, hält dann mit ihren Truppen den französischen Vormarsch in den Niederlanden und den spanischen in Italien auf.

Friedrich II.

Der König der aufstrebenden Macht Preußen ist Maria Theresias ärgster Feind. Das Streitobjekt: Schlesien. 1740 überfällt der Hohenzollern-Herrscher die fruchtbare und steuerträchtige habsburgische Provinz. Um im Kampf gegen den verhassten Widersacher zu bestehen, reformiert Maria Theresia rigoros ihr Heer – nach preußischem Vorbild

Noch während des Krieges stirbt im Januar 1745 Kaiser Karl VII. Sein Sohn und Nachfolger als bayerischer Kurfürst ist erst 18 Jahre alt und so unerfahren, dass er auf alle Ansprüche gegen die Habsburger verzichtet und erklärt, bei der bevorstehenden Kaiserwahl seine Stimme Maria Theresias Ehemann zu geben.

Denn die Monarchin, drei Jahre zuvor noch als hilflose, geschändete Frau verhöhnt, drängt ihre Rivalen nicht nur auf dem Schlachtfeld zurück – sie will ihrem Haus nun auch wieder die Königs- und Kaiserwürde sichern. Da ihr als Frau dieses Amt jedoch verwehrt ist, gebührt es ihrer Ansicht nach einzig ihrem Gemahl und Mitregenten Franz Stephan.

„Der Wunsch, Seine Hoheit zur kaiserlichen Würde erhoben zu sehen", schreibt sie an den Kurfürsten von Mainz, „wird in mir nicht nur durch die zärtliche Zuneigung geweckt, die ich meinem Gemahl entgegenbringe, sondern ebenso durch das Verlangen, tatkräftiger, als ich es bisher vermochte, die Ruhe und das Gedeihen des Vaterlandes zu sichern."

Zwar ist mit der Reichskrone längst keine große Machtfülle mehr verbunden – trotzdem steht ihr Träger dem Rang nach immer noch über allen anderen europäischen Königen. Allein deshalb ist sie auch für andere deutsche Fürsten begehrenswert.

Doch die meisten Territorialherren sind politisch so schwach, dass sie niemals von den Kurfürsten gewählt werden würden. Und Friedrich II. von Preußen kann sich als Protestant keine Hoffnung auf die Krone machen, da die Mehrheit der Kurfürsten katholisch ist.

So wählen die schließlich, auch weil sie keine Alternative haben, am 4. Oktober 1745 in Frankfurt Franz Stephan zum Reichsoberhaupt – zum König und Kaiser von Maria Theresias Gnaden.

Der Krieg gegen Preußen und einige andere europäische Mächte schleppt sich da immer noch dahin, ohne dass wichtige Entscheidungen auf dem Schlachtfeld erzwungen werden. 1748 schließlich unterzeichnen die letzten kriegsmüden Fürsten einen Friedensvertrag mit der Habsburgerin: Maria Theresia hat ihr Reich und die Dynastie aus ihrer wohl schwersten Krise glänzend errettet. Über ihr „Weiberregiment" spottet längst niemand mehr.

Nach der Rückkehr von der Kaiserwahl verlässt Maria Theresia ihre Länder nicht mehr – und Franz Stephan, als Kaiser nahezu funktionslos, ist zumeist an ihrer Seite. Auch ihr eigenes Herrschaftsgebiet bereist sie nur noch selten: Zu teuer und zu umständlich sind die Fahrten mit dem repräsentativen Gefolge. Wenn die Untertanen eine Audienz wünschen, müssen sie nach Wien kommen.

Dort residiert sie mit Gemahl und Kindern in der Hofburg. Doch Maria Theresia fühlt sich in dem alten Gemäuer nicht wohl und zieht daher möglichst zeitig im Jahr in die Sommerresidenz nach Schönbrunn, unweit der Donaumetropole. Das prächtige Schloss mit dem säulengeschmückten Zentralbau und den beiden majestätischen Flügelbauten lässt sie bereits seit 1743 umbauen und erweitern.

Ihre Baumeister gestalten nach den Vorschriften der Hausherrin freundliche Räume für die kaiserliche Familie im modischen Rokoko-Stil. Der ist verspielt und leicht – im Gegensatz zum pompösen Barock, den er als dominierenden Kunststil an vielen europäischen Höfen ablöst. Die Monarchin bevorzugt preisgünstige Möbel aus heimischer Produktion, für die sie sich vor jeder Neuanschaffung Kostenvoranschläge bringen lässt – französische Luxusinterieurs erscheinen ihr zu verschwenderisch.

Das Zentrum des Schlosses bilden zwei Galerien, welche die Kaiserin mit prächtigen Kristallspiegeln und weißgoldenem Stuck schmücken lässt. Die kleinere der Galerien wird vor allem für Familienfeiern genutzt. Der große Saal, mehr als 40 Meter lang, ist für repräsentative Empfänge bestimmt, für aufwendige Speisegesellschaften und Bälle, auf denen die Hausherrin leidenschaftlich gern tanzt.

Die Decken der Räume hat der italienische Künstler Gregorio Guglielmi mit allegorischen Fresken bemalt, auf denen Maria Theresia als segensreiche Landesmutter verherrlicht wird.

Denn es ist ihr Schloss, die Residenz der Habsburger-Herrscherin, nicht das Haus des deutschen Kaisers Franz I. Stephan. Der bleibt, was er schon vor seiner Krönung war: geliebter Ehemann, geachteter Familienvater und machtloser Monarch. Stunden verbringt er damit, seine Münzsammlung zu bewundern; seine Gattin übersieht sogar seine Affären.

Die Herrscherin ist glücklich, wenn ihr Gemahl sich möglichst wenig in die Politik einmischt und stattdessen Zeit mit der wachsenden Schar ihrer Kinder verbringt. Insgesamt 16-mal ist Maria Theresia bis zu ihrem 40. Lebensjahr schwanger (vier Söhne und sechs Töchter werden sie überleben).

Auf die Auswahl der Erzieher verwendet die Mutter viel Sorgfalt, Zeit und Mühe – sie müssen geduldig, ausdauernd und mitfühlend sein. Doch kümmert sich das Kaiserpaar auch selbst intensiv um seine Nachkommen. Maria Theresia bemerkt jede Veränderung an ihren Kindern, lobt und tadelt.

„Ich nehme Euch aus der Nähe wahr", schreibt sie ihrem 15-jährigen Sohn Ferdinand, „und beobachte Schlendrian und Verweichlichung, wenig Ehrfurcht und gar keinen Gehorsam." Einer Tochter gibt sie in einem langen Brief Benimmregeln und mahnt zum respektvollen Umgang mit den Hofdamen.

Der 1741 geborene Thronfolger Joseph wird von der Kaiserin schon früh mit den Aufgaben eines Regenten vertraut gemacht: Mit sieben inspiziert er bereits hoch zu Ross ein Regiment (vorsichtshalber mit dem Vater an seiner Seite). Ein Jahr später empfängt der Knabe den russischen Botschafter zur Antrittsaudienz und sagt fehlerfrei die Grußformel auf: „Es freut mich anbei, dass die Wahl zu dieser Botschaft auf einen Unserem Hof so angenehmen Ministre gefallen ist."

Maria Theresia steht im Sommer oft schon um vier Uhr früh auf (im Winter zwei Stunden später). Den Vormittag über studiert die Fürstin zumeist Akten, unterzeichnet Anweisungen, leitet resolut Konferenzen. Gegen ein Uhr speist sie – oft allein – zu Mittag. Anschließend gibt sie Audienzen, trifft Familienangehörige und lässt sich von Hofdamen berichten, worüber die Wiener denn gerade tuscheln.

IHRE WICHTIGSTE AUFGABE ist die Modernisierung des maroden Staates: die Zentralisierung der Verwaltung und die Reform der Armee. Denn sie will nicht nur Schlesien zurückerobern, sondern auch den „bösen Mann" in Potsdam bestrafen. Maria Theresia gibt dabei lediglich die großen Ziele vor, die Details erarbeiten von ihr sorgsam ausgewählte Fachleute; sie lässt aber keinen Zweifel daran, dass sie die Ergebnisse sehr genau studieren wird.

Vor allem sind die Staatsfinanzen zu reformieren – während der Kriegsjahre musste die Herrscherin vorübergehend sogar ihren Schmuck beleihen. Deshalb haben nun erstmals auch Adelige und Geistliche Steuern zu zahlen. Und für künftige Kriege lässt die Regentin ein stehendes Heer von 108 000 Soldaten aufbauen.

Denn auch gut zehn Jahre später schmerzt noch immer der Verlust Schlesiens. Die Herrscherin will die Provinz um jeden Preis zurückerobern und Friedrich II. bezwingen, den sie ein „Monstrum" nennt. 1756 bereitet sie die Revanche vor – mit einem diplomatischen Coup: Sie verbündet sich mit Frankreich, seit Generationen der Erzfeind der Habsburger. Etwas später schließt sich Russland dieser Allianz an; auch Schweden folgt.

Doch Friedrich II. kommt den Verbündeten zuvor: Am 29. August 1756 überfallen 60 000 preußische Soldaten das neutrale Sachsen. Das Territorium des wohlhabenden südlichen Nachbarn wollte der Preuße ohnehin annektieren – nun soll es ihm als strategisch günstige Ausgangsbasis gegen das von Maria Theresia geschmiedete Bündnis dienen. Anfang September zieht er in Dresden ein und setzt sich kurz darauf auch in Böhmen fest.

Doch Friedrichs Armee wird wieder aus Böhmen vertrieben; die Truppen der Allianz fallen in Ostpreußen, Pommern und Brandenburg ein. Dieser dritte Kampf um Schlesien (den Historiker später den Siebenjährigen Krieg nennen werden) ist mehr als die vorangegangenen Waffengänge Maria Theresias Krieg.

Als „oberste Kriegsherrin" kümmert sie sich nicht nur um Ausrüstung und Ausbildung der Rekruten sowie um die Organisation des Nachschubs, sondern koordiniert auch militärische Operationen und setzt persönlich Regimenter in Marsch.

> Der Preußenkönig ist für Maria Theresia ein MONSTRUM

Sechseinhalb Jahre lang wütet der Krieg, und einen historischen Moment lang sieht es so aus, als könnte Maria Theresia Schlesien wieder ihrem Reich einverleiben. Doch nach einigen militärischen Desastern (und einem Thronwechsel in Russland) schließen Preußen und Österreich am 15. Februar 1763 endlich Frieden. Das Ergebnis: die Wiederherstellung des Vorkriegszustandes. Damit ist Schlesien endgültig an das verhasste Preußen verloren.

Maria Theresia, jetzt 46 Jahre alt, regiert seit 23 Jahren. Zwei ihrer Kinder sind während des Krieges an Pocken gestorben. Als dann 1765 auch ihr Mann verstirbt, lässt sie sich die langen Haare abschneiden, gibt ihren Schmuck den Töchtern, verteilt ihre prächtigen bunten Kleider unter den Hofdamen – und trägt fortan nur noch schwarze Witwentracht. In den folgenden Jahren malen Künstler die einst so resolute Maria Theresia als müde und dickleibige Frau.

D ennoch bleibt sie Erzherzogin von Österreich und Königin von Ungarn und Böhmen – die Souveränin, die die Geschicke ihrer Länder bestimmt. Zwar macht sie ihren ältesten Sohn Joseph, der jetzt auch zum Kaiser gekrönt wird, zum Mitregenten. Doch fürchtet sie, dass das Habsburgerreich in den Händen des ungeduldigen, mitunter schroffen 24-Jährigen nicht gut aufgehoben ist. Dem Sohn bleibt – wie zuvor dem Vater – nur die Nebenrolle.

Doch anders als der Vater will sich Joseph damit nicht abfinden. Er will nicht nur mitreden, sondern auch mitregieren. Und vor allem: die habsburgischen Lande radikal umgestalten.

Es entwickelt sich ein Konflikt der Generationen, der das Verhältnis zwischen Mutter und Sohn in den folgenden Jahren nachhaltig trübt. Denn Joseph ist inspiriert von den Gedanken der philosophischen Aufklärer, die sich vielfach gegen Kirche und Religion wenden und – wie etwa der Franzose Voltaire – ihre Mitmenschen unermüdlich zum Gebrauch der eigenen Vernunft aufrufen. Deshalb will der junge Kaiser Gewissensfreiheit und religiöse Toleranz gewähren, die allgegenwärtige Zensur lockern, Adelsprivilegien aufheben.

Maria Theresia dagegen, fromm und glaubensstreng, lehnt die radikalen Gedanken der Philosophen ab – auch weil sie die als Angriff auf die überkommene katholische Ordnung versteht: Sie verfolgt Protestanten in ihrem Reich und schmäht die Juden als Verantwortliche für den Kreuzestod Christi.

Die Regentin fürchtet, dass die Freiheit „im aufgeklärten Jahrhundert die Religion ersetzt". Ihr Sohn dagegen versteht sich – ähnlich wie Friedrich II. – als „erster Diener" des Volkes, der seinen Untertanen per Dekret Freiheit und Glück verordnen kann.

Zweimal trifft er den

Im Kampf gegen Friedrich II. schmiedet Maria Theresia 1755 eine Koalition, für die sie sogar den alten Rivalen Frankreich gewinnt. Ihre Politik der Konfrontation stürzt Europa in einen zähen Krieg. Österreich kann mehrere Siege gegen Preußen erringen, wie hier 1759 bei Maxen südlich von Dresden. Aber als es zum Frieden kommt, ist alles beim Alten. Und dennoch: Die Erzherzogin hat sich als energische Herrscherin ausgezeichnet

Während diese Karikatur von 1742 noch die angebliche Schwäche Maria Theresias verspottet, der andere Fürsten Länder wie Kleider entreißen, wird später klar: Das Habsburgerreich ist unter ihr stärker als zuvor

Preußen sogar. „Du wirst die Aufschneiderei des Königs sehen", prophezeit die Herrscherin vor einem Besuch – ein Irrtum. Denn Joseph bewundert den geschickten Machtpolitiker. Friedrich aber beurteilt den Kaiser ganz ähnlich wie seine Erzfeindin in Wien: Er sei ein Mann, der in seiner Ungeduld stets den zweiten Schritt vor dem ersten mache.

Zwar ist Maria Theresia anders als ihr Sohn in vielerlei Hinsicht noch tief in der Gedankenwelt vergangener Jahrhunderte verhaftet; dennoch erweist sie sich auch jetzt als umsichtige und erfahrene Regentin, die ihr Reich behutsam reformiert.

So beginnt sie, die Gesetzgebung in den habsburgischen Erblanden zu vereinheitlichen; sie hebt die Binnenzölle in den am weitesten entwickelten Gebieten Böhmens und Innerösterreichs auf, um Handel und Wirtschaft zu fördern, und führt die allgemeine Unterrichtspflicht für Kinder zwischen sechs und zwölf Jahren ein. (Zur Abschaffung der Folter aber ist sie erst auf Drängen Josephs und ihrer Berater bereit.)

Die Außenpolitik der Regentin ist nun zu einem großen Teil Heiratspolitik; vor allem will sie das mächtige und weitverzweigte französische Herrschergeschlecht der Bourbonen an das Haus Habsburg binden.

Für das wichtigste Bündnis wählt sie ihre Tochter Maria Antonia aus: 1770 wird die 14-Jährige mit dem französischen Königssohn vermählt. Der besteigt als Ludwig XVI. bald darauf den Thron in Versailles, seine Gattin nennen die Franzosen Marie-Antoinette.

AM 8. NOVEMBER 1780 besucht die 63-jährige Maria Theresia eine Jagdgesellschaft in Schönbrunn. Es ist ein stürmischer und nasskalter Tag. Die wie immer schwarz gekleidete Regentin lässt sich über Stunden in einem offenen Wagen kutschieren. „Ich richte mich ganz nach der Mode, denn ich habe mir eine Erkältung zugezogen", schreibt sie kurz darauf einer Schwiegertochter. Und setzt hinzu: „Aber glauben Sie nur nicht, dass ich krank bin."

Doch in den folgenden Tagen leidet sie unter Fieberanfällen, der Leibarzt stellt ein Lungenödem fest. Dennoch arbeitet sie unermüdlich weiter an ihrem Schreibtisch, unterzeichnet Akten, lässt sich untersuchen, hält Audienzen, nimmt ihre Medizin.

Dann, gegen Ende des Monats, sagt sie ihrem Leibarzt lächelnd, sie benötige nun keine Mixturen mehr. Wenige Stunden später, am 29. November 1780, stirbt Maria Theresia in der Wiener Hofburg, gehüllt in den Morgenmantel ihres Gemahls.

Und ihr alter Feind, der 68-jährige Friedrich II. von Preußen, notiert in Potsdam: „Sie hat ihrem Thron und ihrem Geschlecht Ehre gemacht."

Indien unter der East India Company *1757–1858*

Das Imperium

Nach etlichen Kämpfen überträgt Großmogul Shah Alam II. dem Briten Robert Clive (Mitte), einem Gouverneur der East India Company, 1765 das Recht, in der Provinz Bengalen Steuern einzutreiben. Die EIC ist schon lange präsent in der Region im heutigen Nordosten Indiens. Nun aber sind die Briten Territorialherren – mit allen Konsequenzen

der *Kaufleute*

Ausgestattet mit einem Freibrief der englischen Krone, unterwirft die von Londoner Kaufleuten gegründete East India Company gewaltige Gebiete auf dem Indischen Subkontinent, raffen die Angestellten des Unternehmens unfassbare Reichtümer zusammen. Doch die Verwaltung ihres Landes überfordert die Firma – die einzige Aktiengesellschaft, die je ein Großreich beherrschte ── Text: GESA GOTTSCHALK

Die Geschichte der East India Company beginnt mit vier Schiffen. Und sie wird mit vielen Zehntausenden Soldaten enden, mit gedemütigten Herrschern und Millionen unterworfenen Menschen. Die Firma wird rund 250 Jahre lang bestehen und in dieser Zeit ein Handelsnetz von China bis Nordamerika spannen. Sie wird Millionen Chinesen zu Drogensüchtigen machen und den Amerikanischen Unabhängigkeitskrieg auslösen. Sie wird den Anbau von Schlafmohn in Pakistan fördern und die Teepflanze nach Darjeeling bringen. Sie wird das Englische in der Welt verbreiten, ihre Kaufleute werden eines der größten stehenden Heere aufbauen, und als einzige Aktiengesellschaft in der Geschichte wird die Company ein Großreich erobern: Indien. Das jedoch wird ihr Verhängnis sein.

Denn das Unternehmen wird zwar Finanzkrisen überleben, politische Intrigen und einen Bürgerkrieg. Aber nicht die Gier seiner Angestellten.

Diese Männer werden den Engländern das Chintz-Sofa bescheren, die Teepause und die Lloyd's-Versicherungsgesellschaft. Doch außer Kontrolle geraten, werden einige Spielertypen Gold, Silber und Land zusammenraffen, eine globale Kreditkrise herbeiführen und das Finanzsystem eines ganzen Königreichs gefährden. Die East India Company (EIC), die Mutter aller modernen Handelsgesellschaften, wird scheitern, weil sie sich eine Übernahme zu viel vornimmt, weil sie nichts kennt als den größtmöglichen Profit, weil sie für Dividende über Leichen geht.

Im Scheitern aber wird sie das British Empire in Asien begründen.

DABEI IST DIESES UNTERNEHMEN zunächst nicht mehr als der zögerliche Versuch einiger Londoner Kaufleute, am lukrativen Gewürzhandel mitzuverdienen. Seit dem frühen 16. Jahrhundert segeln Portugiesen und Spanier nach Ostindien und versorgen Europa mit Pfeffer, Nelken und Muskat von den Inseln Sumatra und Java, von den Molukken. Lange scheint England diesen seefahrenden Nationen unterlegen. Doch seit dem Sieg über die spanische Armada 1588 werden britische Kapitäne wagemutiger – und mit ihnen die Kaufleute.

Die Händler treibt zudem die Angst auf den Ozean: Denn 1597 bringen Niederländer Pfeffer aus Indonesien nach Europa. Schon bald könnten die Kaufleute in Amsterdam das Handelsmonopol für die teure Ware erringen.

Im Jahr 1599 entschließen sich daher 218 Londoner Herren, ein finanzielles Abenteuer einzugehen: Sie sammeln rund 70 000 Pfund für eine Flotte, die zu den Gewürzinseln segeln und dort Pfeffer und Muskat aufkaufen soll. Die Investition ist gewaltig, und sie kann in Schiffbruch und Bankrott enden. Doch die

Gewinne sind zu verlockend: bis zu 32000 Prozent bei Muskat.

Königin Elisabeth I. unterstützt die Kaufleute. Denn ein solches Unternehmen weitet den Einfluss der Krone aus, vergrößert die Handelsmarine. Und füllt gleichzeitig die Kriegskasse der Tudor-Dynastie mit Steuern und Zöllen.

Am 31. Dezember 1600 stellt Elisabeth deshalb eine königliche Satzung aus und verwandelt die Gruppe der Kaufleute in eine Rechtspersönlichkeit: „The Governor and Company of Merchants of London, Trading into the East Indies".

Diesen Handelsbrief kann die Königin jederzeit aufkündigen, mit dreijähriger Frist. Dafür erhalten die Kaufleute das Monopol auf jeglichen Handel östlich des Kaps der Guten Hoffnung bis zur Magellanstraße – sowie das Recht, Gold- und Silberbarren auszuführen, sonst nach englischem Gesetz streng verboten. Und zudem besondere Privilegien: Sie dürfen außerhalb Englands Geld prägen, Recht über ihre Angestellten sprechen – und Krieg führen.

SECHS WOCHEN SPÄTER segeln vier Schiffe die Themse hinunter, dazu ein kleiner Versorger, der später mit leeren Frachträumen im Atlantik zurückgelassen werden soll. An Bord der Flotte: 480 Mann Besatzung und 110 Kanonen.

Kommandant James Lancaster gehört zu den wenigen Engländern, die bereits in ostindischen Gewässern gesegelt sind. Auf seiner letzten Reise in den Indischen Ozean hat er vor allem portugiesische Schiffe gekapert. Ein Abenteurer und Freibeuter – und der fähigste Mann für den Posten.

Lancasters Ziel ist das heutige Indonesien. Nach 16 Monaten erreicht er den Nordwesten der Insel Sumatra. Er lässt Pfeffer aufkaufen, während er die portugiesische „Santo Antonio" überfällt und plündert, ein Schiff, schwer beladen mit Waren aus Indien. In Bantam auf Java lässt er elf Mann zurück, um neue Waren für die nächste englische Flotte zusammenzukaufen. Im September 1603 liegen alle vier Schiffe wieder in England – mit mehr als 500 Tonnen Pfefferkörnern.

Jeden Winter schicken die Londoner Kaufleute von nun an Schiffe nach Bantam. In manchen Jahren bringen die Fahrten dreimal so viel Geld ein, wie investiert wurde.

JAMES LANCASTER
Der frühere Freibeuter kommandiert 1601 die erste Handelsflottille der Company

Seit Jahrhunderten handeln die Völker Asiens miteinander; auf dem Markt von Bantam liegen die Stände der Chinesen neben jenen indischer Kaufleute aus Bengalen und Gujarat. Für die Asiaten sind die Engländer bloß die nächsten Fremden, die die Gier nach Gewürzen in den Indischen Ozean getrieben hat, kaum zu unterscheiden von Portugiesen, Spaniern und Niederländern.

Allerdings laden die Neuankömmlinge seltsame Waren aus ihren Frachträumen. Seit dem Mittelalter handeln die Engländer vor allem mit einem Gut: schweren Wollstoffen. Die sind in Europa gefragt, im tropischen Klima Asiens aber fast unverkäuflich. Schnell lernen die Agenten der Londoner Company of Merchants von ihren Handelspartnern, was sich besser gegen Gewürze tauschen lässt – Baumwollstoffe aus Indien.

Auf dem Subkontinent aber sind bereits 100 Jahre zuvor die Portugiesen gelandet, haben Festungen und Umschlagplätze an den Küsten errichtet. Die indischen Herrscher schätzen die Pferde, welche die Portugiesen importieren. Vor allem aber hat es der Großmogul in Delhi auf das Silber abgesehen, das die Europäer heranschaffen – in Indien gibt es keine Silberbergwerke.

1608 macht erstmals ein Schiff der East India Company – wie die Londoner Firma meist genannt wird – in Surat fest, dem wichtigsten Hafen des Mogulreichs an der Westküste. Großmogul Jahangir aber weist die Neuankömmlinge ab: Er will die Portugiesen nicht brüskieren.

Doch die Kapitäne der Company demonstrieren, wer der starke Handelspartner der Zukunft ist: In zwei Seeschlachten vor Surat besiegen sie portugiesische Flotten. Zwar sind die Schiffe der Portugiesen größer und schneller, doch die Engländer können rascher wenden, sind besser bemannt und schwerer bewaffnet.

Zugleich lassen die Engländer dem kunstliebenden Großmogul Gemälde zukommen, vor allem nackte Liebesgöttinnen und Cupidos. Elisabeths Nachfolger Jakob I. schickt einen Botschafter an den Hof nach Delhi, der wahrscheinlich einen ähnlichen Brief bei sich trägt wie Kommandant Lancaster mehr als ein Jahrzehnt zuvor. Darin hatte die Königin geschrieben: „Der allmächtige Gott hat in seiner unergründlichen Weisheit manches in dem einen Land geschaffen und manches in dem anderen, damit ein Land das andere benötige und Männer weit entfernter Länder Handel miteinander treiben und durch den Austausch von Waren in Freundschaft miteinander verbunden sind."

Größere Pläne hat Englands Krone mit dem Subkontinent nicht: Anders als Nordamerika betrachten die Europäer Indien nicht als zu kolonisierendes, weitgehend menschenleeres Land, sondern als Absatzmarkt und Handelspartner mit souveränen Herrschern. Zudem verfügt die Krone gar nicht über ein Heer, mit dem sie weite Landstriche erobern und dauerhaft besetzen könnte.

Die Kombination aus Machtdemonstration, Großzügigkeit und Schmeichelei wirkt: Der Großmogul gestattet den Fremden, sich in Surat niederzulassen.

Die East India Company ist in Indien angekommen.

Bald schon beherrschen die Engländer einen ausgeklügelten Kreislauf, der den Nachschub mit Silber garantiert: Das Edelmetall, das aus Mittelamerika stammt, kaufen sie in Amsterdam ein und exportieren es nach Indien, wo sie Baumwollstoffe einkaufen. Die tauschen sie in Indonesien gegen Pfeffer. Auf der Rückfahrt laden sie in Surat Baumwollstoffe sowie Indigo und Salpeter und schaffen sie mit den Gewürzen nach England. Einen Großteil der Ware verkaufen sie dann weiter nach Osteuropa, Afrika und Nordamerika. Mit den Erlösen erwerben sie erneut Edelmetall.

Nie zuvor haben englische Händler ein derart komplexes System entwickelt.

Zwei Jahrzehnte nach ihrer Gründung segeln bereits 2500 Seeleute für die Company, halten 500 Schiffszimmerleute die bauchigen Ostindienfahrer in Schuss.

Doch wo immer die Engländer hinkommen – die 1602 gegründete „Vereenigde Oost-Indische Compagnie" ist schon da. Die Niederländer haben mehr Geld, mehr Männer, mehr Festungen.

Die Angestellten der East India Company dienen ihrem Arbeitgeber, nicht dem König. Ihr Ziel ist nicht Macht – sondern Gewinn. Die Niederländer dagegen wollen ihre junge Nation groß machen. Sie sind entschlossen, die anderen Europäer aus dem Gewürzhandel mit Indonesien zu vertreiben.

Auf dem Weg nach Asien halten Engländer und Niederländer oft zusammen, tauschen Nachrichten und Proviant, manchmal segeln sie sogar im Konvoi. In Ostindien angekommen, sind die beiden Gesellschaften jedoch erbitterte Rivalen: kapern gegnerische Schiffe, brandschatzen Faktoreien des Konkurrenten.

1623 foltern und töten die Niederländer zehn englische Handelsagenten auf der Molukkeninsel Ambon. Die Company verlässt daraufhin fast alle ihre Faktoreien auf den Gewürzinseln und zieht sich nach Indien zurück. Ohnehin fallen die Preise für Pfeffer, weil zu viel davon nach Europa gebracht worden ist.

Doch im Lauf des 17. Jahrhunderts werden Stoffe aus Indien in Europa immer beliebter: Die Damen der englischen Oberschicht tragen feine Seide und hauchdünnen Musselin. Bürger sitzen im indischen Salon auf mit Chintz bezogenen Möbeln und ziehen die neuen, bunten Baumwollstoffe der schweren Wollkleidung vor, die sie jahrhundertelang getragen haben. Auch Bettwäsche, Servietten und Tischdecken lassen sie nicht länger nur aus Leinen nähen.

Fort William in Kalkutta, vor dem englische Schiffe hier Salut feuern, ist eine der drei zentralen Niederlassungen der EIC in Indien. 1690 gegründet, wird es im späten 18. Jahrhundert Sitz des Generalgouverneurs und damit Hauptstadt der Besitzungen der Briten

Wer in Zukunft hohe Gewinne machen will, muss also indische Stoffe aufkaufen. Die EIC importiert in den folgenden Jahrzehnten zunehmend Ballen, bis die Tuche vom Subkontinent mehr als die Hälfte der Fracht ausmachen.

NICHT NUR DEN Alltag der Engländer verändert die Company, sondern auch die Finanzwelt: Das Handelsunternehmen ist eine der ersten Aktiengesellschaften im Königreich.

Denn das seit dem Mittelalter übliche Geschäftsmodell, bei dem Kaufleute sich nur für eine einzige Reise zusammenschließen, wird Unternehmen wie der EIC nicht mehr gerecht. Ihre Geschäfte umspannen die Welt; während eine Flotte auf dem Weg nach Asien ist, muss bereits die nächste ausgerüstet werden.

Deshalb verkauft die Company ihre unbefristeten Anleihen nicht nur an Kaufleute: Etwa 2000 Engländer und Kontinentaleuropäer halten bald Aktien an der Gesellschaft, vom Dienstmädchen bis zu Mitgliedern der königlichen Familie. So erhöht sich das Kapital der Firma – während das Risiko für den einzelnen Investor sinkt.

Einmal im Jahr schüttet die Company eine Dividende aus. Jeder, der mindestens 500 Pfund investiert hat, darf zudem abstimmen auf den vierteljährlichen Zusammenkünften und der Jahreshauptversammlung im April. Dort wählen die Aktionäre die Direktoren: 24 Männer, die mindestens 2000 Pfund in Anleihen besitzen. Jeder gehört zu einem der zehn Komitees, die die praktische Organisation übernehmen, von der Ausrüstung der Schiffe bis zum Betrieb des firmeneigenen Schlachthauses, wo das Pökelfleisch für die Seeleute zubereitet wird.

Einige Abteilungen sind besonders wichtig: *Correspondence* etwa, die den Briefverkehr mit den Niederlassungen regelt, *Treasury*, die Silber aufkauft und Dividenden ausschüttet, sowie die *Accounts*, berühmt für ihre Buchführung.

Die Muskatnuss gilt als das »Gold Indiens«

Die Direktoren lassen Handelsstationen in Asien bauen, kaufen auch Grundstücke in London. Das East India House in der Leadenhall Street wird bald zum Symbol der Company. Die Statue eines Seemanns krönt den Giebel, den ein Gemälde von Ostindienfahrern mit geblähten Segeln schmückt. An der Fassade prangt das britische Staatswappen.

In der Leadenhall Street werden zunächst auch die Aktien der Firma verkauft. Doch bald versammeln sich Männer in Jonathan's Kaffeehaus in der Exchange Alley, um Anteile an der Company zu handeln – aus diesen Zusammenkünften wird später die Londoner Börse hervorgehen. Und ein anderes Café wird sich zum größten Schiffsversicherer der Welt entwickeln: Lloyd's, wo die Neuigkeiten von frisch zurückgekehrten Ostindienfahrern meist zuerst eintreffen.

Jeden Herbst laufen die Schiffe der Company in London ein. Von Bord karren Schauermänner die Waren in die Lagerhäuser hinter dem East India House.

Alle drei Monate lassen die Direktoren einen Teil der Vorräte versteigern. Ein solcher Verkauf kann sieben Tage dauern, in jeder Sitzung widmet sich der Auktionator einer Sorte Waren und ruft sie so lange aus, wie eine 2,5 Zentimeter hohe Kerze braucht, um niederzubrennen. Die Bieter schreien derart laut, dass Passanten sie durch die Steinmauern des East India House hören können.

Um 1700 importiert die EIC jährlich Waren im Wert von 400 000 Pfund. Die Aktionäre können mit einer Dividende von acht Prozent rechnen, die Aktie gilt als sichere Anlage.

Und sie ist zum Maßstab geworden: Politiker und Kaufleute verfolgen ihren Kurs, um abzulesen, wie es der englischen Wirtschaft geht.

Das Unternehmen hat alle Tiefen der ersten 100 Jahre seines Bestehens überstanden: den englischen Bürgerkrieg und einen kurzzeitigen Verlust seines von der Krone verbrieften Handelsmonopols. Auch ein ab 1700 geltendes Einfuhrverbot für bunte Baumwollstoffe aus Indien, mit dem die Regierung einheimische Handwerker schützen will, beschädigt ihr Geschäft nicht, denn die EIC importiert daraufhin weißes Gewebe, das in England gefärbt wird.

Nicht einmal 200 Männer verwalten im Stammhaus die Geschicke der Company. Mindestens 20 Schiffe sind zu jeder Zeit in ihrem Auftrag auf den Meeren unterwegs, durchschnittlich 13 Reisen finanziert die Gesellschaft jedes Jahr.

Lange schon baut die Company ihre Ostindienfahrer nicht mehr selbst, sondern mietet sie von Investoren. Die Frachtschiffe sind größer als alles, was sonst für die englische Handelsmarine segelt: Während die Amerikafahrer nicht mehr als 200 Tonnen fassen, rüstet die East India Company meist Schiffe von 300 bis 700 Tonnen aus.

Die mächtigen Dreimaster halten, wenn sie nicht vorher verunglücken, acht bis zehn Jahre und machen in dieser Zeit vier Reisen nach Asien. Die meisten der schwer bewaffneten Segler laufen die Ostküste Indiens an, andere die Westküste, zwei oder drei China und je eines das Rote Meer und Persien. An Bord: Briefe der Direktoren an ihre Vertreter in den Faktoreien – detaillierte Bestellungen, in denen Preis, Menge, Qualität festgelegt sind, die Art der Verpackung.

Die Botschaften für Indien liefern die Kapitäne in drei Siedlungen ab, die Vertreter der Company gegründet haben. Es sind bescheidene Faktoreien der Firma mit jeweils einem Gouverneur, werden aber einmal die größten Städte des Subkontinents sein: Bombay im Westen, Kalkutta im Gangesdelta und Madras im Südosten.

Bombay ist auf einer schmalen Halbinsel entstanden, Mitgift der portugiesischen Prinzessin Katharina an König Karl II. und weitervermietet an die Company für den symbolischen Preis von zehn

Die Segler der East India Company, wie hier die »Edinburgh«, die 1825 in den Londoner Docks vom Stapel läuft, sind größer als die meisten Schiffe der britischen Handelsmarine: schwer bewaffnete, bis zu 45 Meter lange und zwölf Meter breite Dreimaster

Aus China bringt die EIC die Teepflanze nach Indien. Das daraus zubereitete Getränk wird bald zum Inbegriff britischer Lebensart

ROBERT CLIVE
Der Sohn eines Kleinadeligen sichert der East India Company Bengalen

Pfund, zu zahlen in Gold am 30. September eines jeden Jahres.

Kalkutta hat der Großmogul der Company überlassen: eine Siedlung am Flussufer eines Mündungsarms des Ganges, umgeben von moskitoverseuchten Sümpfen und für große Schiffe nur schwer anzulaufen.

Keine Niederlassung aber scheint weniger geeignet als Madras an der Coromandel-Küste: Ein Handelsagent hat das Dorf Madraspatnam 1639 dem lokalen Kleinfürsten abgehandelt. An diese drei Quadratmeilen Strand schlägt die heftigste Brandung der gesamten Küste, sie wird bei Regen von der landeinwärts gelegenen Lagune überflutet – und die nächste Festung der Portugiesen liegt nur wenige Minuten entfernt. Ebendies war wahrscheinlich der Grund für die merkwürdige Wahl: In der Anlage lebte die Geliebte des Kaufmanns.

Doch innerhalb weniger Jahre haben die Männer der Company an diesem unwirtlichen Ort ein Fort gebaut, sind Weber, Kaufleute, Diener, Geldverleiher und Prostituierte nach Madras gezogen.

IM JUNI 1744 geht ein Schiff der Company an der Coromandel-Küste vor Anker. Ein junger Mann blickt auf Madras, der die Geschicke der Company für immer verändern wird: Robert Clive.

Er sieht als Erstes die Festung St. George, die sich wie eine Sandburg auf dem Strand erhebt, überragt vom dreistöckigen Haus des Gouverneurs und dem Kirchturm von St. Mary's. Weil eine Sandbank den Weg ans Ufer versperrt, muss sich Clive in einem kleinen Boot übersetzen lassen, kommt durchgeschüttelt und nass am Strand an.

Der Mann ist weit weg von seiner Heimat Shropshire und dem väterlichen Landgut. Mit einer Bürgschaft von 500 Pfund und der Empfehlung eines der Direktoren ist er in den Dienst der Company getreten, wie alle fängt er als Schreiber an, ganz unten in der Hierarchie.

Seine Vorgesetzten werden zunächst nichts Ungewöhnliches an ihm finden, er ist ein junger Mann wie Hunderte andere, die für die Company ans östliche Ende der Welt segeln.

Erzählt ihnen der 19-Jährige, von wie vielen Schulen er relegiert worden ist? Dass er, eines von 13 Kindern, dessen adeliger Vater als Anwalt arbeitet, Ladenbesitzer in seinem Heimatdorf um Schutzgeld erpresste, bis ihn seine Familie aus Verzweiflung auf ein Schiff nach Indien schickte?

Oder will er sich neu erfinden – hier, wo Männer entweder gemacht oder vernichtet werden? Die Hälfte der Angestellten in Asien stirbt bei Schiffbrüchen, an Malaria, an Typhus oder Cholera. Viele halten die feuchte Hitze nur ein oder zwei Monsune lang aus.

> Wer *reich* werden will, begnügt sich nicht mit legalen Geschäften

Wenige Glückliche aber werden unermesslich reich.

Sicher hat Clive von Elihu Yale gehört: Als 23-Jähriger kam der in Neuengland geborene Brite nach Madras, mit 38 Jahren war er Gouverneur, und 1699 kehrte er nach England zurück, nach modernen Maßstäben ein Multimillionär. (Einen Teil seines Vermögens spendete Yale einem College in Neuengland, das nach ihm benannt wurde.)

CLIVE LEBT NUN in einer Stadt, in der 80 000 Inder wohnen und einige Hundert Europäer. Wahrscheinlich ist er manisch-depressiv, auf jeden Fall aber hat er Heimweh, versucht, Selbstmord zu begehen, und fällt seinen Vorgesetzten vor allem dadurch auf, dass er Regeln bricht.

Seine Arbeit in Madras muss ihn langweilen. Vielleicht hält er sich, wie viele Kollegen, eine *bibi*, eine einheimische Geliebte. Die Angestellten der Company nennen die Bibis „Schlaf-Wörterbücher", denn die Frauen bieten die schnellste und angenehmste Art, die Landessprache zu lernen. Verhältnisse und Ehen zwischen Briten und Inderinnen sind zu dieser Zeit noch geduldet, Kinder aus den Beziehungen erhalten von der Company Taufgeschenke.

Regelmäßig kommen aber auch „Angelflotten" an, mit englischen Frauen für die Angestellten. Sie werden von ihren Brüdern, Onkeln oder Cousins eingeladen als gute Partie für einen Kollegen. Den Frauen bleiben 40 Tage, einen Mann zu finden. Danach, so sagt man, ist ihr Teint bereits zu sonnenverbrannt. Doch meist sind die Bräute schnell vergeben. Auch Clive wird in Madras die Schwester eines Freundes heiraten.

Neben Frauen bleibt den Männern nur das Trinken: Ein Drittel der Krankheiten bei Angestellten der Company sind alkoholbedingt. Die Schreiber der EIC drängen sich in den Punsch-Hallen der Stadt. Neben dem Heißgetränk gibt es Arrak aus Reis oder fermentierten Palmsaft. Wiederholt beschweren sich die Direktoren in London über die hohen Rechnungen für Getränke am Tisch des Gouverneurs von Fort St. George.

„Jeder von Ihnen sollte rot werden bei dem Gedanken, 30 Rupien für ein Dutzend englische Biere auszugeben", haben die Herren der Leadenhall Street schon eine Generation zuvor nach Madras geschrieben. „Wenn Sie Alkohol zu solchen Preisen haben müssen, befriedigen Sie Ihren Gaumen bitte auf Ihre, nicht auf unsere Kosten."

Doch auf die Trunksucht ihrer Angestellten haben die Direktoren ebenso wenig Einfluss wie auf deren Geschäfte.

Clive beobachtet, wie der Gouverneur von Madras die Bestellungen aus London erfüllt, wie er sich einmal pro Woche mit seinem Rat aus erfahrenen Kaufleuten zusammensetzt. Der junge Schreiber kopiert anfangs vermutlich Briefe an die Madras unterstellten Faktoreien, vielleicht auch die Verträge, die die Engländer mit indischen Maklern sowie mit Zwischenhändlern abschließen.

Und schnell wird er verstehen, wie Elihu Yale an sein Vermögen gekommen ist; wie jeder geschickte Mann an Indien verdient.

Robert Clive erhält nur 20 Pfund Gehalt im Jahr, genug zum Leben. Doch sicher führt er bald zwei Bücher: eines für seinen Arbeitgeber – und eines für seine Privatgeschäfte. Das machen alle so, geduldet von der EIC.

Auf eigene Rechnung handeln sie mit jenen Händlern, die auch Geschäfte mit der Company machen (und nicht immer trennen sie die Bücher dabei säuberlich). Führende Angestellte kaufen Schiffe und lassen sie nach Osten bis Südchina segeln, nach Westen in den Persischen Golf bis Basra. Die Häfen der East India Company werden zu den wichtigsten Umschlagplätzen für Waren in ganz Asien.

Doch wer wirklich reich werden will, begnügt sich nicht mit legalen Geschäften: Die Agenten der Firma nehmen von indischen Kaufleuten Geschenke und Geld an – für Aufträge und Gefälligkeiten. So lassen sie die Güter einheimischer Händler unter eigenem Namen transportieren, weil ihre Kunden auf diese Weise Zölle und Gebühren sparen. Bald beherrschen die britischen Schiffe den indischen Handelsverkehr.

Robert Clive hat Zeit, die Korruption und die Geschäfte in Madras zu durchschauen. Aber es bleibt ihm keine, um selbst reich zu werden.

Ein europäischer Konflikt erreicht die Ostküste Indiens: der Österreichische Erbfolgekrieg. Darin stehen sich seit 1740 unter anderem auch England (ab 1742 aufseiten Österreichs) und Frankreich (aufseiten Preußens) gegenüber. Beide Länder treiben Handel in Indien: Die französische „Compagnie des Indes" wird seit einigen Jahrzehnten immer stärker und verdirbt die Preise, da sie selbst jene Stoffe kauft, die Briten und Niederländer zurückweisen.

1746 landet eine französische Flotte mit 2000 Soldaten in Madras und erobert die Stadt innerhalb weniger Tage. Viele Engländer flüchten ins 160 Kilometer weiter südlich gelegene Fort St. David – auch Robert Clive.

Und hier bietet sich ihm endlich die Chance auf Ruhm: Als Fähnrich tritt er in die Truppe der Company ein, die im Verlauf dieses Konfliktes rapide wächst. Waren bisher nur einige Hundert Bewaffnete in jeder Garnison stationiert, stellt der Kommandant in St. David nun 2000 einheimische Söldner ein. Hinzu kommen 4000 Europäer. Gemeinsam halten sie das Fort.

1748 schließen England und Frankreich Frieden, Madras wird an die Engländer zurückgegeben. Robert Clive erhält dort den gut bezahlten Posten des Proviantmeisters und verdient zusätzlich als selbstständiger Kaufmann.

Doch die Konkurrenz zwischen der East India Company und der französischen Compagnie des Indes ist nicht gelöst. Beide Seiten haben aufgerüstet, in einem Nebengefecht haben die Franzosen zudem einem indischen Fürsten bewiesen, dass eine moderne europäische Infanterie auch mit einer indischen Übermacht fertig wird.

Die Feuerkraft der Europäer ist nun eine wertvolle Ware, und beide Unternehmen tragen ihren Konflikt fortan über Stellvertreter aus. Mit firmeneigenen Truppen unterstützen sie rivalisierende Anwärter auf den Thron des Nawab, der als Statthalter des Mogulkaisers die südindische Provinz Arcot regiert, das Hinterland von Madras.

In den folgenden Jahren leitet Robert Clive waghalsige Angriffe auf dem Schlachtfeld, verteidigt das Fort von Arcot und verhilft dem Kandidaten der Engländer zum Sieg – gegen die eigentlich überlegene Armee der Franzosen.

Mit einem kleinen Vermögen reist er 1753 wieder nach England. Von der EIC erhält er zum Dank ein mit Diamanten besetztes Schwert. Clive ist 28 Jahre alt und ein Kriegsheld.

Die einst mächtigste Herrscherdynastie Indiens aber muss hilflos zusehen, wie sich die europäischen Händler zu unabhängigen Kriegsherren aufschwingen: Die Mogulkaiser in Delhi verlieren rapide an Macht, ihr Reich kollabiert.

Die Großmoguln, die um 1700 den gesamten Subkontinent bis auf die südliche Spitze regierten, gründeten ihre Herrschaft auf ein ausgeklügeltes Steuersystem. Doch nun können sie ihre Ansprüche nicht mehr militärisch durchsetzen. Mehrmals wird Delhi von fremden Heerführern erobert und geplündert.

Immer mehr ihrer Provinzstatthalter erkennen den Großmogul nur noch formal als Oberherrn an. So schickt etwa der Nawab von Bengalen eher unregelmäßig Tribut nach Delhi. Nach und nach entgleitet ausgerechnet diese Provinz mit ihren besonders hohen Steuereinnahmen dem Einfluss der Mogulkaiser: die Kornkammer Indiens, in der die Engländer ihre wichtigste Handelsniederlassung haben.

„PARADIES AUF ERDEN" nennen Zeitgenossen Bengalen. Die Bauern im Gangesdelta bauen Reis an, der in ganz Indien verkauft wird, ernten Zuckerrohr und Senfkörner, aus denen Öl gewonnen wird. Arbeiter sieden in Dampfkesseln Salz an der Küste. Und die feinsten Musselingespinste stammen aus bengalischen Färbereien und Webereien.

Gewürze wie Pfeffer locken die Europäer nach Asien

Am 23. Juni 1757 schlagen Truppen der EIC unter Robert Clive (Mitte) die bengalische Armee – ohne große Mühe. Denn der General Mir Jafar, der sich hier vor dem Sieger verbeugt, überredet seine Soldaten, nicht zu kämpfen. Dafür hat ihm Clive den Thron von Bengalen versprochen

Unweit der Küste, am Fluss Hugli, liegt Kalkutta. Die dort 1690 gegründete englische Festung ist von Lagerhäusern, Büros, Kirchen und Wohnungen für die rund 70 zivilen Angestellten der Company umgeben.

Im April 1756 besteigt der junge Sirajud-Daula den Thron des Nawab von Bengalen. Wie schon seinen Vorgänger macht ihn das militärische Gebaren der Engländer misstrauisch, die ihr Fort immer weiter ausbauen.

Wozu brauchen die Kaufleute derart dicke Mauern und eine eigene Armee? Wollen sie etwa, wie in Arcot, einen eigenen Kandidaten auf den Thron bringen?

Wenige Wochen nach seinem Herrschaftsantritt erobert der Nawab mit seinen Truppen die Stadt. Die Briten evakuieren per Schiff viele Frauen und Kinder, auch Männer fliehen. Rund 200 Verteidiger müssen sich dem Nawab schließlich ergeben.

„Ganz London bestürzt", titeln die Zeitungen, als die Nachricht von Kalkuttas Fall England erreicht. Die Direktoren aber bleiben ruhig: Warenhäuser und Schatztruhen waren leer, und die Rückeroberung wird bereits vorbereitet.

Ein halbes Jahr nach dem Verlust Kalkuttas kehren die Engländer zurück. An ihrer Spitze: Robert Clive.

Wie andere Heimkehrer hat Clive in England mit seinem Geld geprasst, ein eitler, extravaganter Emporkömmling. Die Engländer nennen diese Parvenüs, die sich mit orientalischem Geld bei den englischen Lords einkaufen wollen, *nabobs* – eine Verfälschung von Nawab.

Seine Heimat musste ihm zu eng scheinen nach seinen märchenhaften Triumphen: Bei der ersten Gelegenheit ist Robert Clive wieder nach Indien gesegelt. Als Gouverneur einer Festung südlich von Madras und Oberstleutnant der königlichen Truppen soll er gemeinsam mit dem Admiral Charles Watson gegen die Franzosen kämpfen.

Stattdessen entsendet der Rat der Company in Madras die Streitkräfte nach Bengalen. Im Februar 1757 erobern sie Kalkutta zurück. Die indischen Bewohner der Stadt begrüßen ihre alten Herren.

Der wichtigste Handelsposten ist wieder in britischer Hand, doch Robert Clive will mehr für England und die EIC erreichen. Er überzeugt die Kaufleute der Company sowie Admiral Watson, dem Nawab den Krieg zu erklären. Zugleich verbündet er sich mit Verrätern am Hof Sirajud-Daulas.

Am 23. Juni 1757 treffen Truppen des Nawabs bei dem Dorf Plassey auf Clives Soldaten: 50 000 Bengalen gegen 3000 Kämpfer der Briten, zwei Drittel davon indische Söldner.

DIE SCHLACHT VON Plassey gleicht mehr einem Scharmützel. Denn Mir Jafar, des Nawabs wichtigster General, beteiligt sich mit seinen Truppen nicht am Kampf: Clive hat ihm den Thron versprochen, wenn er stillhält.

Die Briten siegen, der fliehende Nawab wird ermordet und Mir Jafar als neuer Fürst eingesetzt – eine Marionette der East India Company: Der General hat den Engländern für ihre Hilfe Geschenke im Wert von 2,5 Millionen Pfund versprochen.

Gemäß dieser Absprache füllt Robert Clive mehr als 100 Boote mit Gold und Silber aus der Schatzkammer des Nawab und sendet sie einen Fluss hinab nach Kalkutta. Doch der Schatz ergibt nur 1,5 Millionen Pfund, und so steht Mir Jafar weiterhin in der Schuld der Engländer.

„Es wird wenig oder keine Schwierigkeiten bereiten, diese reichen Königreiche vollkommen in Besitz zu nehmen", schreibt Clive in die Heimat. Die Company erhält vom Nawab einen großen Landstrich zwischen Kalkutta und dem Meer zur eigenen Verfügung.

Zudem bietet der amtierende Mogulkaiser in Delhi – der Gegenspieler des Nawab von Bengalen – den Engländern nun die *diwani* für Bengalen an: das Recht also, dort Steuern einzutreiben.

Wahrscheinlich erhofft sich der Großmogul, durch dieses Angebot von den Europäern wenigstens jenen Anteil zu bekommen, den ihm Bengalens Nawabs kaum mehr zahlen.

Clive überstellt die Offerte nach London. Doch der englische Außenminister lehnt ab – denn juristisch würde die Diwani König Georg III. zum Lehnsmann des Großmoguls machen.

Doch vor allem fürchtet das britische Parlament um seine Macht über den Monarchen: Einen König, der persönlich über die Einnahmen aus Bengalen verfügen würde, könnten die Abgeordneten nicht mehr kontrollieren.

Sieben Jahre lang beutet die Company, vom Nawab ungehindert, Bengalen aus. Niederländern und Franzosen wird der Handel unmöglich gemacht. Nun sind es ausschließlich britische Kaufleute, die aus Schlafmohn gewonnenes bengalisches Opium nach Südostasien und China verschiffen. Weil der chinesische Kaiser den Import der Droge verboten hat, schmuggeln die Angestellten der Company die Ware auf eigene Rechnung ein – mit gewaltigen Gewinnen.

Dann versucht eine Koalition indischer Machthaber in einer großen Schlacht, die Briten aus Bengalen zu vertreiben – erfolglos.

1765 tritt Robert Clive sein Amt als neuer Gouverneur der EIC von Bengalen an. Kurz darauf gelingt es ihm, die Diwani doch noch anzunehmen – jetzt aber für die East India Company. Dieser Regelung, die den König außen vor hält, hat London zugestimmt.

Die 24 Direktoren der EIC verwalten nun zehn Millionen Steuerzahler.

Der Nawab wird zum Pensionär der Briten degradiert, nur auf dem Papier noch zuständig für islamische Rechtsprechung, öffentliche Ordnung und Verteidigung. In Wirklichkeit sind es Truppen der Company, die fortan gegen Aufständische kämpfen und renitente Grundbesitzer zwingen, ihre Steuern zu zahlen.

Die Direktoren in London gründen neue Büros, schaffen neue Funktionen,

Mit Baumwolle macht die EIC lange gute Geschäfte. Erst 1858 verliert sie ihre Herrschaft in Indien an das Empire

> Die Briten in Indien **ignorieren** Londons Anweisungen

stellen viele neue Männer ein. Angestellte des Unternehmens besetzen bald alle wichtigen Positionen in der Steuerbehörde der Provinz. Und zwei Kontrollkommissionen übernehmen die Arbeit der Minister des Nawab. Doch die EIC bleibt ein Unternehmen; den Staat kann und will sie nicht ersetzen – was sich schon bald auf grausame Weise zeigt.

Im Sommer 1769 bleibt der Monsun aus. Die Dürre dauert fast ein Jahr, Hunderttausende Bengalen sterben, mindestens ein Drittel der Menschen im Gangesdelta. Anders als früher der Nawab haben die Briten keine Vorräte für solche Fälle angelegt, kaufen auch jetzt kein Getreide, um es kostenlos zu verteilen.

Im Gegenteil: Die Angestellten der Company nutzen die Chance auf schnellen Reichtum. Der Preis für Reis vervierzigfacht sich nahezu, und einer der jungen Agenten verdient an der Not allein 60 000 Pfund.

Während Menschen in den Straßen von Kalkutta verhungern, treibt die Company weiterhin Steuern ein. Und meldet an die Zentrale in London: Man habe die Einnahmen trotz der widrigen Umstände erhöhen können.

Ebenso skrupellos geht die Firma gegen die Konkurrenz vor. Selbst der Binnenhandel wird nun zum Monopol der Company-Mitarbeiter, die indischen Kaufleute verlieren ihre Einkünfte.

Die Briten verbieten unter anderem den Webern, für andere Händler zu arbeiten, ehe sie nicht ihre Verpflichtungen gegenüber der Company erfüllt haben. Sie setzen Preise fest, die zumeist so niedrig sind, dass die Tuchmacher kaum das benötigte Rohmaterial bezahlen können.

Als verarmte bengalische Handwerker eine Delegation nach Kalkutta senden, um gegen die Ausbeutung zu protestieren, verfügt der Gouverneursrat zwar, die Löhne zu erhöhen. Doch der EIC-Vertreter vor Ort ignoriert die Order. Er droht sogar, die Weber zu verhaften, wenn sie ihren Widerstand nicht aufgeben.

SELBST WENN SICH in London jemand an diesen Praktiken stören sollte – die Direktoren sind eine Jahresreise entfernt. Wenn ihre Briefe endlich in Indien ankommen, haben die Gouverneure längst gehandelt. Das war vorteilhaft, als es darum ging, vor Ort den Gewinn zu maximieren. Nun aber sollen die Herren der Leadenhall Street einen Staat am anderen Ende der Welt regieren: Bengalen. Einen Staat, den ihnen Robert Clive vor die Füße gelegt hat und den die meisten von ihnen nur aus Erzählungen kennen.

Die Korruption unter ihren Angestellten in Indien nimmt zu. Längst lassen sich die Engländer nicht mehr nur von indischen Kaufleuten bestechen: Mit Geschenken halten sich auch die Herrscher in den Einflussgebieten der Engländer die Company und deren Soldaten gewogen.

Nirgendwo gehen die Kaufleute schamloser vor als in Madras. Der Nawab der angrenzenden Provinz Arcot, Mohammed Ali, verdankt den Engländern ja seinen Thron. Und steht bald noch tiefer in ihrer Schuld: In den späten 1760er Jahren hat jeder Engländer in Madras dem Herrscher Geld geliehen, zu Wucherzinsen.

Der Nawab ist gleichzeitig hoffnungslos verschuldet und die beste Investition in der Stadt. Denn der Herrscher hält seine Gläubiger mit Geschenken ruhig (für die er anderswo neues Geld borgt) und überträgt ihnen häufig die Steuerrechte an Dörfern oder ganzen Regionen. Mit EIC-Truppen unternimmt er Raubzüge in die umliegenden Fürstentümer und teilt die Beute mit den Briten.

Angestellte der Company kehren nach wenigen Jahren in Madras als reiche Männer nach London zurück. Und einige werden selbst in England noch vom Nawab bezahlt – gegen das Versprechen, ihn in politischen Kreisen in der Hauptstadt zu vertreten.

Vergebens versuchen die Direktoren in der Leadenhall Street, das Verhalten ihrer Angestellten zu kontrollieren: Eine Untersuchungskommission, die die Londoner nach Madras schicken, ertrinkt bei einem Schiffsunglück vor dem Kap der Guten Hoffnung.

Zu allem Überfluss entpuppt sich auch das von Robert Clive erkämpfte Steuereintreibungsrecht in Bengalen als schlechtes Geschäft. Statt der fantastischen Gewinne, die er seinen Vorgesetzten versprochen hatte, macht die East India Company Verluste – eine zu hohe Dividende wird ausgezahlt, zu teuer sind die zusätzlichen Angestellten, die Militärkampagnen.

Von 1757 bis 1767 verdoppeln sich die Militärausgaben allein in Bengalen auf 885 000 Pfund. Und die Generäle werben weiterhin so viele Männer an, bis sie eines der größten stehenden Heere der Welt unter sich haben: Bis 1805 verachtfacht sich die Zahl der Soldaten auf 154 000.

Die Aktie der Firma, deren Wert sich mit der Nachricht vom Erhalt der Diwani fast verdoppelt hatte, stürzt 1772 ab. Spekulanten verlieren ein Vermögen. Der Schatzmeister hat nicht mehr genug Bargeld, um die Schuldscheine auszuzahlen, die auf der ganzen Welt als sicheres Geldmittel akzeptiert werden, einzulösen in London.

Es ist, als wäre eine Staatsbank zahlungsunfähig: Der Absturz der Company löst eine weltweite Kreditkrise aus. Die Direktoren betteln die Regierung an: Der Staat muss ihnen 1,4 Millionen Pfund leihen. Für dieses Rettungspaket aber wird die Company teuer bezahlen.

Eine Kaufmannsgesellschaft, die eigenmächtig Steuern eintreibt und Pakte mit Herrschern schließt, muss unter Kontrolle gebracht werden. Nicht zuletzt ist auch die britische Staatskasse längst auf die Steuerzahlungen der Company angewiesen. Und auf jene 400 000 Pfund, die das Unternehmen seit 1769 jährlich von den Erlösen in Bengalen an die Krone abführt.

1772 setzen die Abgeordneten des britischen Parlaments eine Kommission ein, um „das Wesen und den Zustand der East India Company und britischer Angelegenheiten in Indien" zu untersuchen – und das Verhalten ihres größten Helden.

Denn Robert Clive hat von seiner zweiten Reise Kostbarkeiten im Wert von mehr als 200 000 Pfund mitgebracht. Zudem hat ihm der Nawab von Bengalen Erträge von Ländereien zugesprochen, die etwa 27 000 Pfund jährlich einbringen, für den Rest seines Lebens.

Clive ist längst einer der reichsten Männer des Königreichs. Er trägt den Titel Baron von Plassey und wird von führenden Politikern als „himmelsgeborener General" gerühmt. Doch jetzt muss sich der Mann, der Bengalen erobert hat, von Parlamentariern öffentlich als Vorbild aller skrupellosen Geschäftemacher beschimpfen lassen.

„Ein großer Prinz hing von meinem Gefallen ab, eine wohlhabende Stadt war meiner Gnade ausgeliefert; ihre reichsten Bankiers konkurrierten um mein Lächeln; ich wanderte durch Schatzkammern, die nur für mich geöffnet wurden, angehäuft zu beiden Seiten mit Gold und Juwelen!", gibt Clive zu Protokoll. „Herr Vorsitzender, ich bin erstaunt von meiner eigenen Bescheidenheit."

Doch das Parlament verabschiedet 1773 den Regulating Act. Das Gesetz verbietet den Angestellten die Annahme von Geschenken und schafft das Amt eines Generalgouverneurs mit Sitz in Kalkutta (das Hauptstadt von Westbengalen wird). Ihm unterstehen alle Gouverneure, er ist für die kaufmännische und militärische Strategie zuständig.

In dem fünfköpfigen Rat, dem der Generalgouverneur vorsteht, haben vom Parlament eingesetzte Männer die Mehrheit. Ein Gerichtshof in Bengalen soll über die englischen Untertanen richten. Das Parlament kontrolliert alle Briefe, die das East India House aus Indien erreichen.

Um die Company finanziell zu stärken, gewähren die Parlamentarier ihr in dem Regulating Act auch neue Vorteile: Sie erhält das Monopol auf den Salz- und Opiumhandel in Bengalen sowie Steuervorteile beim Tee-Export in die amerikanischen Kolonien, die ihre Ware konkurrenzlos billig machen. Händler in Neuengland protestieren und werfen bereits die erste Ladung Tee in den Bostoner Hafen: Die „Boston Tea Party" wird den Amerikanischen Unabhängigkeitskrieg mit auslösen.

Nach dem Verlust der Kolonien in Amerika richtet sich das Interesse der Briten auf den indischen Subkontinent, und es sind die unzähligen Soldaten der Company, die bis 1819 fast ganz Indien unter Kontrolle bringen und später noch den Sindh und den Punjab besetzen.

Doch mit dem Indien-Gesetz beginnt auch der Niedergang der Handelsgesellschaft: Schrittweise wird das Parlament in den folgenden Jahrzehnten ihren Spielraum einschränken – bis von der East India Company nicht mehr übrig ist als eine bürokratische Hülle. Denn das Missmanagement der Kaufleute in Indien hat den Politikern bewiesen: Ein Reich lässt sich nicht wie ein Unternehmen führen, Menschen lassen sich nicht nach Maßstäben von Gewinn, Verlust und jährlicher Dividende regieren.

Den fortschreitenden Machtverlust der East India Company erlebt Robert Clive, ihr wohl skrupellosester Angestellter, nicht mehr. Ein Jahr nach dem Regulating Act begeht der 49-Jährige Selbstmord: gedemütigt, opiumsüchtig und noch immer psychisch instabil.

Seine Statue aber wird noch fast 100 Jahre den Sitzungssaal der East India Company in London schmücken – der einzigen Aktiengesellschaft, die je über ein Großreich herrschte. ⌐

Napoleon *um 1800*

Der SCHLAC

1797

KAMPF UM ITALIEN

Seit er neun Jahre alt ist, besucht Napoleon Bonaparte, Spross aus niederem korsischen Adel, Militärakademien, die ihn als Offizier ausbilden. In den Wirren der Revolution zum General ernannt, führt er am 14. Januar 1797 eine französische Armee im norditalienischen Rivoli zum Sieg über die Großmacht Österreich. Das revolutionäre Frankreich triumphiert – und Bonaparte wird zum international bekannten Feldherrn

HTEN lenker

Kein europäischer Herrscher der Neuzeit verdankt seine Karriere so sehr dem Krieg wie Napoleon Bonaparte. Seinen erstaunlichen Aufstieg vom korsischen Provinzjungen zum Kaiser von Frankreich, seine imperiale Machtfülle als Oberherr des Kontinents. Mit zahlreichen Schlachten, oft von ihm selbst entfesselt, prägt der Feldherr ein kriegerisches Zeitalter, das Europa tiefgreifend verändert

Texte: JENS-RAINER BERG

Napoleon *um 1800*

1798

EXPEDITION IN DEN ORIENT

Um den Erzfeind Großbritannien im Mittelmeer zu schwächen, will Bonaparte, inzwischen Frankreichs einflussreichster Militär, Ägypten erobern. In der Nähe der Pyramiden treffen die Franzosen, die in exakten, oft quadratischen Formationen kämpfen, am 21. Juli 1798 auf die kaum geordnet anstürmenden Reiterkrieger der Mamelucken und schlagen sie vernichtend. Der Feldzug wird später dennoch zum Misserfolg. Nur dank geschickter Propaganda gelingt es Bonaparte, seinen grandiosen Ruf zu wahren

Napoleon *um 1800*

1805

DER WEG ZUM IMPERIUM

Bonaparte steht nach einem Militärputsch von 1799 an der Spitze des französischen Staates, krönt sich 1804 sogar zum Kaiser. Diktatorisch reformiert er das Land. Und will sein Reich vergrößern: Bei der mährischen Stadt Austerlitz erringt er am 2. Dezember 1805 gegen eine russisch-österreichische Übermacht seinen militärisch wohl herausragendsten Triumph. Nach dem Sieg – hier der Vorabend der Schlacht – dominiert Frankreich Mitteleuropa. Und das fast 850 Jahre alte Heilige Römische Reich deutscher Nation zerbirst

Napoleon *um 1800*

1806

UNTERWERFUNG DER DEUTSCHEN

Am 14. Oktober 1806 reitet Kaiser Napoleon mit seinen Soldaten bei Jena in den Kampf gegen Preußen, neben Österreich der letzte große deutsche Staat, der noch nicht von Frankreich abhängig ist. Die schnellen Manöver des Franzosen treiben die schwerfälligen und überheblichen Gegner in eine katastrophale Niederlage. Einige Tage später zieht Napoleon durch das Brandenburger Tor in Berlin; die Unterlegenen modernisieren bald darauf Staat und Armee, auch um sich gegen die französische Herrschaft zu behaupten

Napoleon *um 1800*

1812

MASSAKER IM ZARENREICH

Von Spanien bis Polen, von Italien bis Norddeutschland erstreckt sich um 1810 Napoleons Herrschaftsbereich, das Grand Empire. Als sich der russische Zar weigert, eine Handelsblockade gegen England zu unterstützen, zieht der französische Kaiser auch gegen Russland. Bei Borodino, kurz vor Moskau, entbrennt am 7. September 1812 eine besonders brutale Schlacht: Insgesamt 70 000 Kämpfer sterben, werden verwundet oder gefangen genommen. Napoleon behält die Oberhand, doch das Blutbad ist ein böses Omen: Er wird den Feldzug nicht gewinnen, der Zenit seiner Macht ist überschritten

Napoleon *um 1800*

1813

KOLLAPS EINES GROSSREICHS

Drei Tage, vom 16. bis zum 19. Oktober 1813, dauert das bis dahin größte Gefecht der Geschichte, die Völkerschlacht bei Leipzig, in die fast 400 000 Soldaten ziehen. Dann kann der Kommandeur der Alliierten den Herrschern von Russland, Preußen und Österreich den Sieg über Napoleon vermelden. Erstmals haben sich 1813 alle europäischen Großmächte gegen den Franzosen vereint. Und dessen Imperium zerfällt nach den Kämpfen in Sachsen binnen eines halben Jahres

Napoleon *um 1800*

1815

DAS ENDE DES KAISERS

Unter einem unheilvoll düsteren Himmel bespricht sich Napoleon auf dem Schlachtfeld beim belgischen Waterloo mit seinen Offizieren. Am 18. Juni 1815 verliert hier der Feldherr – der nach einer Verbannung noch einmal auf den französischen Kaiserthron zurückgekehrt ist – seinen letzten Kampf. Die Niederlage gegen preußische und britische Heere vernichtet all seine Machtträume endgültig. Und macht aus dem einstigen Weltenherrscher einen Gefangenen auf einer winzigen Felseninsel

Britisches Empire *1851*

LON

Zentrum der Welt

Hier schlägt das Herz des Empire: London ist zur Mitte des 19. Jahrhunderts die größte Stadt der Erde, zudem der wichtigste Hafen und bedeutendste Industriestandort, das Zentrum der internationalen Waren- und Geldströme. Im Frühjahr 1851 wird an der Themse die erste Weltausstellung eröffnet – eine Leistungsschau des britischen Imperiums

Text: MATHIAS MESENHÖLLER

DON

Symbol der Weltmetropole:
Die Tower Bridge verbindet zum
Ende des Jahrhunderts das
Londoner East End mit dem
Südufer der Themse

British Empire *1851*

Viktoria, Königin seit 1837, herrscht 63 Jahre lang über das Empire. Doch die wirkliche Macht im Reich haben andere

Am 1. Mai 1851 eröffnen Königin Viktoria und ihr Ehemann Albert die erste Weltausstellung – in einer säkularen Kathedrale: dem Kristallpalast, einem 560 Meter langen, 33 Meter hohen Bau aus Eisen und Glas. Hier präsentiert Großbritannien, neben anderen Staaten, den Besuchern aus nah und fern seine neuesten Industrieprodukte und die Größe seiner Kolonien

Wie so oft fällt ein dünner Regen. Dennoch strömen rund 500 000 Menschen an diesem 1. Mai 1851 in den Londoner Hyde Park, zu Fuß, zu Pferd, auf leichten Einspännern oder in Mietdroschken. Erwartungsvoll. Gegen Mittag rollt eine Kolonne von neun Staatskutschen heran. In einem der Wagen sitzt eine kleine Frau.

Da bricht die Sonne durch die Wolken und lässt die Juwelen im Haar, an Hals und Fingern der Frau funkelnd aufstrahlen. Hell schimmert ihr Hofkleid aus weißem und rosafarbenem Satin; triumphal gleißt in ihrem Dekolleté der Koh-i-Noor, der größte Diamant der Welt. Königin Viktoria von England, die Herrscherin über Britannien und dessen Weltreich, gibt sich die Ehre.

Der Glanz all ihrer Edelsteine aber wird übertroffen von dem menschenumlagerten Wunderwerk, auf das die Karosse der Monarchin nun zusteuert und dessen Eröffnung durch ihren Besuch geadelt wird. Einem Bau, wie ihn die Welt noch nicht gesehen hat.

Er ist 560 Meter lang, in Teilen 33 Meter hoch und scheinbar fast ganz aus Glas, getragen von einer filigranen Eisenstruktur. Eine spiegelnde Kathedrale der technischen Zivilisation.

Errichtet in nur wenigen Monaten, dient der „Kristallpalast" – wie eine Londoner Zeitschrift das Meisterstück aus Licht und Leichtigkeit getauft hat – einem einzigen Zweck: Für ein knappes halbes Jahr wird hier die „Great Exhibition of the Works of Industry of All Nations" gezeigt, die erste Weltausstellung. Anschließend sollen die rund 300 000 Glasplatten und vorgefertigten Rahmen des Baus wieder demontiert werden.

Die „Great Exhibition" ist eine Schau neuer Maschinen und Erfindungen, von Konsumgütern, Rohstoffen und Kunstgegenständen aller Kontinente, kurz: eine Feier des friedlichen Austausches und Fortschritts. Sowie des britischen Imperiums, das den globalen Handel antreibt wie keine zweite Macht. Und Englands, dieser „Werkstatt der Welt".

Hell funkelt (gleich dem Koh-i-Noor im Kleid der Königin) der Kristallpalast am Saum der Kapitale: der größten, reichsten, fiebrigsten Stadt des Planeten – die eben am Anfang ihrer glanzvollsten Ära steht. Einer nasskalten, in Freiheit und Gier verliebten, grandiosen und elenden, erbarmungslosen und erbärmlichen Metropole. Strotzend vor Pracht und Vergnügen, Perversion, Macht.

„The Imperial City": London. 2,3 Millionen Menschen leben um 1850 in dieser Metropole. Darunter einige der vermögendsten Aristokraten und Kaufleute Europas sowie Angestellte und Arbeiter fast jeder Profession, ein Heer männlicher und weiblicher Dienstboten, halb verhungerte Tagelöhner, Bettler. Doch gleichgültig, ob Mittelschicht oder Proletarier, Millionär oder Vagabund, einer Erfahrung kann sich kein Londoner entziehen: Die Stadt stinkt.

Sie stinkt aus 200 000 überlaufenden Sickergruben, aus verfallenen, verstopften Abwasserkanälen und Gullys. Sie stinkt von der Themse her, die vor Exkrementen und Abfall dunkel schimmert, durch deren verpesteten Uferschlamm Massen roter Würmer kriechen. Sie stinkt nach den Ausscheidungen der Zugpferde und Schlachttiere, die jedes Jahr Zehntausende Tonnen Kot und Urin auf den Straßen zurücklassen.

Auf innerstädtischen Mülldepots und um Metzgereien und Märkte verrotten welkes Gemüse, Fleischabschnitte, Fischreste. Zwischen Schmutzwasserlachen und Kehrichthaufen liegen verendete Ratten, Katzen und Hunde, von den überfüllten Friedhöfen geht menschlicher Verwesungsgeruch aus.

Die ätzenden Ausdünstungen zahlloser Gerbereien, Leim- und Kürschnerbetriebe, Färberwerkstätten mischen sich mit dem beißenden Rauch der Brikettheizungen und Küchenfeuer, dem teerigen Anhauch von Kohlengas, das aus undichten Leitungen dringt.

Und es stinken auch die Menschen, ihre faulen Zähne und schwitzenden, eng gegeneinander drängenden Leiber, selten gewaschen, oft krank, alkoholisiert;

es stinkt ihre über Tage, Wochen nicht gewechselte Wäsche, das fettig verfilzte Haar. Stechend scharf, süßlich-schwer, bitter: London stinkt so vielfältig und durchdringend, wie die Menschheit nur stinken kann.

Es ist der Dunst der Freiheit. Denn all dieser Dreck und das Gedränge, die wild wuchernden Betriebe und Märkte gehen zurück auf einen festen Glauben an das Recht jedes Einzelnen, zu tun, was ihm beliebt. Gehen zurück auf ein tiefes Misstrauen gegenüber dem Staat und seinen „tyrannischen" Bürokraten.

Auch deshalb hat London keine zentrale Verwaltung, sondern wird von rund 300 teils seit dem Mittelalter bestehenden Körperschaften geführt, in denen die steuerzahlenden Gewerbe- und Hausbesitzer den Ton angeben – Pfennigfuchser, die bei öffentlichen Ausgaben nur Kosten und höhere Abgaben sehen. Die lieber das verseuchte Themsewasser trinken, als die Kanalisation zu sanieren oder die privaten Wasserversorger zu regulieren. Zumal etliche einflussreiche Männer von den Unternehmen bestochen oder direkt an ihnen beteiligt sind.

Im Namen der Freiheit verteidigen sie einerseits uralte Privilegien, andererseits eine Marktgesellschaft, in der jeder für sich selbst verantwortlich ist, sich so gut bereichert, wie es ihm gelingt, aufsteigt oder untergeht.

Arm und Reich sind in London zumeist streng geschieden. Dieser Gentleman trifft Angehörige der Unterschicht wohl nur als Dienstboten oder Schuhputzer

UND KAUM IRGENDWO TOBT dieser rücksichtslose Wettbewerb um Reichtum und Überleben so sichtbar wie in der innersten Herzkammer des Empire, der ersten Quelle von Londons Reichtum. Im Hafen.

Auf dem stinkenden Fluss drängen sich Wasserfahrzeuge aller Art: Lastkähne mit langen, dünnen Rudern und kleine Boote, die Flöße aus Bauholz ziehen; tief liegende Schaluppen mit Heu oder Steinen; von ihrer Fracht geschwärzte Kohletransporter. Hunderte schneller Passagier-Raddampfer pendeln in die Vororte und die Seebäder. Zweimastige Briggs tragen Talg, Hanf und Getreide aus dem Baltikum und Russland heran. Imposante Dreimaster bringen Güter von allen Kontinenten. Rasante Segler, die „Clipper", starten von hier ab 1852 zu mörderischen Rennen um die halbe Welt, um als Erste den erntefrischen Tee aus China auf den Londoner Markt zu bringen.

Bei Hochwasser (die Themse steigt und fällt mit den Gezeiten) ziehen Dampfschlepper die mächtigen Segler im Minutentakt flussaufwärts, nahezu ununterbrochen transportieren Leichter die Ladung ankernder Schiffe an das von Lagerhäusern gesäumte Ufer.

Ebenso stetig aber schmälern Diebe, die sich an den oft ungeschützt auf den Kais lagernden Waren vergreifen, den Profit der Kaufleute. Daher bevorzugen viele Reeder eine der fünf Dockanlagen, die von der Themse abzweigen: riesige künstliche Becken mit eigenen Kais und Speichern.

Hier fällt zwar eine besondere Gebühr an, doch dafür schützen mehrere Meter hohe Mauern und Wachleute die kostbaren Waren – allein einer der Weinkeller des London Dock umfasst rund 28 300 Quadratmeter.

Die Docks werden von privaten Kapitalgesellschaften betrieben, die in harter Konkurrenz zueinander stehen. Noch brutaler indes ist der Wettbewerb unter den Menschen, die für sie arbeiten. Morgen für Morgen drängen sich Tausende vor den Toren, Männer in zerschlissenen Überziehern, schmutzigen Hemden und dreckstarrenden Jacken.

Sie rempeln und schieben einander weg, schreien ihre Namen, winken, schneiden Grimassen, um von einem Vorarbeiter bemerkt zu werden, der die Mannschaft für den Tag oder ein paar Stunden anheuert. Die Kräftigsten und Bewährten werden zuerst genommen, die Unterernährten und Alten nur, wenn besonders viel zu tun ist. Wie viele Glückliche jeweils Arbeit und Lohn bekommen, hängt von der Jahreszeit und der Konjunktur ab, vom Wind auf See.

Wer es geschafft hat, schiebt für ein paar Pennys in der Stunde schwere Karren, hievt und schleppt und wuchtet

In der Fleet Street (im Hintergrund die Kuppel der St Paul's Cathedral) sitzen wichtige Zeitungsredaktionen, aus allen Winkeln der Welt laufen hier Nachrichten ein. Und begierig liest sie das Londoner Publikum. Denn auch eine Krise in China kann das Geschäft der internationalen Handelsfirmen beeinflussen

Ballen und Tonnen mit den Reichtümern der Welt: afrikanischen Guano und norwegisches Gletschereis, Gewürze aus Java, Rohzucker aus der Karibik, Kaffee und Kakao, Seide, Tabak, Baumwolle, Edelmetalle. Alles Waren und Güter, die großen Gewinn versprechen – an dem jedoch die ums blanke Überleben schuftenden Schauerleute kaum einen Anteil haben. Und oft nicht einmal ihre Arbeitgeber, die Dockbetreiber.

Denn trotz der miserablen Löhne drückt die Konkurrenz unter den Besitzern der Docks deren Renditen. Und eine gigantische Baustelle themseabwärts kündigt weitere Einbußen an: Hier entsteht das erste Dock einer neuen Ära, eigens ausgelegt für große und schwere Dampfschiffe, bestückt mit hydraulischen Kränen, vor allem aber mit Schienensträngen, die es an das rasant wachsende Eisenbahnnetz anschließen. Benannt nach der Königin, wird das Victoria Dock 1855 eröffnen und Londons Vorrangstellung unter den europäischen Häfen festigen – zulasten der älteren Anlagen. Bald darauf fertigt das Victoria Dock annähernd so viel Tonnage ab wie alle anderen Dockanlagen des nördlichen Themseufers zusammen.

Die umliegenden, längst eingemeindeten Seefahrerdörfer wie Wapping, Limehouse, Ratcliffe oder Rotherhithe werden immer noch beherrscht von Bootsbauern und Matrosenausrüstern, Seilmachern, Bäckereien für Schiffszwieback; es riecht nach Teer und Rum. Spezialgeschäfte kaufen den Ankömmlingen ihre zahmen Papageien und Affen ab, haben zuweilen sogar Kobras, ein Kamel oder einen Tiger im Angebot.

Nirgendwo mischen sich Besatzungen so wie hier: Chinesen, Inder, Malaien, Afrikaner schlafen auf den Pritschen schäbiger Herbergen. Nur wenige bleiben länger – erst später wird das Imperium auch die ansässige Bevölkerung Londons prägen. Eher schon lockt Englands Freiheit politische Flüchtlinge und Exilanten aus ganz Europa, darunter einen deutschen Aufrührer namens Karl Marx.

BEREITS UM 1850 macht der unablässige Güterstrom London zum Stapelplatz der Welt. Und zu ihrem führenden Einkaufszentrum. Bis weit nach Einbruch der Dunkelheit erstrahlen die Straßen mit den teuren Shops im Licht der Gaslampen; an einzelnen Fassaden reichen die Leuchten vom Parterre bis unter das Dach, andernorts bilden sie gleißende Ornamente in der Form von Blättern und Ranken. Weil die Flammen heftig blaken, bringen einige Händler die Lampen außen an. Spiegel reflektieren das Licht durch weite Schaufenster aus Flachglas ins Innere, ohne dass dort die Luft noch stickiger würde.

Die großartigsten Auslagen finden sich auf der vielleicht feinsten Straße Europas, der Regent Street, und bieten Juwelen, verlockende Delikatessen, italienische Statuen, Samt- und Seidenstoffe dar, ausgestopfte Paradiesvögel, Kolibris und Papageien. Derweil nehmen die unter einem Dach vereinten Verkaufsstände des „Pantheon" in der Oxford Street oder des exklusiven „Pantechnicon" in Belgravia bereits die großen Warenhäuser vorweg, die bald entstehen werden. Fast jedes Geschäft liefert frei Haus, die Luxusboutiquen ohnehin, aber ebenso der Weinhändler die Flaschen für den geselligen Abend, der Pub die gemieteten Gläser dazu, der Fischhändler die Muscheln.

Um Kunden anzulocken, ziehen Ausrufer und Handzettelverteiler durch die Straßen, Plakatträger zu Fuß oder auf dem Pferd, klebt Reklame an Mauern, Brücken, Baugerüsten, Omnibussen oder ist einfach mit Kreide oder Tünche auf die Wände gemalt.

Ein Quacksalber preist auf einem Karren in Form einer Moschee seine „phänomenale arabische Medizin" gegen Hunde- und Reptilienbisse an. Ein anderer Motivwagen wirbt mit hölzernen Pyramiden für ein Ägypten-Panorama. Das Wirtshaus „Elephant and Castle" präsentiert das Modell

Auf dem Gelände des Hurlingham Club (im Westlondoner Stadtteil Fulham), auf dem sonst Polospiele ausgetragen werden, versammeln sich elegant gekleidete Damen und Herren – Zuschauer und Teilnehmer einer dort startenden Ballonwettfahrt

eines Elefanten, Krämer stellen Bilder von Tee trinkenden Beduinen in die Auslage.

Londons kleine und große Kaufleute verdienen Geld mit praktisch allem, was auf der Welt zu kaufen ist. Doch die größten Profite wirft das komplizierteste und abstrakteste Geschäft von allen ab: das Geschäft mit dem Geld selbst.

Denn anders als viele Industrieunternehmen, die sich vornehmlich über Eigenkapital und Anteilsscheine finanzieren, ist der Überseehandel fast vollständig kreditfinanziert. Zudem überlässt die wirtschaftsliberal orientierte Regierung viele Aufgaben, für die in anderen Ländern der Staat zuständig ist, privaten Kapitalgesellschaften, etwa die Wasserversorgung, den Bau der Verkehrsinfrastruktur – sowie den Erwerb und die Verwaltung von Kolonien.

AUF DIESE WEISE IST DIE MÄCHTIGSTE FINANZINDUSTRIE der Welt entstanden. Ihr Hauptquartier hat sie im historischen Kern Londons, in der City um die Lombard Street – der Name stammt von den lombardischen Geldhändlern, die hier bereits im 13. Jahrhundert ansässig waren und Englands Könige mit Krediten versorgten. Nun residieren in der City namhafte Bankhäuser wie Rothschild, Barings, Barclays oder Kleinwort sowie die für jeden Geschäftsmann unverzichtbaren Schiffs-, Lebens- und Feuerversicherer, vor allem aber zwei prächtige, von klassizistischen Säulen geschmückte Gebäude: die Bank of England und die Londoner Aktienbörse.

Die Bank of England ist eine privat geführte Nationalbank, die das britische Papiergeld herausgibt – mit der Auflage, für jede Note den Umtausch in eine genau fixierte Menge Gold zu garantieren. Dieser einzigartige „Goldstandard" macht das Pfund zu einer besonders harten Währung und weckt das Vertrauen von Sparern und Investoren.

Die Börse wiederum bietet ihnen Gelegenheit, sich an Unternehmungen aller Art zu beteiligen, ist offener für spekulative Geschäfte als ihre Konkurrenten in New York und Amsterdam.

Gemeinsam ziehen die Institutionen der Londoner City Kapital aus ganz Großbritannien an – sowie zunehmend auch aus dem Ausland – und vermehren es noch, indem sie es be- und verleihen, mit Zahlungsversprechen Handel treiben. Und so wird nicht das Pfund selbst zu der wichtigsten Währung des Welthandels, sondern der in London garantierte Wechselschein.

Kaum reguliert, extrem erfinderisch und unabhängig von politischen Bedenken, sondern allein dem jeweils besten Ertrag verpflichtet, verwandeln die mächtigen Bankhäuser der City die Ersparnisse schottischer Bauern oder südenglischer Ladenbesitzer in Fernhandelsdarlehen, in Überbrückungskredite für Teeplantagen in Indien oder in die Finanzierung eines Bergwerks in Lateinamerika, einer kanadischen Eisenbahn.

Morgen für Morgen strömt das Personal, das diese Geschäfte abwickelt, gegen 9.00 Uhr in die City: Angestellte jeden Alters und Äußeren, die doch uniform wirken in ihren schwarzen Anzugjacken, weißen Kragen und Zylinderhüten. Häufiger

Erster königlicher Schirmherr der traditionsreichen Henley Regatta ist Prinz Albert, der Gemahl Königin Viktorias. Das stets im Sommer ausgetragene Ruderrennen auf der Themse ist ein wichtiger gesellschaftlicher Termin für Londons bessere Kreise, die von Booten oder den Ufern aus zusehen

als früher finden sich nun auch junge, ehrgeizige Neuankömmlinge unter ihnen, die mehr wollen als eine respektable Position in der unteren Mittelschicht – nämlich einen Teil von jenem rasant zirkulierenden Reichtum, den sie verwalten. Sie träumen davon, Opernabende und Pferderennen zu besuchen, ein schönes Haus zu kaufen, gesellschaftlich aufzusteigen. Also spekulieren sie selbst, geben sich einer fieberhaften Goldgräberstimmung hin.

Manche werden bei diesen Geschäften extrem reich, andere enden als Bettler. Oder sie halten das nervenzerrende Spiel mit dem Risiko nicht aus: In der City sind Selbstmorde so verbreitet wie sonst nur unter den hoffnungslosesten der städtischen Armen.

In dieser allgemeinen Gier breiten sich Betrug und Unterschleif aus, mit ihnen Skandale und Gerichtsprozesse. Die Direktoren etwa der Royal British Bank treten zwar als strenge Freikirchler auf und eröffnen jede Sitzung mit einem Gebet – fälschen aber ihre Bücher, unterschlagen Einlagen, führen ein rauschendes Luxusleben, bis sie 1856 überführt und verhaftet werden.

Ein paar Jahre früher macht im vornehmen West End ein geheimnisvoller Dandy von sich reden, der einen exquisiten Geschmack für edle Stoffe und beste Weine zeigt, großzügig in zwei Theater investiert, rauschende Feste gibt.

Allerdings nur nachts. Denn tagsüber arbeitet Walter Watts als Versicherungsangestellter. Und veruntreut mindestens 70 000 Pfund, das 350-Fache seines Jahresgehalts. Als er auffliegt und verurteilt wird, erhängt er sich in der Gefängniszelle an seiner Krawatte.

D**AS WEST END, IN DEM WATTS**, geschützt durch die Freiheit und Anonymität der Metropole, seine glamouröse Zweitexistenz führte, ist neben der City die bevorzugte Wohnlage der sagenhaft reichen Oberschicht. Manche Angehörige dieser Elite haben ihr Geld in den Kolonien verdient, andere im Handel und in den Finanzgeschäften, die von London aus gesteuert werden.

Die reichsten Männer des Königreichs indes sind immer noch die aristokratischen Erben riesiger Ländereien: vor allem, wenn ihr Besitz um das alte London herum liegt und sie mit dem rasanten Wachstum der Kapitale gewaltige Einkünfte aus Bauprojekten, Pachten und Mieten erzielen.

Sie unterhalten prächtige Stadthäuser voller Marmor, Silber und Buntglas, in deren Ballsälen die imperiale Elite während der jährlichen „Saison" von März bis August glänzende Feste gibt, Geist, Geld und große Namen versammelt, exklusive Ehen und politische Bündnisse schmiedet. Andere bewohnen die stuckverzierten Mietspaläste, deren cremefarbene Reihen die Straßen und Plätze von Belgravia südlich des Hyde Park säumen – das am stärksten geldgesättigte Viertel des Planeten, wie ein Zeitgenosse bemerkt. Tore und Schranken schirmen die Privilegierten von Verkehrslärm und ungebetenem Besuch ab.

Doch vor einem kann auch sie nichts bewahren: vor Londons in alle Winkel vordringendem Gestank sowie dem gelben Nebel aus Smog, erzeugt von zahllosen Kohlefeuern, der Blätter, Fassaden, Silbergeschirr mit einem rußigen Schmutzfilm überzieht. Selbst die Abwasserleitungen und Keller des nahen Buckingham-Palastes riechen bestialisch.

Allenfalls Tyburnia, die Hochburg der Neureichen im Norden des Hyde Park und einem Zeitgenossen zufolge der „gesündeste Teil Londons", mag reinere Luft

Arbeiter beim Verladen von Waren auf dem Markt von Billingsgate. Vor allem Fisch wird hier in einer großen Halle nahe dem Fluss gehandelt

haben. Die Snobs der altenglischen Elite freilich kann das nicht locken, solange hier die Nachbarn zwar fließendes Warm- und Kaltwasser genießen, Kunstschätze anhäufen – aber ihren Unterklassenakzent nicht loswerden. So hat sich in Tyburnia „die indische Welt" versammelt: suspekte Aufsteiger, die jenseits des Ozeans ihr Glück gemacht haben. Da lieber der Dunst der königlichen Kloake.

A**LS KÖNIGIN VIKTORIA** am Mittag des 1. Mai 1851 den Kristallpalast betritt, ertönen Trompeten, brandet der Jubel von mehr als 25 000 privilegierten Gästen auf, die Sitze und Galerien füllen.

Der Eindruck des Baus übertrifft den ihrer stattlichsten Paläste. Sein lichtdurchflutetes Querschiff überspannt eine Gruppe mächtiger, belaubter Ulmen, die bereits vorher hier standen und in den Innenraum einbezogen wurden. Wasser plätschert einen gut acht Meter hohen Springbrunnen aus Glas hinab; weitere Brunnen sind zu erkennen, Palmen

Westminster Bridge mit dem Uhrenturm von Big Ben und dem Westminster-Palast im Hintergrund. Dort tagt das Parlament; dessen Abgeordnete und die ihnen verantwortlichen Minister sind seit der Revolution von 1688 die wahren Herren der Politik im Königreich und im Empire

und bunte, duftende Blumen, Reihen von übermannshohen Marmorstatuen, leuchtende Schmuckteppiche.

Nachdem Viktoria und ihr Mann, Prinz Albert, zwischen Hofdamen und Staatsmännern ein Podest bestiegen haben, spielt eine gewaltige Orgel von 4500 Pfeifen die Nationalhymne; die vielen Tausend Anwesenden fallen ein.

Albert verliest den Bericht der Königlichen Kommission, die mithilfe privater Spenden und einer Kapitalmarktanleihe die Ausstellung organisiert hat und deren Vorsitzender er ist. Viktoria dankt ihm. Unter großem Beifall schreitet das königliche Paar das Hauptschiff des Kristallpalastes hinab und zurück. Dann lässt Viktoria die „Great Exhibition" für eröffnet erklären.

17 062 Aussteller haben mehr als 100 000 Exponate geschickt, die nun auf 80 000 Quadratmeter Schaufläche zu besichtigen sind. Sie sind eingeteilt in vier Klassen: Rohstoffe, Maschinen, Konsumgüter und Kunstgegenstände. Sämtliche Gegenden Europas sind vertreten, auch die USA und Lateinamerika, kein Kontinent fehlt. Ein Panorama der Güter, Ideen, des Reichtums der Welt.

Zugleich demonstrieren die Gastgeber ihren Anspruch, den Marsch dieser Welt in eine Zukunft des Fortschritts von Technik und Zivilisation, des friedlichen Wettbewerbs und des freien Austauschs von Gütern anzuführen: Mehr als die Hälfte der Exponate sowie die innovativsten Maschinen, die größte Rohstoffpalette, die raffiniertesten Instrumente stammen aus Viktorias Reich.

Im Zentrum des Kristallpalastes präsentiert Großbritannien denn auch seinen stolzesten Besitz: das Empire.

Spektakulär ist der „Indische Hof" – entsprechend der überragenden Bedeutung, die dem Subkontinent für das Weltreich zukommt. Von der East India Company ausgerichtet, führt der Indische Hof die Kolonie als unerschöpfliche Schatzkammer vor, zeigt etwa den mit Gold, Perlen und Edelsteinen bestickten Umhang eines Sikh-Führers, einen Thron aus geschnitztem Elfenbein sowie einen ausgestopften Elefanten, der die mannshohe, von einem Baldachin überwölbte Reitsänfte eines Radscha trägt.

Der Stand präsentiert aber auch Rohstoffe wie Erze, Tee, Kaffee, Gewürze, Reis und Öle. Ähnlich stellt Neuseeland Kohle, Kupfer, Gummi, rohe und verarbeitete Edelhölzer aus; Australien belegt mit Wein, Seide und Merinowolle, dass es auf dem Weg von einer Strafkolonie zur prosperierenden Siedlergemeinschaft ist. Und ein Botaniker zeigt 700 Holzarten jeder Herkunft, bietet ihre genaue Beschreibung sowie Anregungen für ihre Nutzung.

Denn mehr noch als an spektakulären Kunstgegenständen ist den Köpfen hinter der Weltausstellung daran gelegen, unbekannte Rohstoffe oder neue Bezugsquellen bekannt zu machen, bei Erfindern und Fabrikanten Interesse zu wecken. Auf diese Weise sollen alle Beteiligten profitieren.

Und doch können die Organisatoren sich dem Zauber der von London beherrschten Welt nur schwer entziehen, bieten auch afrikanische Fetische dar, eine Indianerhütte aus Trinidad, das Modell eines befestigten Maori-Dorfes, merkwürdig anmutende Insekten, Kannibalen-Messer, Wachsmodelle karibischer Blumen, ein Kanu, Muschelketten, Pfeil und Bogen eines Zulu-Kriegers.

Viele Besucher kommen so erstmals mit der exotischen Mannigfaltigkeit des Imperiums in Berührung und fühlen sich wie in ein Märchenreich versetzt. Sie beginnen ein Gefühl für die Bedeutung und Macht ihrer Insel zu entwickeln. Karten führen den Briten vor Augen, was alles zum Imperium gehört – seit 1841 wird in englischen Atlanten der britische Besitz in stolzem Rot eingefärbt.

Am zweiten und dritten Tag kostet der Eintritt ein volles Pfund Sterling und bleibt damit jener Elite vorbehalten, die das König- und Weltreich dominiert. Vom vierten Tag an werden die Tickets auf fünf Shilling verbilligt, nach drei Wochen auf einen Shilling – ein Zwanzigstel. (Ein Dockarbeiter verdient an einem guten Tag zweieinhalb Shilling.)

Bald strömen die Menschen in großer Zahl herbei, Einwohner, Provinzler, mehrere Zehntausend Ausländer. Nie zuvor hat London solche Besuchermassen angezogen. Die Hotels und Herbergen sind überfüllt; mancher Tourist findet erst 30 Kilometer jenseits der Stadtgrenzen ein Quartier.

Der Reiseveranstalter Thomas Cook bietet Exkursionen in Sonderzügen an, Schulkinder werden im Klassenverband entsandt, manche Betriebe schicken ihre Belegschaft, auch Adelige ermöglichen ganzen Gemeinden die Fahrt. „Scheffelweise" lagern die Pfandleiher silberne Uhren von denjenigen ein, die sich anders die Reise nicht leisten können.

In großen und kleinen Gruppen picknicken Besucher auf der Wiese um den Kristallpalast oder drinnen inmitten der Ausstellungsstücke; vier große Büfetträume bieten Snacks, Tee, Kaffee, Mineralwasser und Limonade (aber keinen Alkohol). Einen Penny kostet der Zugang zu einer faszinierenden neuen Erfindung: öffentlichen Klos mit Wasserspülung.

MIT ALL DIESEN PRACHTVOLLEN oder einfach nur unterhaltsamen Neuheiten überwältigt die „Great Exhibition" ihr Publikum. Doch auch die Stadt selbst ist ein tausendfaches Wunder.

Da sind die himmelhohe Kuppel von St Paul's Cathedral, die acht Themsebrücken und der Tunnel, der es erlaubt, den Fluss zwischen Wapping und Rotherhithe zu unterqueren. Die Regierungsbauten in Whitehall und das fast vollendete neugotische Parlament, dessen Prunk und Größe einem Stadtführer zufolge „der ersten unter den Städten der Welt" gebührend entsprechen soll. Auch die erhabenen, nach antiken Mustern gestalteten Fassaden der Bürger-

meister-Residenz sowie des Hauptpostamtes, der London University, der Warenbörsen und Theater bekräftigen Londons Ruhm, das neue Rom zu sein.

Viele Ausländer sind beeindruckt von den guten Straßen, oft gepflastert mit gepresstem Split oder Granit, an einigen Stellen mit lärmschluckendem Holz – so vor dem Strafgerichtshof von Old Bailey, dessen Verhandlungen nicht gestört werden sollen. Zuweilen trennen bereits Poller einen Bereich ab, der Fußgängern Schutz vor dem Strom der Fahrzeuge bietet.

Überall finden sich Zeugnisse der britischen See- und Kolonialmacht, darunter die mehr als 50 Meter hochragende Triumphsäule des legendären Admirals und Franzosenbesiegers Horatio Nelson auf dem Trafalgar Square.

Oder der massige Bau der Admiralität. Dort schreiten blasierte Offiziere, die scheinbar nichts rühren kann, in betressten, marineblauen Uniformjacken einher.

Oder das auftrumpfende Haus der East India Company, das unter anderem Hindu-Gottheiten aus Gold und Silber präsentiert sowie eine mechanische Orgel im Inneren eines lebensgroßen, geschnitzten Tigers, der einen Europäer zerreißt – Kriegsbeute aus einem südindischen Sultanat.

Zu Londons Attraktionen gehören auch eine chinesische Dschunke samt Besatzung und asiatischen Kuriositäten am Pier an der Essex Street, Madame Tussauds Wachsfigurenkabinett sowie der zoologische Garten im Regent's Park mit dem ersten Reptilienhaus der Welt.

Und die Pubs an fast jeder Ecke: Ein Beobachter schätzt, dass die Zahl der Kneipen in London höher ist als die der Läden aller Bäcker, Metzger, Fisch- und Gemüsehändler zusammen. In manchen Hinterzimmern kann man auf Boxkämpfe wetten oder mitfiebern, wenn abgerichtete Hunde in blutigen Duellen gegen Dutzende gewaltiger Ratten gehetzt werden.

Theater und Music Halls bieten oft große Sänger auf, locken jedoch meist mit Klamauk und Akrobaten, tanzenden Pferden, schlüpfrigen Sketchen, reichlich Gin und anheizenden Melodien. Johlend lässt das Publikum sich gehen, darunter Parlamentarier und die edelsten Lords des Reiches.

Selbst die Königin genießt aus einer diskreten Loge den Radau. Auch sie ist Londonerin – und ihre Gier nach Entertainment größer als der Standesdünkel.

Für manche Besucher ist schon das Straßenleben zu viel. Verwirrt treiben sie durch dieses tosende Zentrum der Welt. Zwischen Passanten, hastenden Lieferanten, Pferdeomnibussen, Esels- und Schubkarren.

Der Lärm ist überwältigend: Räder poltern über das Pflaster, Vieh blökt, Zeitungsjungen schreien Nachrichten aus aller Welt. Von Schienenviadukten und Bahnhöfen dringt das Stampfen und Pfeifen der Dampflokomotiven.

Milchfrauen balancieren ihr mit Eimern behängtes Schulterjoch, Höker auf dem Kopf gestapelte Körbe voller Früchte, Gemüse, Wasserkresse, andere halten Blumen oder Teekessel feil, Ananasscheiben, Zwiebelbünde, lebendes Geflügel, zahme Drosseln, Nachtigallen und Lerchen sowie Schnecken als deren Futter – oder als Spezialität für das französische Hotel am Leicester Square.

Überall Enge, Taschendiebe, Trickbetrüger. Imbissbuden verströmen den Dunst von Erbsensuppe, Ersatzkaffee, Bratfisch, Pasteten. In dicht besetzten Cafés wird warme Milch mit Gin ausgeschenkt. Bands von bis zu zwei Dutzend Straßenmusikanten treten auf, manche in Begleitung einer Tänzerin.

Dazwischen stehen Drehorgelspieler und Balladensängerinnen, machen Akrobaten mit Trommeln auf sich aufmerksam. Sind Marionettentheater zu bestaunen, Guckkästen, Tanzbären, uniformierte Affen, dressierte Mäuse. Versehrte Matrosen der Navy, die für ein Almosen Shantys singen.

Und oft braucht es nur die Biegung in eine Seitenstraße, den Durchgang zu einem Hinterhof, um in der reichsten Stadt der Erde bittere Armut zu erleben.

D**ENN SO GROSS** der Prunk des unterworfenen Indien auch sein mag, so gewaltig die Reichtümer sind, die an Londons Hafen anlanden, und wie selbstgewiss die modernste Nation von allen ihre Überlegenheit auch feiert – nur einen kurzen Spaziergang vom Kristallpalast entfernt treten die Zurückgelassenen der imperialen Globalisierung ins Bild.

Operation in einem Vorlesungssaal des Londoner Universitätskrankenhauses, einem der weltweit führenden medizinischen Forschungsinstitute

Die Bibliothek des British Museum sammelt das Wissen des Empire. Nahezu alles, was im Vereinigten Königreich gedruckt wird, sowie die meisten Veröffentlichungen aus den Kolonien und darüber hinaus Abschriften sämtlicher Patente finden sich in den Registern des riesigen runden Lesesaals

Fast im gesamten Stadtgebiet finden sich Elendsquartiere mit krummen Gassen, über denen sich die Giebel jahrhundertealter Häuser fast berühren. Deren Fensterrahmen, Türen, selbst Holztreppen sind oft längst verheizt oder verkauft, die Bewohner drängen sich in der ausgeweideten Steinhülle, schlafen eng an eng auf dem Boden.

Andere hausen in hölzernen, auf Pfähle gestützten Behelfsanbauten direkt über stinkenden Gräben oder in Hütten und Baracken, die in den Hinterhöfen herabgekommener Reihenhaussiedlungen jeden Quadratmeter füllen. Zuweilen sind die Zugänge zu schmal, um einen Sarg hindurchzubugsieren.

Es gibt keine Wasseranschlüsse, keine Müllabfuhr, oft nicht einmal ein Plumpsklo; der Unrat sammelt sich auf wachsenden Haufen, in schleimig schillernden Gräben und Gruben oder in den Kellern. Wer selbst hier nicht unterkommt, schläft auf der Straße, auf öffentlichen Bänken oder in den wenigen Parks der Metropole, obwohl das verboten ist. Wie viele Menschen so vegetieren, wird von keiner Statistik erfasst.

Die 213 Meter lange Gusseisenkonstruktion über dem Bahnhof St Pancras ist das größte Dach der Welt. Für die Endstation der Bahnlinie, die London mit Liverpool verbindet, mussten mehrere Straßenzüge und Teile eines Friedhofs weichen

BESUCHER ERSCHAUERN ANGESICHTS DER KRÜPPEL und Einäugigen, deren Gesichter von Pockennarben entstellt, deren erfrorene Füße voller Geschwüre sind. Sie wenden sich ab von den abgemagerten Kindern in Fetzen und ohne Schuhe, die Wangen bedeckt mit krustigem Dreck, geschüttelt von Keuchhusten.

Nicht wenige werden als Diebe aufgegriffen – und Sechsjährige weggesperrt, selbst wenn sie nur ein paar Pennys gestohlen haben. Gerade schulreif, wird von ihnen erwartet, dass sie Geld verdienen, als Laufburschen, als Hökermädchen. Oder eben durch Diebstahl.

Denn ihre Eltern hoffen vor den Docks vergebens auf ein paar Stunden Arbeit, da sie vielleicht krank sind, invalid oder alt. Oder sie können vom Lohn eines Kohlenträgers, Pförtners, einer Näherin und Waschfrau, als Schuster oder Sackmacherin kaum überleben, fegen für ein Trinkgeld von Passanten die Straße.

Die Armenhilfe ist minimal, oft an harte Auflagen gebunden – oder Privatsache religiöser Menschenfreunde: Verlierer im Überlebenskampf gelten als moralische Versager.

Viele gehen betteln. Andere sammeln aus dem herumliegenden Abfall oder dem giftigen Uferschlamm der Themse Altmetall und Kohlestückchen, Asche für die Ziegeleien, Stofffetzen für Papiermühlen, Essensreste für Schweinemäster. Die Gerbereien nehmen Hunde- und Taubenkot für acht Pennys je Eimer ab, um darin ihre Tierhäute zu beizen. Aus fortgeworfenen Zigarrenstummeln lässt sich noch Tabak kratzen.

Viele behelfen sich mit Einfällen jenseits der Legalität: mit Ladendiebstahl, Einbruch, Raub, Hehlerei. Die Armen stehlen im Gedränge Taschenuhren und Brieftaschen, schneiden Gepäck von den Kutschen der Reisenden, entwenden Wäsche von der Leine, entführen Schoßhunde und verkaufen sie den Besitzern zurück. Scheinbar freundliche Frauen locken gut angezogene Kinder in eine dunkle Straße und nehmen ihnen dort Kleider und Schuhe ab.

Zur Mitte des 19. Jahrhunderts ist London die größte Industriestadt auf dem Planeten. In den Fabriken und Manufakturen der britischen Hauptstadt an der Themse – hier die Produktion von Teilen für Schiffsmotoren – schuften über eine Viertelmillion Arbeiter: mehr Menschen, als Manchester, die Keimzelle der Industriellen Revolution, Einwohner zählt

Manche Londoner machen ein Geschäft daraus, für Geld ungewollte Kinder zu „adoptieren" – und bei erster Gelegenheit auszusetzen oder zu töten.

Andere prostituieren sich. Die Straßen, Theater, Restaurants, Spielhöllen und Billigherbergen sind ein Basar von Frauen, Mädchen und Jungen, die Sex verkaufen. Die erotisch Ausgefallensten finden Aufnahme in den Führer „Taschenbuch für Junggesellen", einige Frauen werden hoch bezahlte Edelkurtisanen.

Wer kann, hält Schweine, Hühner oder Kühe in einem engen, selten ausgemisteten Schuppen oder Keller. Zwar bewahren manche Seidenweber ihre Tradition, hinter dem Haus leuchtend bunte Dahlien zu ziehen. Doch Farben und der Blumenduft tragen nicht weit unter Nachbarn, die von aufgesammeltem, in Wasser geweichtem Brot leben, von verdorbenem Fleisch, dem Haferschleim mildtätiger Stiftungen und Suppenküchen – oder die schlicht hungern.

All dieses Elend ist den Organisatoren der Weltausstellung im Hyde Park weder unbekannt noch gleichgültig. So lässt Prinz Albert persönlich ein Musterhaus entwerfen und außerhalb des Kristallpalastes errichten, das aus maschinell gefertigten Hohlziegeln gemauert ist, im Inneren trocken und warm.

Ein raffiniertes Modulsystem erlaubt es, die kleinen, praktischen Einheiten beliebig neben- oder übereinander zu staffeln und auf diese Weise günstigen, hygienisch einwandfreien Wohnraum zu schaffen. Mehrere Tausend Londoner kommen während der folgenden Jahre in solchen und ähnlichen Reformprojekten unter.

Es ist ein Anfang.

Doch die großen Visionen der „Great Exhibition" kreisen weniger um die Verelendeten als um die Hoffnungen der Ober- und Mittelschichten. Sie handeln zunächst davon, wie ihre Welt eine bessere, wohlhabendere werden kann durch Handel – und Technik.

In einer Halle des Kristallpalastes sind Hobel- und Lochmaschinen zu sehen sowie hydraulische Pressen, ein eigens verlegter Schienenstrang mit Lokomotiven, Waggons mit schallgedämpften Bremsen. Und eine Druckerpresse, die pro Stunde 5000 Exemplare der „Illustrated London News" zu produzieren vermag.

Daneben steht ein Dampfhammer, der sich so genau justieren lässt, dass er sowohl gigantische Eisenträger schmieden als auch behutsam ein Ei anknacken kann. Ein Automat stellt in 14 Arbeitsschritten binnen einer Minute bis zu 100 Zigaretten her.

Die Firma Platt & Sons aus Manchester hat eine Produktionsstraße mit 15 Maschinen aufgestellt, die zeigt, wie Rohbaumwolle industriell gekämmt, gesponnen, geschoren, gewebt und schließlich zum Hemd wird. Zwei Kessel in einem Nebengebäude versorgen die Maschinen durch unter dem Boden verlegte Leitungen mit Dampf; der Lärm gleicht dem einer wirklichen Fabrik.

1850 gibt es in Großbritannien bereits mehr als 10 500 Kilometer Eisenbahnschienen: Weitere 20 000 Kilometer sind genehmigt. Fast zwei Drittel der Beschäftigten arbeiten in Industrie und Handel, die Gesamtleistung der britischen Dampfmaschinen liegt bei rund 1,3 Millionen PS. Das übrige Europa hinkt dieser Entwicklung um mindestens eine Generation hinterher.

Die Maschinenabteilung ist das Herz der Weltausstellung im Kristallpalast – so wie England das industrielle Zentrum des Empire bildet, in dem der natürliche Reichtum des Weltreichs in Produkte und damit in Geld verwandelt wird.

Dass dabei die Interessen der Einheimischen in den Kolonien letztlich keine Rolle spielen (oder gar Schaden nehmen wie im Fall Indiens, dessen eigenständige gewerbliche Entwicklung abgewürgt wird zugunsten einer Position als Rohstofflieferant und Absatzmarkt britischer Hersteller), blendet die Elite des Empire aus oder erkennt es nicht. Sie sieht vor allem die kolonialen Verheißungen für Britannien und seine Metropole.

UND DOCH HERRSCHT IN LONDON, das auch industriell längst jede andere Stadt übertrifft, noch immer ein Konglomerat mittelalterlicher Räte.

Zum Auslöser einschneidender Reformen wird schließlich der kaum mehr erträgliche Gestank – und die zunehmende Erkenntnis, dass seine Quellen tödlich sind: Während einer Cholera-Epidemie tragen Ärzte 1849 den Verdacht vor, die Krankheit könnte über das verschmutzte Wasser verbreitet werden.

Schließlich, im Jahr 1855, nach einem erneuten Ausbruch der Seuche mit mehr als 10 000 Toten, handelt die britische Regierung. Sie zwingt Londons Stadtväter zur Einrichtung eines übergeordneten Gremiums, des „Metropolitan Board of Works", das das Mandat und die Mittel erhält, ein modernes, die Gemeindegrenzen übergreifendes Abwassersystem zu installieren.

Bald darauf reißen Arbeiter die Straßen auf, ziehen mithilfe von Dampfkränen bis zu neun Meter tiefe Gräben und mauern auf ihrem Grund weite Backsteintunnel auf. Wo das Gefälle für einen Abfluss nicht ausreicht, entstehen mächtige, reich verschnörkelte Pumpstationen.

Die Sickergruben verschwinden. 1863 wird ein erster Teil des Netzes in Betrieb genommen und beginnt Londons Abwasser mehrere Kilometer stromabwärts in die Themse zu leiten.

Im Jahr darauf vermeldet eine Zeitung stolz, in dem sich erholenden innerstädtischen Flussabschnitt sei ein „feiner Lachs auf der Ausschau nach sauberem, frischem Wasser" gesichtet worden. Die Kanalisation kündet von einer neuen Ära, einem allgemeinen Aufbruch.

Etwa zur gleichen Zeit wird auch die zweite Plage der Metropole angegangen: das Verkehrschaos.

Täglich pendeln rund 600 000 Menschen aus den rasant wachsenden Vororten ins Zentrum Londons, die meisten zu Fuß, viele mit dem Vorortzug oder Pferdebus, andere per Flussdampfer.

In der Altstadt stoßen diese Scharen aufeinander, verkeilen sich in den engen, gewundenen Straßen mit dem Lieferverkehr, mit Schaf- und Rinderherden auf

London droht an seinem Wachstum zu ersticken: 1850 leben hier rund 2,3 Millionen Menschen, 30 Jahre später sind es bereits fast doppelt so viele. Um dem Kollaps zu entgehen, legt die Stadt ein Modernisierungsprogramm auf: So werden Schneisen für breite Straßen in die Viertel geschlagen und ein Tunnel unter der Themse gebaut

Im Untergrund entsteht eine neue Infrastruktur: 1863 fährt zwischen den Stationen Paddington und Farringdon die erste U-Bahn der Erde

dem Weg zum Viehmarkt von Smithfield sowie Touristen und Reisenden, die von einem Kopfbahnhof Londons zum anderen gelangen wollen.

Das Metropolitan Board of Works lässt nun zusätzliche, großzügige Straßenschneisen schlagen, oft quer durch die Slums. Der Viehmarkt muss schließen und auf eine Vorstadtwiese ausweichen.

In Verbindung mit den Abwasserkanälen entsteht eine neue Hauptverkehrsader an der Themse, das Victoria Embankment zwischen Westminster und der City: Auf zwei Kilometer Länge wird ein gut 30 Meter breiter, steinerner Uferdamm in den Fluss gebaut und mit einer Fahrbahn versehen. Der Damm ist ein Geniestreich. Unter der Fahrbahn verbirgt sich nicht nur der letzte der großen Kanäle, sondern auch ein Schacht für Gas- und Wasserleitungen, der später noch Stromkabel aufnehmen wird, sowie ein breiter Tunnel.

Denn inzwischen haben Geschäftsleute eine alte Idee aufgegriffen: Wenn der Verkehr die Straßen unbenutzbar macht, dann muss er verschwinden.

Unter die Straßen.

Während die U-Bahnen anfangs noch von Dampfloks gezogen werden, fahren ab 1890 Züge mit Elektroantrieb (unten Euston Station)

BEREITS 1860 SIND IN DER NEW ROAD hölzerne Bauwagen aufgezogen. Wenig später kommen Karren mit Balken und Brettern, Männer in kiesfarbenen Arbeitsanzügen. Binnen eines Tages und einer Nacht rüsten sie mehrere Hundert Meter Straße ein. Eine seltsame Stille legt sich über die Nachbarschaft. Der sonst tosende Verkehr ruht.

Doch dann kehrt der Lärm mit Macht zurück: Ein Heer von Zimmerleuten und Erdarbeitern mit Zugpferden rückt heran, Spitzhacken klirren, Schaufeln und Spaten, Hämmer klopfen, Kommandorufe. Dampfkräne puffen und rattern, ununterbrochen rollt das Donnern der Abfuhrloren.

Die Arbeiter ziehen einen breiten Graben entlang der Straße, legen Gleise hinein, setzen ein Dach darüber und schütten alles wieder zu.

Hinter dem Bauzaun entsteht ein technisches Weltwunder: die erste Untergrundbahn der Welt. Abermals überwiegend von privatem Kapital finanziert, in der Hoffnung auf spätere Profite.

Die Bauarbeiten sind ein logistischer Albtraum. Immer wieder bricht Wasser ein, platzt eine Fäkalienleitung, rutscht eine Mauer ab.

Dennoch: Im Januar 1863 eröffnet zwischen Paddington und Farringdon Street die erste unterirdische Eisenbahn. Gut 30 000 technikbegeisterte Londoner wollen am ersten Tag mitfahren, doch bis Verkehrsschluss bekommt nur rund die Hälfte von ihnen einen Platz in den dunkelgrünen Waggons.

Bald verkehren die kohlebefeuerten Untergrundzüge alle paar Minuten, meist gut gefüllt mit Passagieren; die Investoren erhalten eine akzeptable Dividende von fünf Prozent. Weitere Linien entstehen, unter anderem im Tunnel unter dem Victoria Embankment.

Das neue Verkehrsmittel ist schnell und praktisch – und fühlt sich an wie die Hölle selbst: Die Züge fahren durch eine rußgeschwärzte Unterwelt, heiß und düster. Die Wagen der dritten Klasse sind offen, die Passagiere husten und keuchen in den mit Kohlestaub und Rauch gefüllten Tunneln. Die Betreiber erklären ungerührt, der Qualm und die schwefelsauren Gase desinfizierten die Luft und reinigten die Lunge. Kaum einer glaubt das. Aber in London ist Zeit Geld – und Geld: alles.

Die Metropole wuchert und schwillt, bleibt chaotisch. Ein andauerndes Experiment, brachial und innovativ.

Als der Kristallpalast am 11. Oktober 1851 für das Publikum schließt, ist dieser Stadtumbau noch weitgehend geträumte Zukunft. Doch die Weltausstellung hat den Briten Zuversicht verliehen, ihre Fantasie beflügelt, ihren Stolz auf eine neue Höhe getrieben: Für viele war es ein nationales Großereignis, an das sie sich ein Leben lang erinnern werden.

Neben der restlos begeisterten Königin Viktoria (sie kommt nach der Eröffnungsveranstaltung noch mehrmals wieder) haben über sechs Millionen Menschen die Schau gesehen, knapp 43 000 im Tagesdurchschnitt; allein am 7. Oktober drängten sich gegen 14.00 Uhr mehr als 93 000 Besucher gleichzeitig durch das Gebäude.

Nun aber stellen sich zwei Fragen: Was soll mit dem Bau geschehen? Und was mit dem Überschuss? Denn nach Abzug aller Kosten werden den Veranstaltern 186 000 Pfund Gewinn bleiben.

Um 1900 verkehren sechs U-Bahn-Linien in London – hier die Station British Museum. Die Einwohnerschaft ist mittlerweile auf gut 6,5 Millionen angewachsen

Viele Londoner haben die neue Sehenswürdigkeit ins Herz geschlossen und würden sie gern behalten. Doch für die vornehmen Anwohner des Hyde Parks gibt es keine Debatte; der Glasbau muss wie geplant aus ihrer bevorzugten Reit- und Flanierpromenade verschwinden – genauer: Die unerträglichen Massen, die er anzieht, sollen wieder wegbleiben.

Wie so oft in London ist die Lösung eine privatwirtschaftliche – schließlich hat der Kristallpalast ja bewiesen, dass sich mit ihm Geld verdienen lässt. 1852 demontiert eine eigens gegründete Gesellschaft die Eisen- und Glaselemente, transportiert sie ab und baut die Attraktion bei dem Dörfchen Sydenham außerhalb Londons wieder auf.

Der Palast wird zu einer Art Vergnügungspark, in dem fortan große historische Epochen vom alten Ägypten bis zur Moderne inszeniert werden. Daneben präsentieren die Betreiber besondere Exponate der Industriekultur, aber auch Dinosauriermodelle, bauen eine Tropenlandschaft auf und später ein riesiges Aquarium, wird in Ausstellungen immer wieder das Imperium gefeiert.

Ein eigener Eisenbahnanschluss bringt die Besucher heran und verbürgt den Publikumserfolg. Erst Anfang des 20. Jahrhunderts verfällt der Kristallpalast zusehends und brennt schließlich 1936 nieder.

Von dem Profit der „Great Exhibition" aber erfüllt sich Prinz Albert einen Traum. Nachdem das Parlament zusätzliche 150 000 Pfund bewilligt hat, kauft die Ausstellungskommission ein großes Areal südlich des Hyde Park und errichtet dort ein Museum für Kunstgewerbe, Design und Technik. Wie von Albert erhofft, wird es in den Jahrzehnten nach seinem frühen Tod 1861 zum Keim einer Ansammlung wissenschaftlicher, kultureller und Bildungseinrichtungen.

AM 22. JANUAR 1901 STIRBT AUCH KÖNIGIN VIKTORIA. Mehr als 63 Jahre hat sie das Vereinigte Königreich und sein Empire regiert. Ein ganzes Zeitalter, das bereits ihre Untertanen das „viktorianische" nennen: voller Wunder und Elend, Glanz und Verwerfungen, großer Hoffnung und erdrückender Enge. Das Imperium ist noch einmal gewachsen; neue, große Territorien in Asien und Afrika sind in den Atlanten nun britisch rot eingefärbt.

Zwar haben industrielle Konkurrenten deutlich aufgeholt, allen voran Deutschland und die USA. Dennoch ist Großbritannien auch zu Beginn des 20. Jahrhunderts die unbestritten führende Macht – und seine Metropole London stattlicher und reicher denn je: Zentrum der globalen Finanzwirtschaft, größter Hafen der Welt, mit mehr als 6,5 Millionen Einwohnern die bei Weitem bevölkerungsstärkste Stadt des Planeten.

Armut und Elend gibt es immer noch, doch viele Slums sind verschwunden. Gewerkschaften haben höhere Löhne erkämpft, Impfkampagnen und verbesserte Hygiene zahlreiche Krankheiten zurückgedrängt, der soziale Wohnungsbau macht Fortschritte.

Und bei Nacht strahlen weite Teile der Stadt in neuem Licht: Zahlreiche Gaslampen sind durch elektrische ersetzt worden. Elektrizität treibt nun auch manche U-Bahnen und soll bald die Pferdestraßenbahnen ersetzen. Die Luft ist deutlich besser als 50 Jahre zuvor, wenn auch viele der alten Gerüche geblieben sind, der Rauch der Schornsteine und Kamine, der Dung der Pferde.

Auf einzelnen Straßen Londons aber ist bereits ein neuer Gestank zu erahnen: der von verbranntem Benzin, den die ersten Motorbusse und Autos hinter sich lassen.

DER LETZTE KAMPF

Das chinesische Imperium taumelt um 1900 immer heftiger. Die Qing-Dynastie verliert Krieg um Krieg, ausländische Mächte und Unternehmen beuten das Land aus, der Staat ist hoch verschuldet. Chinas mächtigste Frau, die Kaiserinwitwe Cixi, versucht den Niedergang abzuwenden – und führt das Reich geradewegs ins Verderben

Text: RALF BERHORST

Die ehemalige Konkubine Cixi (hier ein offizielles Porträt) ist ab 1861 über Jahrzehnte Regentin anstelle mehrerer minderjähriger Kaiser und damit die einflussreichste Person im angeschlagenen Großreich

Kaiserliches China *1912*

Chinas mächtigste Frau spürt ihre Kräfte schwinden. Seit Tagen hat die Kaiserinwitwe* Cixi starken Durchfall; mit einer schweren Infektion ruht sie nun, an diesem 14. November 1908, auf dem Krankenbett in ihrem Palast.

Die Regentin liegt im Sterben – und will doch nicht loslassen vom Leben, von der Macht. Sie hat einen Prinzen in die Gegend östlich von Beijing entsandt, wo sich am Fuß der Berge ihr Mausoleum erhebt: Dort soll er in ihrem Namen ein Opfer darbringen, um den Geist zu besänftigen, der sie offenbar abberufen will.

Als strahlende Schönheit ist Cixi einst in die Verbotene Stadt gekommen, als Konkubine fünften Ranges. Dann hat sie dem damaligen Kaiser seinen einzigen überlebenden Sohn geboren und stieg so auf in der Hierarchie des Hofes. Und nach dessen Tod war sie Chinas heimliche Kaiserin, die das Reich fast vier Jahrzehnte lang beherrschte, auch wenn es de jure einen Kaiser an der Spitze gab.

Doch nun ist Cixi 73 Jahre alt, geschwächt, kann kaum mehr essen. Starr wirken ihre Züge, seit ein Schlaganfall die linke Gesichtshälfte gelähmt hat. Die Macht im Land droht ihr zu entgleiten – und damit der Qing-Dynastie, die seit mehr als 260 Jahren über China gebietet und jetzt am Abgrund steht. Denn ausländische Mächte haben Teile des Landes besetzt und demütigen das Kaiserhaus; wirtschaftlich ist das hoch verschuldete Reich ruiniert, Revolutionäre fordern, die Qing zu stürzen.

Und Kaiser Guangxu, der rechtmäßige Herrscher, Cixis Neffe? Auch er liegt krank darnieder. Er war ein Reformer, der China allzu radikal zu modernisieren versuchte. Seine Tante hat ihn zehn Jahre zuvor entmachtet. Aber was, wenn er nach ihrem Tod wieder an Einfluss gewinnt?

Und so kommt es an diesem Abend zu einem merkwürdigen Zufall: Ausgerechnet in jenen Stunden, da Cixis Ende naht, stirbt Kaiser Guangxu. Er ist erst 37 Jahre alt. Sogleich verbreitet sich das Gerücht, Cixi habe ihn vergiften lassen.

Der Kaiser, getötet im Auftrag der eigenen Tante? Es gibt keine Beweise für diesen Vorwurf. Aber als später Forscher die Überreste Guangxus untersuchen, werden sie dort Arsen nachweisen – das mehr als 100-Fache der üblichen Menge.

Nach dem Tod des Herrschers versammeln sich Cixis Berater um ihr Bett. Sie benennt einen Nachfolger: den Knaben Puyi, einen Neffen des verstorbenen Kaisers. Bis zur Volljährigkeit soll sein Vater ihn als Regenten vertreten – und der ist ein Vertrauter Cixis. So bewahrt sie sich Einfluss über ihren Tod hinaus.

Der Thronfolger ist zwei Jahre, neun Monate und sieben Tage alt.

Ein Kleinkind ist ausersehen als Herr über mehr als 400 Millionen Menschen, als der nächste Kaiser von China.

Er wird auch der letzte sein.

Bereits seit Mitte des 19. Jahrhunderts durchlebt das Kaiserreich die größte Krise seiner Geschichte: Es kommt immer wieder zu Aufständen und Kriegen, Dürren und Hungersnöten; zudem erniedrigen fremde Mächte das Land und berauben es seiner Souveränität. Verzweifelt versucht die Qing-Dynastie, ihre Herrschaft zu retten, den Verfall aufzuhalten und neu zu erstarken – mit Reformen, aber auch mit Gewalt.

In diesen letzten Jahrzehnten des Imperiums liegt die höchste Macht meist nicht in den Händen des jeweiligen Kaisers, sondern in denen der einstigen Konkubine Cixi. Ihr Aufstieg beginnt 1856, als sie den Erben des Kaisers Xianfeng zur Welt bringt. So gewinnt sie großen Einfluss, und weil der Herrscher bereits fünf Jahre später dahinscheidet, fällt sie fortan als Vertreterin ihres Sohnes alle wichtigen politischen Entscheidungen im Namen des minderjährigen Kaisers.

Der stirbt zwar mit 18 Jahren, vermutlich an den Pocken, aber Cixi gelingt es, erneut ein von ihr abhängiges Kind als Nachfolger einzusetzen: ihren Neffen, den neuen Himmelssohn Guangxu. Sie bleibt sogar noch Regentin, als der Kaiser 1887 die Volljährigkeit erreicht. Erst zwei Jahre später lässt Cixi es zu, dass Guangxu offiziell die Herrschaft übernimmt, während

---

* Nach dem Tod eines Kaisers erhält die Mutter des Thronfolgers den Titel *huang taihou*, „Kaiserinwitwe" – eine der höchsten Positionen am Hof.

Der Hof ist angesichts der Krise gespalten: Reformer wie Prinz Gong (rechts) wollen das Land nach westlichem Vorbild gestalten. Doch das konservative Lager um Cixi obsiegt

Fast 15 Jahre lang ist Cixi Vormund für ihren Neffen Guangxu (oben). Als der Kaiser die Herrschaft übernimmt, wagt er Eigenständigkeit: Mit radikalen Reformen will er das Reich retten. Daraufhin stellt ihn eine Palastclique um seine Tante kalt

Vielerorts regt sich Widerstand gegen die Präsenz fremder Mächte. In der Provinz sammeln sich Rebellen (»Boxer«). Sie verüben Anschläge und töten Ausländer

Im Mai und Juni 1900 ziehen die Boxer in Beijing ein und attackieren das internationale Viertel. Cixi unterstützt sie – in der Hoffnung auf Befreiung von den verhassten Fremden (brennender Wachturm)

Überall im Reich fühlen sich Ausländer nun bedroht, auch diese bewaffneten Franzosen und Missionare im Süden. Diplomaten fordern das Militär ihrer Heimatländer als Entsatztruppen an

Im Juni 1900 landen ausländische Truppen in China. In Straßenkämpfen erobern sie zunächst die Hafenstadt Tianjin (links), wo sich die Soldaten hinter aufgetürmten Barrikaden verschanzen

sie sich in den von ihr neu errichteten Sommerpalast vor den Toren Beijings zurückzieht.

Wie viele Chinesen erkennt der junge Kaiser bald, dass nur radikaler Wandel das Land aus seiner Krise befreien kann. Militär, Wirtschaft, Staatsbürokratie: Das Reich versagt in allen Belangen.

China muss Kolonien auf seinem Territorium erlauben, hat Kriege gegen Großbritannien und Frankreich verloren, unterliegt 1895 auch noch dem kleinen Nachbarn Japan. Der Kaiser hat Tokyo neben einer mandschurischen Halbinsel die Insel Taiwan zu überlassen. Er soll zudem 200 Millionen Tael zahlen und japanischen Firmen erlauben, sich in China anzusiedeln. Sogleich nutzen Großbritannien, Russland, Deutschland und Frankreich die Schwäche des Kaiserreichs und verlangen für sich ähnliche Rechte.

Ausländische Unternehmen erobern nun China, errichten Bergwerke und beuten Erzvorkommen aus, sie beherrschen den Schiffshandel, bauen Eisenbahnen und kontrollieren den Kapitalmarkt. Die Fremden drängen sich in den Handel mit Tee, Seide, Textilien, Zucker, Tabak, unterstellen sogar die chinesische Post ihrer Kontrolle. Mit ihren Firmen, die Waren maschinell in Massen produzieren, können einheimische Geschäftsleute und Manufakturen zumeist nicht mithalten. Baumwolle etwa verkaufen die Ausländer billiger, als Chinesen sie produzieren können.

Viele Bauern, die sie angebaut haben, und Handwerker, die nicht mehr konkurrenzfähig sind, verlieren ihre Arbeit. Sie wandern aus den Dörfern in Städte wie Beijing und Shanghai, um Geld für ihre Familien zu verdienen, doch können sie sich dort oft selbst kaum ernähren. Auch Frauen und Kinder suchen aus Not in den Metropolen nach Arbeit.

Der Staat ist wegen der Reparationszahlungen für die verlorenen Kriege hoch verschuldet. Ihm fehlt es an Geld für den Bau von Straßen, Brücken und Fabriken. Und die Bürokratie ist unfähig, die Probleme des Landes zu lösen.

Seit Jahrhunderten folgt sie den gleichen Prinzipien; wichtigste Qualifikation der kaiserlichen Beamten ist nach wie vor die Kenntnis konfuzianischer Schriften. Als philosophisch geschulte Generalisten sollen die Staatsdiener sich in allen Fachgebieten zurechtfinden können. Doch dieses Rezept geht im 19. Jahrhundert nicht mehr auf; zu komplex ist die Welt geworden, die nach Experten mit Spezialwissen verlangt.

Gelehrte, Publizisten und Staatsbeamte fordern eine Erneuerung aller Institutionen. Einige von ihnen sind als Botschafter oder Studenten im Ausland gewesen oder haben in China für fremde Unternehmen gearbeitet und kamen so in Kontakt mit westlichen Ideen. Sie argumentieren, dass sich die Welt radikal verändert habe und China sich diesem Wandel anpassen müsse, um zu bestehen. Manche fordern sogar eine Verfassung für ihr Land sowie ein Parlament, das wie in Großbritannien die Macht des Herrschers einschränkt.

Die KRISE war BEDROHLICH – jetzt wird sie EXISTENZIELL

Die Reformer veröffentlichen ihre Ideen in Hongkong, wo es keine kaiserliche Zensur gibt, sowie in den ausländischen Vierteln von Shanghai. Die Journale liegen auch in den Bibliotheken westlicher Missionsschulen und in christlichen Lesegesellschaften aus, die in diesen Jahren von Tausenden Chinesen besucht werden.

Kaiser Guangxu lebt zwar in der abgeriegelten Verbotenen Stadt. Doch der Tutor, der ihn dort unterrichtet, zeigt dem Herrscher die Schriften von Reformern und westlichen Philosophen – und überzeugt ihn von deren Ideen.

So gewinnt die Erneuerungsbewegung einen mächtigen Verbündeten. Und 1898 wagt Guangxu Ungeheuerliches: Er fordert seine Untertanen zu Reformvorschlägen auf. Eine Flut von Ideen geht am Hof ein – auch von dem Intellektuellen Kang Youwei, der das Kaisertum stärken will, indem er die Verwaltung nach westlichem Vorbild modernisiert.

Kang ist zudem davon überzeugt, dass die Chinesen sich ein Beispiel an jenem Staat nehmen sollten, der sie drei Jahre zuvor vernichtend besiegt hat: Japan. Das dortige Kaiserhaus hat sich bereits einige Jahrzehnte zuvor (ebenfalls unter westlichem Druck) europäischen Ideen geöffnet und das Land in atemraubender Geschwindigkeit umgestaltet, von einer Agrargesellschaft in Richtung eines modernen Industriestaats. Japans Herrscher schickte eine hochrangige Delegation für 20 Monate zur Inspiration ins Ausland, er ließ Eisenbahnen und Telegrafenleitungen bauen sowie westliche Experten ins Land holen.

Chinas Kaiser ordnet nun an, ihm Kang Youweis Schriften persönlich vorzulegen – und nicht dem mächtigen Zensuramt, das sonst den Informationsfluss an den Herrscher überwacht. Im Juni 1898 empfängt er den Freigeist zu einer Audienz. Kurz darauf ernennt er ihn und mehrere seiner Schüler zu engen Ratgebern – ein Affront gegen die Hofelite.

Guangxu will sein Reich im Eiltempo modernisieren. Binnen drei Monaten erlässt er rund 50 Reform-Edikte. Er will eigene Eisenbahnen bauen, die Produktion von Seide und Tee für den Export erhöhen, in Beijing eine Universität gründen, die erste des Landes.

Schulen sollen nach einem Lehrplan westlichen Musters unterrichten, mit Fächern wie Fremdsprachen und Naturwissenschaften. Der Kaiser verfügt, die veralteten Beamtenprüfungen zu modernisieren, in denen die Kandidaten noch immer ausschließlich chinesische Klassiker interpretieren und sich in Kalligrafie üben. Stattdessen sollen sich Staatsdiener Fachwissen über Industrie, Bergbau, Landwirtschaft oder Eisenbahnwesen aneignen. Die Hofämter für Zeremonien, Bankette und Opferhandlungen will der Herrscher ganz abschaffen.

Dabei geht Guangxu durchaus vorsichtig vor. Er weiß, dass seine Tante Cixi noch immer großen Einfluss genießt. Offenbar lässt sie ihren Neffen gewähren. Aber der Kaiser unterschätzt den Widerstand der Palastbürokratie. Die meisten Beamten setzen die Maßnahmen einfach nicht um, da sie um Einfluss und Privilegien fürchten.

Auf dem Papier ist Chinas Monarch ein allmächtiger Herrscher. Tatsächlich aber ist er umstellt von Prinzen, Ratgebern und hohen Hofbeamten, deren Meinung er der Tradition nach zu beachten hat. Diese Kamarilla versetzt der Kaiser mit seinen Reformideen nun in Angst um ihre Macht und ihre Posten.

Vor allem eine erzkonservative Fraktion um Prinz Duan, einen Cousin des Kaisers, begehrt gegen die Erneuerung auf. Der Prinz hofft wohl insgeheim, seinen minderjährigen Sohn als Thronfolger einsetzen zu können, um später selbst als Regent zu herrschen. Dazu aber muss er Guangxu aus dem Weg räumen. Im September 1898 sucht Duan mit einigen Gefolgsleuten Cixi im Sommerpalast auf, um den Monarchen zu diskreditieren.

Sie berichten der Kaiserinwitwe von einer angeblich geplanten Verschwörung: Guangxu wolle einen Japaner zum Regierungschef ernennen. Mehr noch: Das ganze Reformwerk sei aus Tokio gesteuert. Der Kaiser werde das Land dem ehemaligen Kriegsgegner ausliefern. Mit der Herrschaft der Qing sei es dann bald vorbei – und auch mit Cixis Einfluss.

Die zögert, den Gerüchten Glauben zu schenken. Doch als Aristokratin fühlt sie sich für die Dynastie verantwortlich. Schließlich lässt sie sich von den Konservativen um Prinz Duan umstimmen.

Am 19. September 1898 kehrt Cixi nach Beijing zurück. Kurz zuvor hat ein einflussreicher General dem Kaiser seine Unterstützung im Machtkampf gegen die Hofclique verweigert. So hat Guangxu nun nicht nur die Kamarilla gegen sich, er steht plötzlich auch ohne Truppen da – und verzichtet auf jede Gegenwehr.

Cixi übernimmt wieder die Regentschaft. Damit ist Guangxu nicht abgesetzt, aber entmachtet. Zwar wohnt er weiter allen Audienzen an der Seite seiner Tante bei, aber da jedes Edikt jetzt an ihre Zustimmung gebunden ist, kann er keine Reformgesetze mehr erlassen. Die übrige Zeit steht er unter Hausarrest, in einem Palast auf einer Insel unmittelbar westlich der Verbotenen Stadt.

Fortan nimmt Cixi wieder, hinter einem Vorhang verborgen, an den Sitzungen des Großen Staatsrats teil. Dabei soll dieses Gremium aus Prinzen und Fürsten eigentlich allein den Kaiser beraten. Alle von ihr getroffenen Entscheidungen veröffentlicht der Hof nun im Namen der Kaiserinwitwe und des machtlosen Guangxu. Die Profiteure der Rochade an der Staatsspitze sind die Erzkonservativen um Prinz Duan.

Dutzende Reformer werden verhaftet, sechs von ihnen enthauptet; Kang Youwei gelingt es, nach Hongkong zu fliehen. Von den verkündeten Reformen lassen die Umstürzler einige in Kraft, die auf Verbesserungen im Militär und in der Wirtschaft zielen. Auch die Universität in Beijing bleibt bestehen. Die Stellung der Konservativen aber wird immer stärker: Zum Thronerben ernennt Cixi den zwölfjährigen Sohn von Prinz Duan.

Die Gegner der Reformen träumen von der Rückkehr in eine glorreiche Vergangenheit. Sie wollen das Kaiserreich zu alter Größe führen und die Ausländer aus dem Land vertreiben.

Da kommt ihnen eine Protestbewegung gerade recht, die sich in der Provinz Shandong südlich von Beijing erhoben hat – dort, wo 1897 das deutsche Kaiserreich die Jiaozhou-Bucht besetzt und eine Kolonie errichtet hat. Gegen den Willen der Einheimischen bauen die Deutschen dort eine Eisenbahn quer über ihr Land und gehen gegen Widerstand brutal vor.

Chinesen haben sich zum Bund der „Faustkämpfer für Recht und Einigkeit" zusammengeschlossen, um sich gegen die Ausländer zu wehren. Sie wähnen sich durch Amulette und magische Rituale gegen die Kugeln westlicher Gewehre unverwundbar, überfallen und töten Missionare und chinesische Konvertiten.

Gegen die immer zahlreicheren Übergriffe und Morde protestieren zu Beginn des Jahres 1900 Vertreter jener Nationen, die in Beijings Botschafterviertel Gesandtschaften unterhalten, darunter Großbritannien, Frankreich, Deutschland, Japan, Russland und die USA. Doch der Kaiserhof erklärt, die Milizen übten sich zur Selbstverteidigung und zum Schutz ihrer Dörfer in der Kampfkunst – und seien nicht als „Banditen" zu betrachten. Die Führung lässt die Faustkämpfer gewähren. Auch Cixi trägt den riskanten Kurs mit.

Und so wächst die Bewegung der „Boxer" (wie die Ausländer die Faustkämpfer nennen) rasch zum Massenphänomen heran. Aus ihren Dörfern marschieren sie in Richtung Beijing und zerstören unterwegs von den Fremden gebaute Bahnhöfe, Schienen und Telegrafenmasten.

Tausende Boxer erreichen im Mai 1900 die Hauptstadt. Auf den Straßen sind sie an roten Stirnbändern zu erkennen,

Der Allianz von acht Staaten können Boxer und Kaiserhof nicht standhalten. Die fremden Soldaten – hier Amerikaner – nehmen Beijing ein und besetzen die Paläste der Verbotenen Stadt

Die 20 000 Mann starke Expeditionsarmee, zu der auch britische Kolonialtruppen gehören, ist den Chinesen militärisch weit überlegen. Hier haben Soldaten einen Anführer der Boxer ergriffen

Japanische Soldaten führen einen gefangenen Rebellen durch die Straßen. Die Ausländer plündern die Kapitale und deren Reichtümer rücksichtslos

Die alliierten Sieger töten weit mehr als 100 000 Chinesen, exekutieren – wie hier japanische Truppen – zahlreiche Kämpfer standrechtlich. Brutalen Strafexpeditionen deutscher Soldaten im Norden Chinas fallen unzählige Zivilisten zum Opfer

einige demonstrieren ihre Künste in Schaukämpfen. Auch Kriminelle, bewaffnet mit Messern, Schwertern und Knüppeln, haben sich der Bewegung angeschlossen. In das Gesandtenviertel südöstlich der Verbotenen Stadt, wo sich viele der verhassten Fremden aufhalten, wagen sie sich aber noch nicht.

Die Fraktion um Prinz Duan macht nun gemeinsame Sache mit den Milizionären, einige Fürsten heuern Boxer als Palastwachen an. In der Nähe der Verbotenen Stadt sind zudem Tausende Soldaten von Verbänden stationiert, die zuvor eigenmächtig ausländische Ingenieure und Botschaftsmitarbeiter attackiert haben. Unter den Fremden im Diplomatenviertel nimmt die Angst zu. Ende Mai fordern sie per Telegramm Truppen zum Schutz ihres Quartiers an.

Aus Furcht vor Unruhen haben westliche Regierungen inzwischen Kriegsschiffe an die 160 Kilometer entfernte Flussmündung des Haihe nahe der Hafenstadt Tianjin beordert. Von dort fahren 450 Marinesoldaten mit Erlaubnis des Hofs im Zug nach Beijing, um das Gesandtenviertel zu schützen.

Doch ihre Ankunft am 3. Juni löst eine Kette von Ereignissen aus, die Chinas Machthaber bald nicht mehr kontrollieren können. Denn die Boxer empfinden die Soldaten als weitere Provokation der verhassten Ausländer.

Sie reißen Gleise zwischen Beijing und Tianjin aus den Verankerungen, um den Transport weiterer Truppen zu verhindern. Als sich der japanische Botschafter am 11. Juni aus dem Gesandtenviertel wagt, zerren ihn chinesische Regierungssoldaten aus seiner Kutsche und töten ihn auf offener Straße.

Die fremden Marinesoldaten erschießen wiederum willkürlich mindestens 100 Chinesen. Die Faustkämpfer dringen daraufhin in ein Geschäftsviertel südlich der Botschaften ein und verwüsten Läden und Wohnungen einheimischer Kaufleute, die mit den Ausländern Handel treiben.

Sie brennen zwei katholische Kirchen nieder, zünden das Haus eines Bischofs an, die Londoner Missionsgesellschaft sowie ein Blindeninstitut und töten zahlreiche chinesische Christen. Vier Tage lang dauern die Exzesse an.

In der Verbotenen Stadt tobt unterdessen ein Machtkampf zwischen gemäßigten Höflingen und den Konservativen, die beide Cixi bedrängen.

Die Kaiserinwitwe ist entsetzt über die Gewalt und versucht, die Boxer mit einer Order an ihre Generäle zu stoppen: „Alle Verbrecher, die ‚Töten' rufen und mit einer Waffe in der Hand angetroffen werden, sind unverzüglich festzunehmen und auf der Stelle hinzurichten." Doch dann ändert sie ihre Meinung.

Denn am 17. Juni 1900 stürmen ausländische Soldaten an der Haihe-Mündung eine Reihe chinesischer Festungen – offiziell, um die Eisenbahnlinie nach Beijing zu sichern. Der Kaiserhof deutet den Angriff als kriegerischen Akt.

Nun setzt sich endgültig Prinz Duan durch, der glaubt, die Fremden mithilfe der Boxer vertreiben zu können. Und Cixi stellt sich an seine Seite.

Der Hof fordert die ausländischen Diplomaten zwei Tage später auf, binnen 24 Stunden das Gesandtenviertel zu räumen. Sie sollen sich unter Geleitschutz in Tianjin einfinden und von dort aus das Land verlassen.

Trotz der offenkundigen Gefahr begibt sich der deutsche Gesandte Clemens Freiherr von Ketteler am nächsten Morgen zum Außenministerium, um über das Ultimatum zu verhandeln. Doch auf dem Weg dorthin wird seine Sänfte an einer Polizeistation aufgehalten. Wahrscheinlich zieht Ketteler seinen Revolver, weil er sich provoziert fühlt, und feuert – woraufhin ihn ein chinesischer Unteroffizier erschießt.

Die REGENTIN flieht aus BEIJING

Die übrigen Diplomaten wagen sich nun nicht mehr aus ihrem Viertel heraus und lassen das Ultimatum verstreichen. Sie blockieren die Zugänge mit eilig gefüllten Sandsäcken und aufgetürmten Ziegelsteinen, verschanzen sich hinter Barrikaden aus Lastkarren und Fässern. Ausländer aus ganz Beijing strömen jetzt in Panik in das Quartier. Mehr als 900 Fremde drängen sich dort zusammen, etwa die Hälfte sind bewaffnete Soldaten.

Offenbar glaubt nun auch Cixi, sie könne Chinas Rückkehr zu alter Größe mit Gewalt erzwingen. Sie lässt das Diplomatenviertel von Truppen umstellen und erklärt in einem Aufruf: „Nachdem unser Land 30 Jahre lang große Nachsicht gezeigt hat und ausschließlich auf eine Befriedung der Lage bedacht war, haben das nunmehr die Fremden ausgenutzt, um plötzlich überall Unruhe zu stiften, unser Land zu schikanieren, unsere Territorien zu besetzen, auf unserem Volk herumzutrampeln und uns unserer Reichtümer zu berauben. Besser ist es, unser Äußerstes zu geben, um im Kampf die Entscheidung zu erzwingen, als um unsere Existenz zu betteln und ewige Schmach auf uns zu laden."

Das ist eine Kriegserklärung. Was als Aufstand einheimischer Zivilisten begonnen hat, ist nun ein militärischer Konflikt Chinas mit den fremden Staaten. Die Boxer kämpfen nicht mehr als Rebellen, sondern im Auftrag des Kaiserhofs, der viele von ihnen für das Heer rekrutiert, ihnen Reis und Geld verspricht.

Die kaiserlichen Truppen beschießen das Gesandtenviertel mit Gewehren und Kanonen. Die Soldaten hinter den Barrikaden erwidern das Feuer. Dennoch ist die Belagerung, die sich nun über Wochen hinzieht, ein wenig sonderbar: So zielen die Regierungseinheiten zumeist in die Luft oder schießen Feuerwerkskörper ab. Obwohl sie in der Überzahl sind, sollen sie das Quartier offenbar gar nicht erobern.

Noch immer gibt es am Hof wohl Berater, die zur Vorsicht mahnen – und vielleicht fürchtet Cixi die Reaktion der fremden Staaten auf einen Sturmangriff.

Mitte Juli kommt es gar zu einem zweiwöchigen Waffenstillstand. Der Hof lässt Reis, Gemüse, Mehl an die Eingeschlossenen liefern, wohl als Geste guten Willens – denn zeitgleich haben alliierte Truppen die Stadt Tianjin erobert und so ihre Überlegenheit demonstriert.

Am 5. August setzt sich von dort ein Heer mit 20 000 Mann Richtung Beijing in Marsch. Japan, Russland, Großbritannien, Frankreich und die Vereinigten Staaten von Amerika stellen das Gros der Streitmacht, auch Soldaten aus Österreich und Italien gehören ihr an.

Fünf Tage später flammen auf Befehl Cixis in der Hauptstadt die Gefechte wieder auf, bei denen Dutzende Marinesoldaten und Hunderte Chinesen sterben. Vielleicht glaubt die Kaiserinwitwe noch immer, mit den Umzingelten als Faustpfand die Fremden zumindest zu Verhandlungen zwingen zu können.

Doch das ist eine grobe Fehleinschätzung der Kräfteverhältnisse. Die alliierten Truppen kommen rasch voran: Chinesische Einheiten sowie Boxermilizen werden überrannt. Unaufhaltsam nähert sich die fremde Armee der Kapitale. Der Hofstaat flieht aus Beijing.

Am 14. August stürmt das Heer die Stadt: Soldaten sprengen die vier Tore auf, überwältigen die Wachmannschaften, stoßen rasch zum Botschafterviertel vor und befreien die Eingeschlossenen.

Nach 55 Tagen ist die Belagerung des Quartiers beendet. 66 Ausländer, darunter vor allem Marinesoldaten, sind bei den Schusswechseln umgekommen.

Mit großer Brutalität wüten die Angreifer in der Stadt. „Nun begann ein entsetzliches Morden, Brennen und Rauben", berichtet eine österreichische Diplomatenfrau. „Erbarmungslos wurde alles niedergemacht, Männer, Frauen und Kinder, alles Wertvolle geraubt und dann die Häuser in Brand gesteckt."

Die Alliierten töten Tausende Zivilisten, vergewaltigen und rauben – und plündern schließlich das Allerheiligste: die Verbotene Stadt. Sie dringen in die Paläste und Pavillons ein, nehmen kostbare Seidenstoffe, Möbel, Wandschirme, Pelze, Vasen, Porzellan, Bronzen und Schnitzereien als Beute mit.

Die Deutschen treffen erst nach dem Sturm auf Beijing dort ein. Dennoch übernimmt ihr Generalfeldmarschall den Oberbefehl über die internationalen Truppen. Seine Soldaten sind bei ihrem Aufbruch in Bremerhaven von Kaiser Wilhelm II. persönlich verabschiedet worden – der Rache für den Tod des Gesandten Ketteler forderte: „Pardon wird nicht gegeben; Gefangene nicht gemacht. Wer euch in die Hände fällt, sei in eurer Hand."

Nun stellen die Deutschen viele der Strafexpeditionen, zu denen die Alliierten in Nordchina ausschwärmen. Die ausländischen Truppen jagen angebliche Boxer, durchkämmen Dörfer und Städte, brennen Siedlungen nieder und erschießen weit mehr als 100 000 Menschen.

Cixi und ihr Hofstaat sind inzwischen in der einstigen Hauptstadt Chang'an (heute Xi'an) eingetroffen, 1100 Kilometer von Beijing entfernt. Ein Tross von Wagen transportiert die persönlichen Besitztümer der Regentin, eskortiert von 3000 Soldaten.

Tief erschüttert scheint Cixi von den Ereignissen. Immer wieder bricht sie unterwegs in Tränen aus, so berichtet ein Begleiter später. Noch auf der Flucht lässt die Kaiserinwitwe ein Dekret veröffentlichen, in dem sie sich selbst die Schuld für Chinas Unglück gibt. Einer ihrer Hofdamen vertraut sie an, dass sie es bereue, dem Drängen Prinz Duans nachgegeben zu haben, der glaubte, die Fremden mit Hilfe der Boxer aus China vertreiben zu können: „Das ist der einzige Fehler, den ich im ganzen Leben begangen habe, und er ist in einem Augenblick der Schwäche geschehen."

Kurz darauf entmachtet sie Prinz Duan, setzt seinen Sohn als Thronfolger ab und entlässt weitere Konservative.

Ein Beauftragter verhandelt nun im Namen des Hofes mit den Siegermächten. Am 7. September 1901 unterzeichnet er in Beijing einen Friedensvertrag, der alle Demütigungen übertrifft, die China bis dahin zu erdulden hatte.

Das Reich der Mitte muss Gesandtschaften nach Tokyo und Berlin schicken, um sich dort offiziell für den Tod der beiden Diplomaten zu entschuldigen. Dem erschossenen Freiherrn von Ketteler ist in Beijing ein Denkmal zu errichten. Mitgliedern fremdenfeindlicher Milizen droht künftig die Todesstrafe. Darüber hinaus muss China die Festungen an der Haihe-Mündung abreißen und den Alliierten Militärstützpunkte zwischen der Küste und Beijing gewähren. Fast 40 Jahre lang hat das Land Entschädigungen zu zahlen, insgesamt 450 Millionen Tael, das Dreifache der jährlichen Staatseinnahmen – plus Zinsen.

Cixi – und mit ihr die Qing-Dynastie – büßen durch den Vertrag noch mehr an Ansehen und Souveränität ein. Das Kaiserhaus gebietet nur noch über Teile seines Staatsgebietes. Denn Russland nutzt die Schwäche des Nachbarn, um im Norden die Mandschurei zu besetzen, die Heimatregion der Dynastie. Ein Teil der fremden Truppen bleibt in Beijing, um das Gesandtenviertel zu bewachen; die übrigen Soldaten verlassen die Kapitale.

Erst nach dem Friedensvertrag wagt Cixi sich mit ihrem Hofstaat zurück nach Beijing. Ihre Bediensteten bemühen sich, in den Palästen die gröbsten Schäden mit Seidenbahnen zu kaschieren.

Zuvor schon hat die Kaiserinwitwe Reformen angekündigt – wohl weil sie ahnt, dass die Dynastie sonst nicht mehr zu retten ist. Sie bittet Staatsminister, Provinzgouverneure,

Nach dem Tod Cixis im Jahr 1908 wird der zweijährige Puyi zum Kaiser ernannt. Doch der letzte Herrscher auf dem Drachenthron und sein Regent können den Niedergang nicht mehr abwenden

Das Kaisertum ist so geschwächt, dass bürgerliche Revolutionäre es 1911 in kaum vier Monaten hinwegfegen. Der Arzt Sun Yatsen (Mitte) wird Präsident der neuen Republik China

chinesische Botschafter sowie alle übrigen Untertanen, Ratschläge für Erneuerungen einzureichen. Wieder entsteht ein umfassendes Reformprogramm. Cixi schafft die traditionelle Beamtenprüfung ab, gründet Grund-, Mittel- und Oberschulen nach westlichem Vorbild und erlaubt es Chinesen, im Ausland zu studieren.

Das politische System aber lässt sie unangetastet. So bleibt der Hof weit hinter den Forderungen vieler Chinesen zurück. Etliche Intellektuelle glauben inzwischen, dass der Westen seine Überlegenheit nicht allein dem Militär und moderner Technik verdankt, sondern vor allem seiner Regierungsform: Ein parlamentarisches System mit Gewaltenteilung entfessele mehr schöpferische Kräfte als bedingungslose Loyalität gegenüber einem autokratischen Herrscherhaus.

Ab 1905 unterstützt auch Cixi den Ruf nach einer Verfassung. Der Kaiser wäre kein absoluter Monarch mehr, müsste sich Regeln beugen, seinem Volk Zugeständnisse machen – aus Sicht der Qing inzwischen das geringere Übel. Denn viele Chinesen sehen seit dem Boxeraufstand in einem Sturz der Dynastie die letzte Hoffnung für ihr Land.

Bereits 1894 hat der Arzt Sun Yatsen eine revolutionäre Geheimgesellschaft gegründet, die „Vereinigung für die Wiederbelebung Chinas" – und die erhält nun immer mehr Zulauf. Sun Yatsens Ziel ist ein Umsturz: Er will das Kaisertum abschaffen, eine Republik gründen. An Reformen glaubt er nicht mehr.

Tatsächlich will Cixi mit ihren Ideen wohl vor allem Zeit gewinnen. So willigt sie ein, Delegationen unter anderem nach Japan, Großbritannien und Deutschland zu schicken, um die dortigen Regierungssysteme zu studieren.

Nach mehr als zwei Jahren veröffentlicht der Hof den Entwurf einer Verfassung. Doch die Macht des Kaisers ist darin ungebrochen, das vorgesehene Parlament darf zwar debattieren, aber nichts entscheiden.

Es scheint, als würden die Regentin und ihre Berater immer mehr den Kontakt zur Realität verlieren. Der Hof lässt Fotos der Kaiserinwitwe an Minister, Gouverneure, Generäle verteilen und auf den Straßen Chinas verkaufen. Die Aufnahmen, die Cixi in theatralischen Posen und mit kostbaren Gewändern zeigen, wirken wie aus der Zeit gefallen. Ein vergeblicher Versuch, die schwindende Loyalität zu den Qing zu erneuern.

In dieser Zeit erleidet die Kaiserinwitwe einen Schlaganfall, wirkt auf Besucher müde und gealtert. Im Sommer 1908 erkrankt sie an einer Darminfektion, eine Grippe schwächt sie Anfang November zusätzlich.

In ihren letzten Stunden versucht Cixi ihre Nachfolge zu regeln. Vielleicht lässt sie tatsächlich Guangxu ermorden, damit der radikale Reformkaiser nicht an die Macht zurückkehrt. Die Thronbesteigung des zweijährigen Puyi (der Knabe ist der älteste Sohn von Guangxus Halbbruder und erfüllt damit die Bedingungen der Thronfolge) aber erlebt sie nicht mehr. Noch am Abend erleidet die Kaiserinwitwe einen weiteren Schlaganfall und stirbt am folgenden Nachmittag.

Auf dem Totenbett wird ihr eine schwarze Perle in den Mund gelegt, damit die Lebensgeister den Körper nicht verlassen. Helfer waschen Cixis Leichnam und bahren ihn, in neue Gewänder gekleidet, im „Palast der Ruhe und Langlebigkeit" auf.

Im Tod erlebt die einstige Konkubine, die China 36 Jahre lang beherrscht hat, einen letzten Triumph: Sie wird bestattet wie ein Kaiser. Das Riten-Ministerium ordnet eine 100-tägige Trauerzeit an. Vergnügungsstätten bleiben geschlossen, Hochzeiten, Musizieren und alle Festlichkeiten sind untersagt.

In der Verbotenen Stadt wird die Tote in einen vier Meter langen Sarg gebettet, der außen dreifach mit Blattgold überzogen ist. Als Grabbeigaben erhält sie Hunderte Edelsteine, Gold- und Silberschmuck sowie einen Jadestab zur Abwehr von Dämonen. Der so gefüllte Sarkophag allein kostet 50 Millionen Tael. 42 Eunuchen halten die Totenwache, und Prinzen bringen der Verstorbenen dreimal täglich Speiseopfer dar.

Zweieinhalb Wochen nach Cixis Tod wird Puyi als Kaiser eingesetzt. Der Junge weint, als sein Vater – der an seiner Stelle regieren wird – ihn auf den Drachenthron hebt. Über Stunden treten Beamte und Generäle vor das Kind, um sich vor ihm niederzuwerfen und dem neuen Herrscher zu huldigen.

Das kaiserliche Astronomie-Amt ermittelt nun den Tag von Cixis Beisetzung. Erst knapp ein Jahr später stehen die Gestirne günstig.

Am 9. November 1909 setzt sich um 5.15 Uhr bei böigem Wind und Nebel der Trauerzug in der Verbotenen Stadt in Bewegung. 128 Träger halten den gewaltigen Sarkophag an langen Stangen. Der Weg vor ihnen ist mit gelbem Sand bestreut und von Wachposten und Polizisten gesichert.

Puyis Vater führt den Trauerzug an (der Knabe selbst nimmt aufgrund seines Alters nicht teil), dahinter gehen die kaiserlichen Prinzen und – für eine kurze Wegstrecke – die Diplomaten aus dem Gesandtenviertel. Dann folgen Kavallerie, mongolische Reiter auf Kamelen, buddhistische Priester in safrangelben Gewändern, Tausende Eunuchen und eine endlos scheinende Wagenkolonne. Mehr als fünf Kilometer lang ist der Zug.

Fünf Tage braucht er bis zur 125 Kilometer entfernten Begräbnisstätte der Qing-Dynastie östlich von Beijing. Hunderttausende Menschen stehen entlang der Strecke Spalier.

Am 13. November erreicht der Tross das Mausoleum der Kaiserinwitwe. Nach dreitägiger Zeremonie bringen die Träger den Sarg in die Grabkammer und verschließen sie von außen.

Nun wird die Qing-Dynastie von einem Kleinkind und einem politisch unbegabten Regenten angeführt. Und der, Prinz Chun II., bringt die Chinesen nur noch mehr gegen die Mandschu auf.

Zwar dürfen 1909 erstmals Provinz- und Distriktversammlungen zusammentreten: Gewählt werden die Abgeordneten von rund zwei Millionen Chinesen, die alle männlich, vermögend und gebildet sein müssen. Doch als Delegierte, darunter etliche Reformer, nach Beijing reisen, um ein nationales Parlament zu fordern, schickt der Hof sie kurzerhand nach Hause.

Im Mai 1911 ernennt der Prinzregent ein neues Kabinett. Was als Signal des Wandels gedacht war, lässt die Stimmung bald darauf endgültig gegen die Qing-Dynastie kippen. Denn als Minister werden acht Mandschu berufen – aber nur vier Chinesen. Immer wieder wagen Sun Yatsens Umstürzler nun kleinere Aufstände in der Provinz Guangdong sowie in anderen Regionen im Süden des Landes, die sie von der nahe gelegenen britischen Kolonie Hongkong aus organisieren.

Am Ende bricht die Revolution jedoch wegen eines Zufalls aus.

Es ist der 9. Oktober 1911. In der Stadt Hankou am Yangzi bauen revolutionäre Untergrundkämpfer gerade Bomben zusammen, als ihnen versehentlich ein Sprengsatz explodiert.

Die Polizei stürmt daraufhin das Haus, tötet drei Rebellen, findet Waffen – und eine Mitgliederliste. Darauf stehen auch die Namen von Offizieren der chinesischen Armee, die sich heimlich der Bewegung angeschlossen haben.

Um deren Enttarnung zuvorzukommen, schlagen die Aufständischen bereits am nächsten Tag los: Mehrere Regimenter der Armee meutern und besetzen ein Munitionsdepot in der Stadt Wuchang auf der anderen Flussseite, woraufhin der Generalgouverneur der Region die Flucht ergreift. Bereits am Mittag halten sie die gesamte Stadt in ihrer Hand.

Binnen Wochen breitet sich der Aufruhr nun auf benachbarte Städte aus, erklären sich immer mehr Provinzen Chinas für unabhängig.

Die Herrschaft der Mandschu-Dynastie bricht zusammen. Auch hohe Generäle erkennen die Zeichen der Zeit und versagen dem Kaiserhof die Treue. Die Unzufriedenen brauchen nur wenige Monate, um über Cixis Erben militärisch und politisch zu triumphieren.

Am 29. Dezember 1911 wählen Delegierte der Provinzen Sun Yatsen in Nanjing zum „provisorischen Präsidenten" der neuen Republik China. Am 12. Februar 1912 veröffentlicht der Hof in Beijing ein letztes Edikt: Es gibt die Abdankung Puyis und der Qing bekannt. Mit diesem knappen Erlass geht das kaiserliche China unter.

Er markiert das Ende eines der ehedem mächtigsten und größten Imperien der Geschichte, das weit vor der Zeitenwende entstand und bis in die Moderne überdauerte, sich dann aber als unfähig zum Wandel erwies.

Doch die Illusion des Vergangenen lebt noch mehrere Jahre in der Verbotenen Stadt weiter.

Für seine Abdankung machen die neuen Machthaber Puyi Zugeständnisse. Er darf in seinen Palästen wohnen bleiben und seine Bediensteten behalten. Weiterhin darf er sich Kaiser nennen, auch wenn der Titel bedeutungslos geworden ist. Protokollarisch genießt er den Rang eines ausländischen Monarchen.

Dank einer jährlichen Apanage von vier Millionen Dollar führt Puyi ein Leben im Luxus. Täglich bereiten Köche für den letzten Kaiser 60 Platten mit erlesenen Gerichten zu, jeden Tag nähen ihm Schneider neue Gewänder. Und wenn der halbwüchsige Monarch einen der kaiserlichen Gärten zum Spielen aufsucht, heftet sich eine Prozession von Eunuchen an seine Fersen, um sofort auf jeden seiner Winke oder Befehle zu reagieren.

Besucher und Diener werfen sich sogar nieder zum Kotau – ein leeres Schauspiel für einen Kaiser ohne Reich. Ganz so, als würde jenseits der Mauern seines Refugiums das Imperium seiner Vorfahren noch existieren.

Der neuen Republik aber ist kein Erfolg beschieden. Bald nach ihrer Gründung greifen mehrere Warlords nach der Macht und spalten das Land.

Später besetzen die Japaner weite Teile Chinas und herrschen dort jahrelang mit größter Brutalität, zudem wüten blutige Bürgerkriege.

Und erst 1949 geht aus den Wirren ein Sieger hervor. Er ist ein Bewunderer des ersten Kaisers, des grausamen Reichsgründers Qin Shi Huangdi, und trägt den Namen Mao Zedong.

Der Kommunistenführer eint China zwar wieder, wird aber den Tod von Millionen durch Hunger und Terror verschulden und das Land durch Misswirtschaft um Jahrzehnte zurückwerfen.

Erst 1979 beginnt dank ökonomischer Reformen ein rasanter Wiederaufstieg. Binnen weniger Jahrzehnte gelingt es dem Staat, seine Wirtschaftskraft mehr als zu verfünffachen. China erstarkt nun wieder zur Weltmacht.

Und beruft sich dabei auch auf die eigene Vergangenheit. Die Große Mauer wird als Nationalsymbol gefeiert, die Regierung gründet „Konfuzius-Institute" rund um den Globus, um die chinesische Sprache und Kultur zu verbreiten. Und mit einer „Neuen Seidenstraße" versucht sie, die einstige Handelsroute zwischen Ostasien und Europa wiederzubeleben.

Es ist ein Traum von alter Größe, eine Besinnung auf das kaiserliche China – jene 2133 Jahre andauernde Zeit, als die Söhne des Himmels das Reich der Mitte beherrschten.

Daten und Fakten

DIE GROSSEN REICHE DER NEUZEIT

1501
Nach Jahrhunderten wechselnder Herrschergeschlechter und der zeitweiligen Zersplitterung der Macht in Persien beginnt die Dynastie der Safawiden, hervorgegangen aus einer zunächst mystisch orientierten, dann militanten muslimischen Ordensgemeinschaft, ein Großreich zu errichten, das sich wieder mit den persischen Imperien der Antike messen kann. Unter den neuen Herrschern erblühen Wirtschaft und Kultur des Landes, entstehen einige der bedeutendsten persischen Architekturdenkmäler. Am stärksten prägen die Safawiden die Geschichte Persiens durch die Entscheidung, in ihrem Reich den schiitischen Glauben als Staatsreligion einzuführen – die Grundlage für den Aufstieg des späteren Iran zur Schutzmacht der Schiiten im gesamten Orient.

1516
Karl, ein Enkel des Habsburger-Kaisers Maximilians I., proklamiert sich nach dem Tod seines spanischen Großvaters Ferdinand zum König von Aragón und Kastilien. Offiziell teilt er sich die Herrschaft in dem bald als „Königreich Spanien" bezeichneten Land mit seiner Mutter Johanna, tatsächlich regiert er jedoch allein. Mit dem Königstitel gelangen auch die spanischen Kolonien in Amerika sowie große Teile Italiens in die Hände der Habsburger, die nun ein Weltreich regieren und zur Hegemonialmacht in Europa werden. 1519 wird der Herrscher von den Kurfürsten als Karl V. zum römisch-deutschen König gewählt, elf Jahre später vom Papst zum Kaiser gekrönt.

1516
Der osmanische Sultan Selim erobert Aleppo und Damaskus, im Januar 1517 auch Kairo. So zerschlägt er den Staat der ägyptischen Mameluken. Der Scherif von Mekka, zuvor ein Vasall der Mameluken, erkennt die weltliche Oberhoheit der osmanischen Herrscher an, die als Beschützer der heiligen Stätten und der Pilgerwege nun eine Vorrangstellung in der muslimischen Welt beanspruchen. Außerdem übernimmt der Sultan das Amt des Kalifen; er ist damit in der Nachfolge des Propheten Mohammed auch das geistliche Oberhaupt aller Muslime.

1526
Der usbekische Fürst Babur, ein Nachfahre des mongolischen Heerführers Timur, gründet ein muslimisch-indisches Großreich. Nach dem arabischen Wort für Mongolen werden die neuen Herrscher „Moguln" genannt.

1543
In den spanischen Besitzungen in Südamerika wird das Vizekönigreich Peru errichtet. Um die Mitte des 16. Jahrhunderts sind weite Teile Mittel- und Südamerikas sowie das südliche Nordamerika von Spanien unterworfen.

1547
Iwan IV. besteigt den Thron Russlands und lässt sich als erster Herrscher des Landes zum „Zaren" krönen, nach dem russischen Titel für den Kaiser des 1453 untergegangenen Reichs von Byzanz. Seine Untertanen geben ihm den Beinamen „Grosnyj", was „der Strenge", aber auch „der Schreckliche" bedeutet. Unter ihm erlebt Russland zunächst eine Glanzzeit, doch in späteren Jahren regiert Iwan mit brutalem Terror.

1556
In Indien kommt Akbar als dritter Mogulkaiser an die Macht, unterwirft in den folgenden Jahrzehnten in Feldzügen Gujarat und Bengalen und regiert schließlich über ein Gebiet, das sich vom Arabischen Meer bis zum Golf von Bengalen erstreckt.

1566
Anfang September stirbt Süleyman (genannt „der Prächtige"), knapp 46 Jahre nach seiner Thronbesteigung – die längste Amtszeit aller osmanischen Herrscher. Er hinterlässt ein Reich, das sich bis nach Mitteleuropa erstreckt und seit der Eroberung Bagdads (1534) und des gesamten Zweistromlandes über einen Zugang zum Persischen Golf verfügt. Das Schwarze Meer ist nahezu vollständig von osmanischem Besitz oder Vasallenstaaten umgeben. In Nordafrika reicht der Einflussbereich des Sultans bis in den Westen des heutigen Algerien.

1580
Der Habsburger Philipp II., der seit 1556 über Spanien herrscht, setzt sich gegen einen anderen Bewerber um den verwaisten Thron Portugals durch und fügt das Land seinem Reich hinzu – und damit auch die portugiesischen Kolonien in Asien, Afrika und Südamerika.

1598
Schah (pers. für König) Abbas I. verlegt die persische Hauptstadt von Qazvin nach Isfahan im Zentrum des Landes und baut die Stadt in den folgenden Jahrzehnten zu einer glanzvollen Metropole aus. Während seiner gut 40 Jahre andauernden Regierungszeit erreicht das Imperium der Safawiden durch weitere Eroberungen seine größte Ausdehnung.

1600
Die englische Königin Elisabeth I. verleiht Londoner Kaufleuten das Monopol für den Handel mit Indien und anderen Regionen in

Der »Westfälische Frieden« beendet 1648 den Dreißigjährigen Krieg um Macht und Glauben in Europa, der Hunderttausende Leben gefordert hat (Diplomaten im Rathaus von Münster)

Asien. Sie gründen daraufhin die East India Company. 1613 stellt der Mogul, Herrscher über weite Teile Indiens, der Handelsgesellschaft einen Freibrief zur Gründung ihrer ersten Niederlassung in Surat an der indischen Nordwestküste aus.

1613
Eine Landesversammlung (*semskij sobor*) wählt den Adeligen Michail Fjodorowitsch Romanow zum Zaren. Mit ihm beginnt die Romanow-Dynastie, die bis 1917 über Russland herrschen wird.

1618
Als Reaktion auf die antiprotestantische Politik ihres Königs dringen Anführer der böhmischen Stände in die Prager Burg ein und werfen zwei kaiserliche Statthalter aus einem Fenster in den Burggraben. Der auf den „Prager Fenstersturz" folgende Aufstand weitet sich durch das Eingreifen von protestantischen und katholischen Fürsten zu einem allgemeinen Konflikt um Religion und politische Macht aus, an dem sich weitere europäische Staaten beteiligen und der das Zentrum des Kontinents verwüstet: zum Dreißigjährigen Krieg.

1639
Der persischen Safawiden-Dynastie geht ganz Mesopotamien an das Osmanische Reich verloren. Die in einem Friedensvertrag festgelegte Trennungslinie zwischen den zwei Imperien entspricht weitgehend der heutigen Grenze zwischen Iran und Irak.

1644
Chinas Kaiser Chongzhen nimmt sich das Leben, als Rebellen aus durch Missernten ausgehungerten Regionen die Hauptstadt Beijing belagern. Die Chance, den nun vakanten Thron zu übernehmen, nutzen die Mandschu aus dem Norden, indem sie die Große Mauer mit Hilfe eines chinesischen Generals überwinden und die Aufständischen niederwerfen. Nach ihrem Sieg etablieren sie im Oktober 1644 die Qing-Dynastie (1644–1912), unter der China im 18. Jahrhundert eine wirtschaftliche und kulturelle Blütezeit erleben wird.

1648
Nach langen Verhandlungen beenden Diplomaten aus ganz

GEO EPOCHE KOLLEKTION
Das Beste aus GEO EPOCHE

GEO-LESERSERVICE

FRAGEN AN DIE REDAKTION
Telefon: 040 / 37 03 20 84, E-Mail: briefe@geo-epoche.de

ABONNEMENT- UND EINZELHEFTBESTELLUNG
Online-Kundenservice: www.geo.de/kundenservice
Telefon: 0049 / 40 / 55 55 89 90
Service-Zeiten: Mo–Fr 7.30 bis 20.00 Uhr, Sa 9.00 bis 14.00 Uhr
Postanschrift: GEOEPOCHE Kundenservice, 20080 Hamburg

Preis Jahresabo: 54,00 € (D), 62,00 € (A), 86.00 sfr (CH)
Studentenabo: 32,40 € (D), 37,20 € (A), 51.60 sfr (CH)
Preise für weitere Länder auf Anfrage erhältlich.

BESTELLADRESSE FÜR GEO-BÜCHER, GEO-KALENDER, SCHUBER ETC.
Kundenservice und Bestellungen
Anschrift: GEO-Versand-Service, 74569 Blaufelden
Telefon: +49 / 40 / 42 23 64 27 Telefax: +49 / 40 / 42 23 66 63
E-Mail: guj@sigloch.de

FOTOVERMERK NACH SEITEN
Anordnung im Layout: l.= links, r.= rechts, o.= oben, m.= Mitte, u.= unten

TITEL: Heritage Images/Fine Art Images/akg-images: l. o.; akg-images: r. o.; Bridgeman Art Library: l. u.; Fine Art Images/INTERFOTO: r. u. **EDITORIAL:** Xiomara Bender für GEOEPOCHE: 3 **INHALT:** AISA/ullstein bild: 4 l. o.; Youshij Yousefzadeh/Alamy Stock Photo: 4 l. u.; Oronoz/Album/akg-images: 4 r. o.; Stapleton Collection/Corbis/Getty Images: 4 r. u.; akg-images: 5 o.; Schloß Schönbrunn Kultur/IMAGNO: 5 m.; The LIFE Picture Collection/Getty Images: 5 u. **ALLAHS SCHATTEN:** AISA/ullstein bild: 6; Topkapi Sarayi Müzesi, Istanbul: 9, 10, 13, 18 l., 18 r.; The Bodleian Library/Art Archive/Shutterstock: 14; Bridgeman Art Library: 17; Dagli Orti/Topkapi Museum/The Art Archive/Shutterstock: 21 **PHILIPP II.:** Oronoz/Album/akg-images: 22, 26 r. o., 28 l., 28 r., 29 l., 29 r., 30/31, 32 l., 36 r., 38; Bridgeman Art Library: 25, 35; AISA/INTERFOTO: 26 o., 26 l. u., 32 r., 39 u.; Erich Lessing/akg-images: 27; Joseph Martin/bpk-images: 30; akg-images: 34; Hof- und Staatsarchiv Wien: 36 l., 39 o. **AKBAR – DER TRAUM VOM INDISCHEN GROSSREICH:** Stapleton Collection/Corbis/Getty Images: 40; Bridgeman Art Library: 41, 43, 45, 47, 48, 49, 51; Lutz Braun/bpk-images: 44 **ISFAHAN:** Youshij Yousefzadeh/Alamy Stock Photo: 52/53; R. Ottria/bpk-images: 55; Bildagentur-online/dpa Picture-Alliance: 56/57; Elena Odareeva/stock.adobe.com: 58; Kpzfoto/Alamy Stock Photo: 59; iStockphoto/Getty Images: 60/61, 66/67; Pawel Opaska/Alamy Stock Photo: 62; Leonid Andronov/stock.adobe.com: 63; Mohammad Reza Domiri Ganji/gravity.ir: 64/65; Panot/stock.adobe.com: 68 **IMPERATOR OHNE GNADE:** Fine Art Images/INTERFOTO: 70/71; Heritage Images/Fine Art Images/akg-images: 71; Granger Collection/Shutterstock: 72 o.; Bridgeman Art Library: 72 u., 76 l., 81 r.; North Wind Picture Library/akg-images: 73; Scala Picture Library: 74/75; Scala Picture Library/bpk-images: 76 r.; bpk New Picture Library/DeAgostini/bpk-images: 77; Fine Art Images/INTERFOTO: 78/79; Historia/Shutterstock: 80 r.; Prisma/Album/akg-images: 80 u.; akg-images: 81 l.; Heritage Images/ullstein bild: 81 m.; akg-images: 82/83; Universal Images Group/Getty Images: 84; ullstein bild: 85 **DUELL AN DER DONAU:** bpk-images: 86/87, 88 l., 88 m., 88 o., 88/89; Erich Lessing/akg-images: 90/91; Bridgeman Art Library: 92, 96/97; Reinhard Krafft/bpk-images: 93 o.; Sotheby's/akg-images: 93 u.; Hermann Buresch/bpk-images: 94/95 **DIE ERSTE UND DIE EINZIGE:** Schloß Schönbrunn/IMAGNO: 101; Bridgeman Art Library: 102/103; akg-images: 105; Erich Lessing/akg-images: 106/107; IMAGNO/INTERFOTO: 108; Austrian Archives/IMAGNO: 110; Albertina, Wien: 111 **DAS IMPERIUM DER KAUFLEUTE:** India Office Library/The Art Archive/Shutterstock: 112/113, 114/115; Dagli Orti/Navy Historical Service Vincennes/The Art Archive/Shutterstock: 118; Bridgeman Art Library: 113, 117; National Maritime Museum, Greenwich, London: 114; culture-images: 115; United Archives/culture-images: 116 l.; Pictures from History/akg-images: 116 r.; ullstein bild: 119; Archiv Gerstenberg/ullstein bild: 120 **DER SCHLACHTENLENKER:** The Gallery Collection/Corbis/Getty Images: 122/123, 128/129; Heritage Images/ullstein bild: 124/125; Jean-Claude Varga/akg-images: 126/127; Erich Lessing/akg-images: 130/131; akg-images: 132/133; Stapleton Historical Collection/dpa Picture-Alliance: 134/135 **LONDON – ZENTRUM DER WELT:** The LIFE Picture Collection/Getty Images: 136/137; British Library/Science Photo Library: 138; Popperfoto/Getty Images: 139; ullstein bild: 140; Corbis/Getty Images: 141; Hulton Archive/Getty Images: 142; The Keasbury-Gordon Photograph/Alamy Stock Photo: 143; Hulton-Deutsch Collection/Corbis/Getty Images: 144; Hulton Archive/Getty Images: 145; ullstein bild: 146; SSPL/Getty Images: 147, 149, 150, 152; Campbells Press Studio/Corbis/Getty Images: 148; Mary Evans Picture Library/INTERFOTO: 151; ullstein bild: 153 **DER LETZTE KAMPF:** Hubert Vos, H.I.M. The Empress Dowager of China/Harvard Art Museums: 155; George Eastman Museum/Getty Images: 157 l. o.; Alamy Stock Photo: 157 l. u.; John Thomson/Bridgeman Art Library: 157 r. o.; Granger Collection/INTERFOTO: 157 r. u.; akg-images: 158 o.; Prestor Pictures LLC/Alamy Stock Photo: 158 u.; Bettman Archive/Getty Images: 161 o.; Corbis Historical/Getty Images: 161 u.; The National Archives: 162 l. u.; UIG/Getty Images: 162 u.; Granger Collection/INTERFOTO: 162 r. o.; Hulton Archive/Getty Images: 162 r. u.; Mary Evans Picture Library/INTERFOTO: 165 u. **ZEITLEISTE:** Fine Art Images/INTERFOTO: 169; akg-images:173 **VORSCHAU:** New Picture Library/DeAgostini/bpk-images: 174; Bridgeman Art Library: 174/175; Elke Walford/Hamburger Kunsthalle/bpk-images: 175 **RÜCKSEITE:** ARTCOLOR/INTERFOTO **KARTEN:** Stefanie Peters für GEOEPOCHE: 54, 98

Daten und Fakten

Europa mit dem „Westfälischen Frieden" den Dreißigjährigen Krieg. Das größte Friedenswerk der Neuzeit begründet eine neue Ordnung für das Zusammenleben in Europa, die auf dem Prinzip gleichberechtigter, souveräner Staaten beruht.

1659
Ein Friedensvertrag beendet den seit 1635 andauernden Krieg zwischen Spanien und Frankreich. Spanien verliert unter anderem Teile Flanderns und de facto die Hegemonie in Europa. In Übersee büßt das Land zudem immer mehr Karibikinseln ein: So erobern die Briten Barbados und Jamaika, die Franzosen Martinique, Guadeloupe und Haiti (den westlichen Teil Hispaniolas).

1666
Mit dem Tod von König Abbas II. beschleunigt sich der Niedergang des persischen Safawidenreichs. Schwache Herrscher sowie lokale Aufstände lassen in den folgenden Jahrzehnten die Herrschaft der Dynastie weiter erodieren.

1683
Nach zweimonatiger Belagerung Wiens durch ein osmanisches Heer befreien christliche Truppen unter dem polnischen König Johann III. Sobieski die Stadt. Damit ist die Expansion der Osmanen nach Westen, die fast 400 Jahre zuvor begonnen hatte, gestoppt. Das habsburgische Österreich ist von nun an in Südosteuropa auf dem Vormarsch und kann den Osmanen in den folgenden Jahrzehnten bedeutende Territorien entreißen.

1707
Nach dem Tod des Großmoguls Aurangzeb erobern die Marathen, Clans aus dem nordwestlichen Dekkan-Hochland, weite Teile Indiens; ihre Konföderation ist die letzte indische Großmacht vor der Kolonisierung durch die Briten. Die Macht des Mogulreichs hingegen zerfällt unter den Nachfolgern Aurangzebs.

1712
Zar Peter I. erklärt die von ihm gegründete Stadt Sankt Petersburg zur neuen Kapitale Russlands. Während seiner mehr als 40-jährigen Regentschaft modernisiert Peter „der Große", der 1682 den Thron bestiegen hat, sein Reich nach westeuropäischem Vorbild. Er schafft eine effiziente Verwaltung, eine schlagkräftige Armee und eine leistungsstarke Industrie. Sein Sieg über Schweden im Großen Nordischen Krieg erhebt Russland 1721 in den Rang einer europäischen Großmacht.

1713
Kaiser Karl VI. lässt die „Pragmatische Sanktion" verkünden, ein Gesetz, das die Erbfolge innerhalb des Hauses Habsburg regelt. Anders als zuvor sollen nun die Töchter eines Herrschers berechtigt sein, ihm nachzufolgen, wenn männliche Erben fehlen. So will Karl vermeiden, dass es in Österreich zu einem Krieg um die Erbfolge kommt.

1740
Mit dem Tod Karls VI. erlischt der österreichische Zweig der Habsburger im Mannesstamm. Gemäß der 1713 verkündeten Pragmatischen Sanktion hinterlässt der Kaiser seiner Tochter Maria Theresia die habsburgischen Erblande und die Führung des Hauses Österreich. Doch der preußische König Friedrich II. nutzt die durch die Erbfolgestreitigkeiten geschwächte Position Österreichs und überfällt mit

seinem Heer das zum Habsburgerreich gehörende Herzogtum Schlesien. Dank seiner Siege über Österreich wird Preußen unter seiner Herrschaft zur Großmacht aufsteigen.

1756

Österreich und Frankreich schließen einen Vertrag über ein Defensivbündnis. Damit endet eine mehr als 200 Jahre währende Feindschaft der Habsburger mit den Franzosen. Maria Theresia und ihre Berater sind vor allem daran interessiert, einen Verbündeten gegen Preußen zu finden, dem sie das 1742 verlorene Schlesien wieder abnehmen wollen. Als das mit Großbritannien alliierte Preußen am 29. August 1756 in einem Präventivschlag Sachsen überfällt und so den Siebenjährigen Krieg auslöst, stehen ihm Österreich, Russland und Frankreich entgegen. Dennoch gelingt es Maria Theresia nicht, Schlesien zurückzugewinnen; der Friede von Hubertusburg bestätigt 1763 die Vorkriegsverhältnisse.

1757

Vor allem durch Bestechung siegt in Indien eine Armee der East India Company gegen die zahlenmäßig überlegenen Truppen des Herrschers von Bengalen, der zuvor das britische Fort in Kalkutta eingenommen hat. Das Geld der Briten bringt einen Großteil der bengalischen Truppen dazu, sich zu ergeben. In Folge erhält die Krone die Steuerrechte über Bengalen, obwohl nominell weiterhin ein einheimischer Herrscher regiert. Acht Jahre später übernehmen die Briten die gesamte Verwaltung.

1762

Mit Hilfe der Armee stürzt Katharina, Ehefrau des Zaren Peter III., ihren Mann und greift selbst nach der Macht. Nur Tage nach dem Putsch wird Peter ermordet. Katharina erweist sich als kluge, durchsetzungsfähige Herrscherin, unter deren Herrschaft Russland erstarkt und militärische Siege etwa gegen die Osmanen erzielt. Sie erhält den Beinamen „die Große".

1776

13 nordamerikanische Kolonien erklären ihre Unabhängigkeit von Großbritannien und schließen sich zu den Vereinigten Staaten von Amerika zusammen. In den nachfolgenden Kämpfen werden die amerikanischen Truppen von Frankreich und Spanien unterstützt. Nach mehreren militärischen Niederlagen akzeptiert London 1783 die Unabhängigkeit seiner ehemaligen Kolonien.

1799

Der Offizier Napoleon Bonaparte schwingt sich durch einen Staatsstreich zum Herrscher Frankreichs auf. In der Folgezeit unterwirft der Eroberer weite Teile Europas. 1804 wird er sich zudem zum Kaiser krönen.

1806

16 deutsche Staaten, darunter Bayern, Baden und Württemberg, treten auf Druck Napoleons aus dem Heiligen Römischen Reich deutscher Nation aus und bilden den Rheinbund, eine Allianz unter französischer Oberherrschaft, der sich die meisten deutschen Fürsten anschließen. Am 6. August kommt Kaiser Franz II. einem Ultimatum Napoleons nach und legt die römisch-deutsche Kaiserkrone nieder. 844 Jahre nach der Kaiserkrönung Ottos des Großen hört das Heilige Römische Reich deutscher Nation damit auf zu existieren.

GEO EPOCHE KOLLEKTION
Das Beste aus GEO EPOCHE

IMPRESSUM

CHEFREDAKTEURE
Jens Schröder, Markus Wolff
REDAKTIONSLEITUNG
Joachim Telgenbüscher
MANAGING DESIGNERIN
Tatjana Lorenz
TEXTREDAKTION
Jörg-Uwe Albig, Jens-Rainer Berg, Insa Bethke, Dr. Anja Fries, Dr. Mathias Mesenhöller, Samuel Rieth, Johannes Teschner
BILDREDAKTION
Christian Gargerle, Roman Rahmacher, Jochen Raiß
VERIFIKATION
Alice Passfeld, Andreas Sedlmair, Stefan Sedlmair
LAYOUT
Dennis Gusko, Frank Strauss
KARTOGRAPHIE
Stefanie Peters
CHEF VOM DIENST / SCHLUSSREDAKTION
Dirk Krömer
GESCHÄFTSFÜHRENDE REDAKTEURIN
Maike Köhler
CHEF VOM DIENST TECHNIK
Rainer Droste
REDAKTIONSASSISTENZ
Ümmük Arslan

Verantwortlich für den redaktionellen Inhalt:
Jens Schröder, Markus Wolff

PUBLISHER: Frank Thomsen
(Stellvertreter: Toni Willkommen)
PUBLISHING MANAGER: Patricia Hildebrand
SALES DIRECTOR: Franziska Bauske / DPV
Deutscher Pressevertrieb
DIRECTOR BRAND PRINT + DIRECT SALES:
Heiko Hager, Ad Alliance GmbH
Verantwortlich für den Inhalt der Anzeigen:
Fabian Rother – Head of Brand Print + Direct Sales, Ad Alliance GmbH, Am Baumwall 11, 20459 Hamburg.
Es gilt die jeweils aktuelle Preisliste
unter www.ad-alliance.de
MARKETING MANAGER: Pascale Victoir
HERSTELLUNG: G+J Herstellung,
Heiko Belitz (Ltg.), Oliver Fehling

Gruner + Jahr GmbH
Sitz von Verlag und Redaktion:
Am Baumwall 11, 20459 Hamburg
Postanschrift der Redaktion:
Brieffach 24, 20444 Hamburg
Telefon 040 / 37 03-0
Internet: www.geo.de/epoche

Heftpreis: 13,50 Euro
ISBN: 978-3-652-01058-0; ISSN-Nr. 2366-2212
© 2021 Gruner + Jahr, Hamburg
Bankverbindung: Deutsche Bank AG Hamburg,
IBAN: DE 30 2007 0000 0032 2800 00
BIC: DEUTDEHH
Litho: Peter Becker GmbH, Würzburg
Druck: appl druck GmbH,
Senefelderstraße 3–11, 86650 Wemding

USA: GEO*EPOCHE* is published by
Gruner + Jahr GmbH
K.O.P.: German Language Pub.,
153 S Dean St. Englewood NJ 07631.
Periodicals Postage is paid at Paramus NJ 07652.
Postmaster: Send address changes to
GEOEpoche, GLP, PO Box 9868,
Englewood NJ 07631.
KANADA: Sunrise News,
47 Silver Shadow Path, Toronto, ON, M9C 4Y2,
Telefon: +1 647-219-5205,
E-Mail: sunriseorders@post.com

1809
Mit dem Frieden von Schönbrunn beenden Napoleon und der österreichische Kaiser Franz den 5. Koalitionskrieg europäischer Mächte gegen Frankreich: Österreich verliert unter anderem Salzburg und Berchtesgaden sowie Triest, Teile Kroatiens und Istriens. Zudem wird Franz als Verbündeter an die Seite des Siegers gezwungen. Nun gibt es in Europa nur noch zwei kontinentale Großmächte: Russland und Frankreich.

1810
Unzufriedene Hispanoamerikaner rebellieren in den Kolonien gegen die spanische Herrschaft – etwa in Mexiko und Venezuela, wo sich Simón Bolívar an die Spitze der Bewegung stellt. 1819 schlägt er die spanischen Truppen entscheidend. Daraufhin rufen die Aufständischen die Republik Kolumbien aus (die die Gebiete der heutigen Staaten Panama, Kolumbien, Ecuador und Venezuela umfasst).

1812
Napoleon fällt im Juni mit 420 000 Kämpfern in Russland ein, um Zar Alexander zu bezwingen. Nach einem Schlachtensieg bei Borodino zieht er im September in Moskau ein. Da Alexander allerdings nicht kapituliert, die Lebensmittelvorräte in Moskau zur Neige gehen und der erste Schnee fällt, befiehlt der Kaiser den Rückzug nach Westen. Unterwegs überfallen russische Truppen Napoleons Armee, töten Tausende Menschen. Damit ist der Feldzug gescheitert.

1813
Am 17. März erklärt Preußen Frankreich den Krieg, nachdem König Friedrich Wilhelm III. ein Militärbündnis mit Zar Alexander geschlossen hat. Die „Befreiungskriege" gegen die Franzosen beginnen. Im Oktober siegen Russen, Preußen, Österreicher und Schweden in der „Völkerschlacht von Leipzig" über die französischen Truppen. Napoleon flieht und muss abdanken. Seine Herrschaft bricht bis zum Jahresende fast überall zusammen.

1815
Napoleon, aus dem Exil auf der Insel Elba geflohen, landet im März in Frankreich und übernimmt erneut die Macht. Doch am 18. Juni schlagen britische und preußische Soldaten seine Armee bei Waterloo vernichtend. Der Herrscher dankt erneut ab und wird auf die britische Atlantikinsel St. Helena verbannt, wo er 1821 stirbt.

1828
Nach einer Niederlage im Kampf gegen Russland muss der Iran große Teile seiner Besitzungen im Kaukasus an das Zarenreich abtreten.

1833
Das Parlament in London beschließt per Gesetz das Verbot der Sklaverei in den britischen Kolonien zum nächsten Jahr. Es ist ein Triumph der 1823 gegründeten und vor allem christlich-moralisch motivierten „Anti-Slavery Society". Entscheidend beigetragen zu diesem Beschluss hat aber auch eine Rebellion der Sklaven 1831 auf Jamaika. Die Plantagenbesitzer dort hatten auf den Aufstand der Zwangsarbeiter mit brutaler Vergeltung reagiert. Nachrichten von den Racheaktionen empörten die britische Öffentlichkeit, die fortan starken Druck auf die Parlamentarier ausübte.

1838
Muhammad Ali, Gouverneur der osmanischen Provinz Ägypten, kündigt an, sein Reich für unabhängig zu erklären. Daraufhin ziehen 1839 Truppen des osmanischen Sultans gegen die Armee des abtrünnigen Vasallen – und werden vernichtend geschlagen. Doch Europas Großmächte Großbritannien, Österreich, Preußen und Russland greifen aufseiten der Osmanen ein und drohen Muhammad Ali mit einem Militäreinsatz. Zar Nikolaus, dessen Reich immer wieder Krieg gegen die Osmanen geführt hat, sieht den Bosporus offenbar lieber unter der Herrschaft eines schwächelnden Sultans als in den Händen der ägyptischen Armee. Muhammad Ali lenkt ein und fügt sich wieder in sein Vasallentum. Das Osmanische Reich ist gerettet, nun aber ein Spielball fremder Mächte.

1839
Der Erste Opiumkrieg bricht aus. Seit gut fünf Jahrzehnten importieren Engländer Opium nach China, wo das Rauschgift von einheimischen Gangstern vertrieben wird. Wohl gut zwölf Millionen Chinesen sind süchtig oder rauchen gelegentlich Opium. Als ein Sonderkommissar des Kaisers mehr als 1000 Tonnen der Droge von den Briten beschlagnahmt und vernichtet und darüber hinaus die Europäer vertreiben lässt, setzt London seine Interessen mit Gewalt durch: Die britische Regierung entsendet eine Kriegsflotte, die mehrere chinesische Häfen und Wasserwege blockiert sowie einige Städte erobert. 1842 endet der Krieg mit einem Diktatfrieden: Kaiser Daoguang muss mehrere Häfen für die Europäer öffnen und die Insel Hongkong den Briten als Kronkolonie überlassen. Der Kontrakt ist der erste einer ganzen Reihe „ungleicher Verträge", die den Chinesen von anderen Nationen – darunter Frankreich, Russland, Deutschland – im 19. Jahrhundert aufgezwungen werden.

1851
Die britische Königin Viktoria eröffnet im Londoner Crystal Palace die erste Weltausstellung – eine Schau der größten Errungenschaften in Technik, Produktion, Kunst und Design. Diese und nachfolgende Ausstellungen präsentieren den Reichtum und die Exotik des weltumspannenden Britischen Empires, des größten Kolonialreichs der Geschichte.

1858
Als Reaktion auf einen Aufstand in Indien im Vorjahr verabschiedet das britische Parlament den „Government of India Act". Mit diesem Gesetz übernimmt die Krone von der East India Company die Herrschaft über Britisch-Indien. Großbritannien herrscht nun über mehr als die Hälfte des Subkontinents (einschließlich des heutigen Bangladesch und weiten Teilen Pakistans und Birmas). Der Rest wird von einheimischen Fürsten regiert, die jedoch von den Kolonialherren abhängig sind.

1870
Unter Führung Preußens erringen die deutschen Staaten (außer Österreich) im September bei Sedan einen entscheidenden Sieg im Krieg gegen Frankreich, der gut einen Monat zuvor begonnen hat. Am 18. Januar des Folgejahres wird im Schloss von Versailles Preußens König Wilhelm I. zum Deutschen Kaiser ausgerufen. Der Hohenzoller steht nun an der Spitze eines gesamtdeutschen Reiches, das

aus 22 von Fürsten regierten Staaten und drei Freien Städten, etwa Hamburg, besteht.

1882
Britische Truppen schlagen in Ägypten die Revolte eines nationalistischen Offiziers nieder – und bleiben am Nil. Formal gilt zwar bis 1914 die osmanische Oberherrschaft, tatsächlich aber steht das Land unter britischer Okkupation. Großbritannien, das seit 1878 auch Zypern kontrolliert, ist nun die Vormacht im östlichen Mittelmeer.

1884
Im April erklärt der deutsche Reichskanzler Otto von Bismarck, dass ein Gebiet an der Westküste des südlichen Afrikas (im heutigen Namibia) unter dem Schutz des Deutschen Reiches stehe. Das etwa 50 000 Quadratkilometer große Territorium ist im Jahr zuvor von dem Bremer Kaufmann Adolf Lüderitz erworben worden. Deutschland ist nun Kolonialmacht. In rascher Folge werden weitere Territorien in Afrika, im Pazifik und in China zu „Schutzgebieten" des Deutschen Reiches ernannt. Ab November treten auf Einladung Bismarcks in Berlin Delegierte von zwölf europäischen Nationen sowie aus den USA und dem Osmanischen Reich zusammen, um ihre Interessen in Afrika zu regeln. Fast der gesamte Kontinent wird anschließend im „Wettlauf um Afrika" bis 1914 unter den Teilnehmern aufgeteilt, vor allem Großbritannien und Frankreich profitieren.

1898
Die Explosion des amerikanischen Kriegsschiffes „Maine" im Hafen von Havanna (möglicherweise ein Unfall, möglicherweise ein Anschlag) am 15. Februar löst den Spanisch-Amerikanischen Krieg aus. Spanien unterliegt der aufsteigenden Weltmacht USA in weniger als vier Monaten und verliert mit den Philippinen, Guam, Puerto Rico und Kuba seine letzten Kolonien – fast 400 Jahre nach seinem Aufstieg an die Spitze Europas.

1908
Chinas Kaiser Guangxu stirbt am 14. November im Hausarrest, mutmaßlich an einer Arsenvergiftung. Viele Chinesen gehen davon aus, dass die konservative Kaiserinwitwe Cixi – seit 1861 die heimliche Herrscherin des Reiches – den reformbereiten Monarchen hat ermorden lassen. Wenige Stunden später wird Guangxus zweijähriger Neffe Puyi als Thronfolger eingesetzt. Bereits am 15. November erliegt Cixi einem Schlaganfall.

1908/09
„Bosnien-Krise": Angesichts eines neuen bürgerlich-nationalistischen Regimes im Osmanischen Reich annektiert Österreich-Ungarn zur Wahrung seiner Interessen auf dem Balkan die nominell türkischen Provinzen Bosnien und Herzegowina. Berlin stellt sich hinter Wien. Russland droht mit militärischen Gegenmaßnahmen, erkennt aber die Annexion schließlich an.

1911
Nach einer Explosion in der chinesischen Stadt Hankou entdeckt die Polizei am 9. Oktober in den Trümmern eines Hauses ein Waffenlager sowie die Mitgliederliste einer revolutionären Gruppe. Daraufhin gehen die Rebellen, vor allem junge Offiziere, in die Offensive und besetzen eine Militärkommandantur. Der Aufstand weitet sich landesweit aus, fast alle Provinzen kündigen dem Kaiser die Gefolgschaft auf. Am 29. Dezember wählt eine Nationalversammlung aus den Vertretern der Provinzparlamente den Arzt Sun Yatsen zum „provisorischen Präsidenten" Chinas. Im Februar des Folgejahres verzichtet Puyis Vater im Namen seines Sohnes auf den Thron. Eine provisorische Verfassung erklärt das Land zur Republik. Mit der Abdankung Puyis endet die 2133 Jahre währende Geschichte des chinesischen Kaiserreiches.

1912
Serbien, Bulgarien, Griechenland und Montenegro („Balkanbund") erklären dem Osmanischen Reich den Krieg und erreichen durch ihren Sieg den Zusammenbruch der türkischen Herrschaft auf dem Balkan.

1914
Der serbische Nationalist Gavrilo Princip erschießt im bosnischen Sarajevo am 28. Juni den österreichisch-ungarischen Thronfolger Franz Ferdinand und dessen Frau Sophie. Das Attentat wird zum Auslöser des Ersten Weltkrieges, in dem die Großmächte Deutschland und Österreich-Ungarn gemeinsam mit dem Osmanischen Reich gegen Großbritannien, Frankreich, Russland und später auch die Vereinigten Staaten von Amerika kämpfen.

1917
In Russland weitet sich ein Protest von Textilarbeiterinnen in der Hauptstadt Petrograd (dem ehemaligen Sankt Petersburg) zur Revolution aus, die den Herrscher Nikolaus II. stürzt. Liberale Parlamentsabgeordnete setzen eine Übergangsregierung ein. Gleichzeitig organisieren sozialistische Intellektuelle in Fabriken und Kasernen die Wahl eines Arbeiter- und Soldatenrats. Weitere solche Räte entstehen in anderen Teilen Russlands. Den kommunistischen Bolschewiki gelingt es schließlich, die Regierung zu stürzen, die Räte zu dominieren und eine Diktatur zu errichten. Im Sommer 1918 ermorden sie den abgesetzten Zaren und dessen Familie.

1918
Mit ihrer Niederlage im Ersten Weltkrieg gehen das Deutsche Kaiserreich und das habsburgische Österreich-Ungarn unter. Aus den Resten des ebenfalls geschlagenen Osmanischen Reiches entsteht 1923 die Republik Türkei. Im Lauf der folgenden Jahrzehnte zerbricht nach und nach auch das Britische Empire, als immer mehr Kolonien europäischer Staaten die Unabhängigkeit erlangen.

Zerstörungen unweit der Stadt Sedan: Unter preußischer Führung siegen die deutschen Staaten 1870/71 im Krieg über Frankreich – und vereinen sich zum Deutschen Kaiserreich

Vorschau

DER GLAUBE AN
DIE GROSSEN MONOTHE

JUDENTUM

CHRIST

Römische Truppen verwüsten 70 n. Chr. den Tempel in Jerusalem. Immer wieder muss das Judentum Fremdherrschaft, Verfolgung und Vertreibung trotzen

Vor der Kreuzigung wird Jesus ausgepeitscht: Sein Sterben inspiriert Künstler wie den Barockmaler Caravaggio

Es ist eine revolutionäre Vorstellung, die eine neue Art von Religion begründet: Statt einer Vielzahl von Göttern existiert nur eine einzige heilige Macht, die das Universum und die Menschheit erschaffen hat. Vor drei Jahrtausenden entsteht in Galiläa und Judäa der Glaube an den einen Gott Jahwe – der Ursprung des Judentums. Und von hier aus wird sich der Monotheismus in weite Teile der Welt verbreiten und ihre Geschicke mitbestimmen.

Denn um 30 n. Chr. stirbt in Jerusalem ein jüdischer Wanderprediger am Kreuz: Jesus von Nazareth, den die dort herrschenden Römer wegen Aufruhrs hinrichten. Seine Anhänger halten ihn für den Sohn Gottes, erzählen bald, er sei von den Toten auferstanden. Und das Versprechen, jeder könne durch Vertrauen in diesen Erlöser über die Sterblichkeit triumphieren, entfaltet eine gewaltige Anziehungskraft. Immer mehr Menschen bekennen sich zum Christentum – im Imperium Romanum und darüber hinaus.

So schlägt die Idee eines alleinigen Gottes auch auf der Arabischen Halbinsel Wurzeln. Einem Kaufmann namens Mohammed erscheint dort 610 n. Chr. angeblich der Erz-